Nîmes...

Désiré Nisard

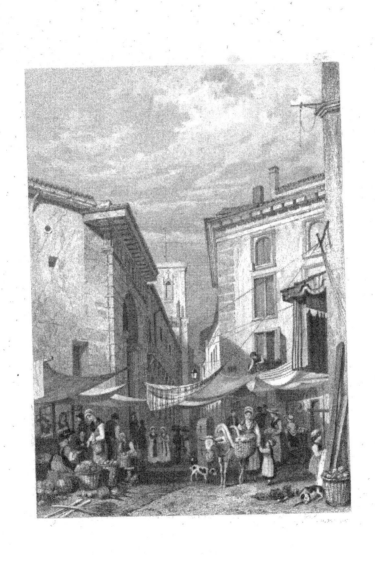

NIMES.

PARTIE I. — HISTOIRE.

PREMIÈRE PÉRIODE.

HISTOIRE DE NIMES DEPUIS SON ORIGINE ET SES COMMENCEMENTS JUSQU'A LA
RÉFORME.

I.

ORIGINE ET COMMENCEMENTS DE NIMES.
SON EXISTENCE SOUS LES ROMAINS, — SOUS LES VISIGOTHS, — SOUS LES SARRASINS OU ARABES D'ESPAGNE.
CHARLES-MARTEL RAVAGE CETTE VILLE.
ELLE SE MET SOUS LA PROTECTION DE PÉPIN-LE-BREF;
FAIT PARTIE DU DOMAINE DES COMTES DE TOULOUSE;
EST GOUVERNÉE PAR DES VICOMTES PARTICULIERS, INDÉPENDANTS;
RENTRE SOUS LE POUVOIR DES COMTES DE TOULOUSE;
EST RÉUNIE A LA COURONNE DE FRANCE,
SOUS LE RÈGNE DE LOUIS VIII.

L'origine de Nimes est incertaine, je ne la discuterai pas. Ce pourrait
être une intéressante question d'archéologie et même de mythologie; car
on a attribué la fondation de Nimes à un certain Nemausus, descendant
d'Hercule; mais ce qui convient à la dissertation ne convient pas à l'histoire. Tout ce qui peut être intéressant n'est pas nécessaire; or nous
devons nous en tenir aux faits qui auront ces deux caractères à la fois,
notre but étant de n'instruire le lecteur que par des choses qui l'amu-
sent, et de ne l'amuser que par des choses qui l'instruisent.

Strabon et Pline rapportent que Nimes tenait vingt-quatre bourgs sous
sa domination particulière. C'était la métropole d'une tribu gauloise,

dite des Volces Arécomiques. L'inquiétude que lui causaient ses voisins turbulents l'engagea à s'offrir d'elle-même aux Romains, vers l'an de Rome 633. Dévastée bientôt par les Cimbres et les Teutons, elle s'attacha au parti de Marius, qui avait écrasé ces barbares dans les plaines d'Aix; elle souffrit sous Sylla, fut dépossédée d'une partie de son territoire par Pompée qui tenait pour Sylla, et réintégrée par César, lequel continuait le parti de Marius : Auguste l'éleva au rang de colonie romaine. Une médaille frappée en mémoire de cet événement, et consacrée au vainqueur d'Actium, représente un crocodile enchaîné à un palmier, d'où pendent une couronne civique et des bandelettes, avec cette inscription : *Col. Nem.* (*Colonia Nemausensis*). Au revers de la médaille sont les deux têtes de César-Auguste et d'Agrippa, la première couronnée de lauriers, l'autre ornée d'une couronne navale, avec ces mots : *Imp. Divi F. P. P.* (*Imperatori, Divi filio, patri patriæ.*)

Nîmes fut doté par Auguste d'une organisation municipale, à l'image de Rome. Comme Rome, Nîmes eut son sénat, sa curie, ses tribunaux, ses édiles; Auguste lui laissa ses institutions locales et son trésor particulier. Les habitants de la colonie, admis à jouir du droit latin, n'étaient pas citoyens romains, privilège exclusivement conféré par le droit italique; mais ils pouvaient le devenir, après avoir passé par les fonctions publiques.

Nîmes, ainsi constitué, s'entoura de murailles, et dès-lors, la petite métropole des Volces Arécomiques devint une ville considérable, qui suivit tous les progrès de la civilisation romaine. Ses habitants surent fixer, par leur complaisante fidélité, le patronage des empereurs.

Nîmes vote des statues à Tibère, qui avait fait réparer sa voie romaine, et à Claude, qui la protégeait spécialement; elle élève un monument en l'honneur de Trajan[1]; Antonin l'autorise à prendre dans le trésor impérial de quoi édifier son amphithéâtre[2]. Nîmes se peuple d'affranchis opulents, qui viennent y dépenser leur pécule, et y apporter la délicatesse des mœurs romaines. Leurs maisons de campagne, serrées tout à l'entour de la ville, la font ressembler à la première cité des Gaules, la riche Marseille. Ces maisons de campagne deviendront plus tard le noyau de villages et de villes.

Le christianisme ne put pénétrer à Nîmes que sous le règne de Con

[1] An de J.-C. 98. — [2] An 138

stantin[1]. Mais, avant cette époque, Nîmes, à titre de ville fidèle, envoya au martyre saint Honeste et saint Bausile[2]; et la grande persécution ordonnée par Dioclétien valut à cet empereur des statues. Du reste, cette ville, où les choses de religion amenèrent plus tard tant de violences, martyrisa sans passion les confesseurs de la foi nouvelle; c'était de sa part affaire d'imitation et peut-être de flatterie; c'est que la ville n'a pas encore son vrai peuple, ce peuple qui tuera et se fera tuer pour ses croyances. Nîmes est une cité protégée, une des *bonnes villes* de l'empereur; elle copie Rome, et reçoit d'elle ses dieux, comme elle en a reçu sa langue, ses arts et ses monuments. Quand les Barbares auront fait disparaître cette civilisation importée, et cette population d'affranchis et de favoris, alors un vrai peuple sortira de toutes ces belles ruines, et, avec ce vrai peuple, ces passions furieuses qui donnent encore aujourd'hui je ne sais quel air sauvage à la vieille cité gallo-romaine.

Les Vandales, attirés en Italie par Stilicon, voulurent frapper Rome elle-même dans les monuments de Nîmes[3]. Cette première invasion détruisit les Bains, le temple d'Auguste et la basilique élevée par Adrien, en l'honneur de Plotine, sa bienfaitrice. Aux Vandales succédèrent les Visigoths[4]. Mais l'occupation des Visigoths ne fut marquée d'aucun désastre. Ce peuple avait rapporté, de ses excursions militaires à travers la Grèce et l'Italie, un certain goût pour la civilisation et les institutions romaines. Le roi visigoth Eurik, qui tenait à Toulouse une cour de rhéteurs et de savants, était un roi lettré. Les Visigoths furent moins des conquérants que des hôtes; ils demandèrent place pour eux, pour leur gouvernement, pour leurs coutumes, et laissèrent à la ville romaine son code Théodosien, égal à la loi visigothe, sa constitution politique, sa curie, ses magistrats électifs, ses assemblées de notables. Le roi Eurik, d'abord arien fougueux, qui, dès son entrée dans Nîmes, avait chassé l'évêque et fermé les portes des églises avec des épines, avait fini par rendre populaire la domination visigothe. Aussi, quand Thierry, fils de Clovis, à la tête de ses Franks[5], reprit la ville sur les lieutenants d'Alaric II, successeur d'Eurik, la population prit parti pour ses conquérants contre ses libérateurs. L'invasion franke fut repoussée, et Nîmes vécut paisible pendant plus d'un demi-siècle. En 672, les intrigues d'un certain Hildéric, gouverneur de Nîmes, soulevèrent les habitants contre le roi visigoth Wamba; celui-ci envoya

---

[1] An 312. — [2] An de J.-C. 287. — [3] An 407. — [4] An 472. — [5] An 507.

un duc Paul pour réduire les rebelles. Mais ce duc, au lieu de les combattre, se joignit à eux, et s'aida d'Hildéric pour se faire couronner roi. Wamba mit le siège devant Nîmes, le prit d'assaut, enleva l'amphithéâtre qui servait de citadelle à la ville et de forteresse aux révoltés, et le duc Paul vint mettre à ses pieds sa royauté de quelques semaines. Wamba, en digne successeur d'Eurik, punit ce Paul, mais non de mort; il releva les murs, rétablit les portes, prit soin des blessés, et fit rendre le butin enlevé dans le pillage des maisons. Rare exemple de modération à cette époque et dans un barbare!

Sauf le ravage de quelques monastères, prise de possession toute mahométane, les Sarrasins, ou Arabes d'Espagne, héritiers et vainqueurs des Visigoths, firent peu de ruines dans la ville. Le caractère de leur occupation fut particulièrement fiscal[1]. Ils prirent l'argent et les terres, et laissèrent les institutions. L'administration visigothe subsista, mais le personnel en fut changé. Vint ensuite l'invasion franke et Karle-le-Marteau, barbare de la façon des Vandales, mais qui travaillait sans s'en douter à l'œuvre de l'unité et de la civilisation françaises. Charles-Martel, pour ôter une place forte aux Sarrasins, en cas d'occupation nouvelle, abattit les murailles de Nîmes et mit le feu à ses portes et à son amphithéâtre. « On peut voir encore, dit M. Augustin Thierry, sous » les arcades de ses immenses corridors, le long des voûtes, les sillons » noirs qu'a tracés la flamme en glissant sur les pierres de taille qu'elle » n'a pu ébranler ni dissoudre! »

Voici en quels termes Poldo d'Albenas, citoyen considérable de Nîmes, au seizième siècle, et qui a laissé sur ses antiquités un livre savant, à la date de 1560, s'exprime sur ces ravages de Charles-Martel. Je ne résiste pas à citer cette *tirade* (le mot est juste, comme on va voir), à cause d'une certaine chaleur vraie, et de cet inépuisable mérite de naïveté que le style du temps donne aux écrivains les moins naïfs : « Charles-» Martel en propre reconquit le tout, suiuât à l'espée iusques à Nar-» bonne Antimes, roi Sarrasin, qu'il vainquit, et remit à son obéis-» sance Arles, Auignon, Nismes, Montpellier, lors appelé Sustancion, » Besiers, Agde : bruslât, et rasant tout iusques aux fondemens... » Mesme ceste superbe, antique et grande cité de Nismes, y fut abba-» tue res terre, et pour la quatrième fois endura ceste perte, et misé-

[1] An de J.-C. 720 — [2] An 758.

» rable ruine, de laquelle ie n'en saurois, ny pourrois dire autre chose,
» fors avec le Mantuan (Virgile) :

Quis cladem illius noctis, quis funera fando
Explicet, aut possit lacrymis æquare labores?

» Lors, comme nostre Pindare françois, Ronsard, dit, parlant de sem-
» blable ruine, les Grecz si chargés de proye, ne laisserent sinon que le
» nom, de ce que fut iadis Troye. L'on veid ce grâd entour des murs
» hautains, ces temples, ces théâtres termes, bains, basiliques, fons,
» arcs triumphals, stades, cirques, aqueducts, mausolées, statues, tro-
» phées et toutes autres pompes, et monuments, ou Romains ou Nemau-
» sans, abbatus, froissés et bruslés, et toutes les memoires que noz
» progeniteurs (ancêtres) auoyet (avaient), en excessiues despences, et
» en tant de nombre d'ans colligées, pour tesmoignage de leur grandesse
» à leurs successeurs, abolies, et aneanties par le barbare, et cruel tyran,
» insolent, et damné incendiare; tellement que qui auoit esté absent en
» légation à Rome amie, ou ailleurs pour quelques temps, pouuoit bien
» rechercher en icelle mesme Nismes ceste tant ample et magnifique
» ville de Nismes, et au lieu, et propre place d'icelle, n'y uoir autre
» chose que

. . . . . . campos ubi Troia fuit. »

Nîmes repris par les Sarrasins, s'en débarrassa pour toujours par
un vigoureux effort de réaction religieuse, auquel s'associèrent Beziers,
Agde et Maguelonne [1]. De cette ligue sortit une petite république provisoire qui se donna un chef du nom d'Ansemond ; mais cet Ansemond,
ne se sentant pas assez fort, se mit sous la protection de Pépin-le Bref,
lequel confisqua la petite république au profit de la monarchie franke,
et donna le gouvernement de Nîmes à un comte nommé Radulfe [2].

Le vent du Nord s'était levé pour la ville romaine depuis sa réunion au
royaume frank. Il ne faut pas chercher dans cette administration violente,
marquée à l'empreinte des mœurs germaniques, la trace des immunités
de la ville. Durant toute l'anarchie féodale, son régime municipal som-
meilla, sa civilisation se réfugia dans les monastères, qui seuls surent
expliquer ses ruines; et son histoire est sans évènements. Nîmes appar-

[1] An de J.-C. 752. — [2] An 753.

2

tient d'abord aux comtes de Toulouse [1], puis aux vicomtes de Trencarvel, cessionnaires de ceux-ci. Les Normands et les Hongrois la traversent et en emportent quelques lambeaux [2]. Le pape Urbain II y prêche la croisade, et y marie la cathédrale avec le comte Raymond [3]. Les chevaliers qui habitaient l'amphithéâtre sont investis de la garde de cette forteresse, sous le titre de *chevaliers des Arènes*, circonstance qu'il faut retenir pour la suite de notre histoire [4].

Pendant cette période, qui est de trois cents ans, l'histoire de Nîmes est une très-petite et très-insignifiante partie de l'histoire de Toulouse et de ses comtes, laquelle sera racontée en son lieu. Je tâcherai d'en tirer, au chapitre suivant, le peu de faits qui appartiennent en propre à la ville de Nîmes; mais il faut d'abord conduire son histoire jusqu'à sa réunion à la couronne de France, sous Louis VIII [5]. La manière dont s'opéra cette réunion est caractéristique. Le roi de France Louis VIII venait de rassembler ses vassaux à Bourges, et marchait, la croix en main, contre les Albigeois et le comte de Toulouse, Raymond VIII, défenseur de ceux-ci et infecté, disait-on, de leur hérésie. La population de Nîmes, très-attachée à ses comtes, et pensant que l'orage s'étendrait jusqu'à elle, s'était mise en mesure de défense. Les chevaliers des Arènes et le peuple de la cité s'étaient confédérés solennellement sur l'autel de la Vierge. Tout à coup, à la simple nouvelle que Louis est en marche le long du Rhône, les habitants de Nîmes se vont mettre à sa merci et implorent sa protection. Louis n'eut garde de refuser l'offre: il fit demander poliment aux chevaliers des Arènes d'abandonner leur château à ses troupes, et nomma un sénéchal, Pérégrin Latinier, pour gouverner en son nom la nouvelle ville française.

La facilité de cette reddition, après les serments sur l'autel de la Vierge, est-elle simplement une preuve assez plaisante de cette impétuosité languedocienne, si facile à se monter et si prompte à tomber, ou bien faut-il y voir l'acte sérieux et intelligent d'une population qui entrevoyait dès-lors tout l'avenir de la monarchie française, et comprenait qu'il n'y avait sûreté et honneur pour elle qu'en s'y incorporant? Quoi qu'il en soit, ce fut ainsi que Nîmes fut réuni à la France.

[1] An de J.-C. 892. — [2] An 925. — [3] 5 juillet 1096. — [4] An 1100. — [5] An 1226.

II.

ADMINISTRATION ET INSTITUTIONS DE NÎMES.
LES CHEVALIERS DES ARÈNES.
LE CONSULAT. — SON MODE D'ÉLECTION. — SES ATTRIBUTIONS.
HISTOIRE DU CONSULAT JUSQU'A LA RÉFORME.

L'administration de Nîmes, sous les Romains, fut toute romaine. C'était la municipalité, la dernière institution qui servit de germe à l'immense mouvement communal du douzième siècle.

Pendant toute la période des occupations visigothe, sarrasine, franke, les institutions romaines continuent à régir Nîmes, mais avec toutes les altérations que leur fait subir le caprice de la conquête. L'élection, principe et fondement de la municipalité, est tour à tour ôtée et rendue au peuple. Ce sont moins des institutions que des cadres d'institutions dont se servent les conquérans pour l'exploitation du peuple conquis. Le propre de la conquête, c'est d'enlever aux institutions des vaincus toutes leurs garanties; or, des institutions sans garanties ne méritent pas ce nom et ne signifient rien pour l'histoire.

Mais il arriva que ces cadres d'institutions, qui n'étaient d'aucun secours au peuple vaincu et affaibli, devinrent un formidable instrument de résistance entre les mains de ce même peuple, quand le souverain légitime, comte, ou vicomte, ou roi, se trouva embarrassé dans des guerres ruineuses et à court d'argent, ou que la fortune se retira tout-à-fait de lui. C'est ainsi que la municipalité de Nîmes, après avoir été pendant plus de trois cents ans une ruine à peine aussi intéressante que les autres ruines de la ville, se releva tout à coup, et devint, sous le nom de Consulat, une puissance avec laquelle il fallut compter. Le consulat fut institué tumultueusement par les bourgeois de Nîmes, pendant que leur vicomte, du nom de Bernard Athon VI, guerroyait contre son suzerain le comte de Toulouse. Trente ans après[1], sous le successeur de ce Bernard Athon, Raymond VI, le consulat, menacé par ce prince, était assez fort pour soulever la population contre ses agens, et le viguier du comte, espèce de grand-juge qui rendait la justice en son nom, était assiégé dans son palais et massacré par les bourgeois de Nîmes. Le saint-siége lui-

[1] An de J.-C. 1207.

même, en querelle avec Raymond VI, fortifiait la magistrature populaire
en prenant parti pour les sujets contre le souverain. Le consulat sentit
que la puissance venait à lui de toutes parts[1], et il profita de l'abaisse-
ment de la maison de Toulouse pour étendre les libertés communales
de la cité, et enlever le pouvoir judiciaire au viguier, lequel ne l'exerçait
plus que nominalement dans ses audiences désertes. Mais la prise de
possession de Louis VIII arrêta subitement les progrès du consulat ; il
fallut remettre au sénéchal du roi de France tous les pouvoirs que la
cité avait arrachés un à un à la maison chancelante de Toulouse. Nîmes
paya de ses franchises son incorporation au royaume de France.

C'est ici le lieu de déterminer la nature et les attributions de ce pouvoir populaire, qui joua un si grand rôle dans l'histoire de Nîmes. Le
consulat de Nîmes a réfléchi, avec plus ou moins de vérité, l'esprit de
la population nîmoise à toutes les époques ; c'est pour cela qu'il importe
de le bien apprécier, principalement au début de cette histoire, dans
laquelle on le verra si souvent intervenir.

Au commencement, il y eut deux classes de consuls : les chevaliers
des Arènes, sorte de communauté militaire chargée de garder l'amphithéâtre, et séparée de la ville, avaient les leurs ; la cité avait les siens.
Ces consuls ne se réunissaient que dans les affaires d'administration d'un
intérêt général ; du reste, ils veillaient séparément aux priviléges particuliers, ceux-ci de la noblesse, ceux-là de la bourgeoisie. Entre ces deux
pouvoirs rivaux, à peu près de même date, la guerre devait bientôt écla-
ter. Le consulat populaire, dans ce premier développement si hardi et
si énergique dont j'ai parlé tout à l'heure, avait absorbé le consulat des
Arènes. Louis IX le rétablit[2], non sans une vive résistance du consulat
populaire, qui alléguait contre son ancien rival la désuétude, cette mort
naturelle des pouvoirs, le peu de population des Arènes, et le refus de
ses nobles habitants de contribuer aux charges publiques. Le consulat
des Arènes reprit quelque vie ; il eut son sceau à part, avec cette légende : *Sigillum Consulum nobilium castri Arenarum.* On lisait sur celui
des consuls de la Cité : *Sigillum Civitatis Nemausi ;* et lorsque une délibération était prise et arrêtée en commun, les actes publics portaient
cette désignation commune : *Consules castri Arenarum et Civitatis
Nemausi.* Un siècle après[3], le consulat sortait presque tout entier des

[1] An 1209. — [2] An 1270 — [3] An 1378.

rangs de la bourgeoisie. Les Arènes, dépeuplées de chevaliers, avaient forcément abandonné aux bourgeois une partie de leurs privilèges municipaux. Depuis l'année 1354, au lieu de quatre consuls, cette noblesse expirante n'en élut que deux. En 1390, la population entière des Arènes avait disparu, et avec elle le consulat spécial ressuscité par saint Louis.

Tant que dura ce double consulat, il y eut huit consuls, quatre pour les Arènes, quatre pour la cité. Le mode d'élection de chaque consulat était réglé par des ordonnances du souverain, lequel, tout en reconnaissant le droit, pouvait à son gré l'étendre ou le restreindre par les règlements qu'il prescrivait pour son exercice. J'en dirai autant du nombre des électeurs, qui variait, comme le mode d'élection, selon le caprice du souverain, outre les diminutions que la peste et la guerre, en ruinant ou en éteignant les familles, faisaient subir incessamment au corps électoral. Il n'y a pas là de règles fixes; il n'y a pas de loi électorale : les rapports du souverain et de la cité dépendent de mille chances, et non pas, comme cela peut se voir dans des civilisations plus avancées, d'un sentiment énergique et intelligent de ses droits de la part de la cité, et d'un serment bien tenu, ou tout au moins d'une résignation sans arrière-pensée de la part du souverain. Tantôt, tout le peuple est convoqué à son de trompe, et nomme tumultueusement cinq personnes par chaque quartier de la ville, lesquelles nomment ensemble les quatre consuls de la cité[1]. Une autre fois, ce n'est plus *tout le peuple,* mais des échelles ou classifications, auxquelles est dévolu le droit d'élire les consuls[2]. Plus tard, sur huit consuls, les Arènes en nomment deux, la bourgeoisie deux, le tiers-état quatre[3]. En 1384, le roi Charles VI, sur une requête des habitants de Nîmes, décide qu'à l'avenir les habitants de la cité et des Arènes seront confondus. Il réduit le nombre des consuls à quatre, mais, dans le mode de leur élection, le droit du peuple reçoit une grave atteinte. Ce sont les consuls sortant de charge, et les conseillers municipaux, au nombre de 24, qui, le jour de la Quinquagésime, nomment seize habitants capables, parmi lesquels on tire au sort les quatre nouveaux consuls. En 1477, sous Louis XI, le mode d'élection est le même, mais le cadre des éligibles est élargi.

A cette époque, le tiers-état a pris plus d'importance; la lutte qui,

[1] An 1200. — [2] An 1272. — [3] An 1354.

trois cents ans auparavant, était entre la noblesse des Arènes et la cité, pour la première place de la commune, est alors entre la haute bourgeoisie et le tiers-état. Chaque profession voulait être représentée ; il fallut donc établir que les seize candidats, ou habitants capables, qui devaient être choisis par les consuls sortants et les conseillers, seraient élus, pour le premier rang, parmi les avocats, pour le second, parmi les bourgeois, médecins ou marchands ; pour le troisième, parmi les notaires ou artisans, et pour la quatrième, parmi les laboureurs cultivant leurs champs de leurs propres mains. Il faut remarquer que cette constitution consulaire donne le pas aux médecins sur les notaires, préférence qui s'explique par la valeur relative des deux professions aux yeux de la ville d'alors. Or la ville du quinzième siècle semblait être le domicile élu de la peste, qui tantôt y suspendait le cours de la justice [1], tantôt faisait transférer le siège de la sénéchaussée à Bagnols [2], tantôt chassait de Nîmes les chanoines, alors que la ville avait plus besoin de leurs prières que de ses juges ou de son sénéchal [3].

Ce qui a été dit du mode d'élection, du personnel électoral, s'applique également aux attributions du consulat. De même que le principe et l'organisation du pouvoir consulaire étaient subordonnés plus ou moins à la volonté du souverain, de même les attributions de ce pouvoir variaient d'étendue et de caractère, selon que le prince était fort ou faible. Ces mêmes consuls, qui, sous le gouvernement d'un sénéchal entreprenant et bien soutenu à Paris, étaient réduits aux seules affaires de petite police, auxquelles le sénéchal ne se souciait pas de toucher, ou bien encore à figurer dans les processions, avec leur chaperon rouge, et deux inoffensifs massiers à leur tête, ces mêmes consuls, sous un comte battu à la guerre, ou sous un roi perdant son royaume, étaient les rois et souverains de la cité de Nîmes. Là encore il n'y a donc pas de règle fixe ; mais il suffira de montrer quelles furent à diverses époques ces attributions si variables, pour faire apprécier la nature de ce pouvoir populaire, tour à tour si étendu et si restreint, mais, dans sa petitesse comme dans sa grandeur, toujours cher à la population de Nîmes, et toujours respecté comme principe, lors même que dans l'application ce n'était plus qu'un des instruments de la tyrannie et des exactions du pouvoir central.

Les attributions du consulat étaient de plusieurs sortes, mais de trois

[1] 1456. — [2] 1455-1459. — [3] 1482.

principalement : il y en avait d'administratives, de judiciaires, de politiques. J'appelle plus spécialement de ce dernier nom le droit de passer avec le souverain des chartes particulières, au nom et dans les intérêts de la cité, et celui surtout de nommer le capitaine ou gouverneur pour la garde de la ville, et de le présenter aux officiers royaux, qui recevaient son serment. Les attributions administratives sont très-nombreuses : les consuls font des acquisitions de pâturages pour la ville ; ils nomment les vendeurs et crieurs de meubles, et perçoivent les revenus que produisent les enchères ; ils veillent avec un extrême scrupule au maintien des mœurs, et on les voit en 1512, former opposition, devant le parlement de Toulouse, à la nomination d'une abbesse qui leur paraissait peu digne de sa place. Ils ne sont pas moins jaloux de défendre les prairies et terres vagues appartenant à la ville, contre les usurpations des gens du roi, lesquels veulent les adjoindre aux domaines, en y plantant un poteau avec les panonceaux ou écussons du roi. A cet effet, ils se transportent sur le lieu en litige, accompagnés d'un ouvrier qui arrache respectueusement le poteau, et, le genou en terre, en enlève les écussons royaux. Enfin, ils ont le droit de nommer les *banniers* ou gardes-terre pour le territoire de Nîmes ; les *ouvriers* ou voyers qui doivent travailler à la réparation des murailles et des tours de la ville, et à l'entretien des chemins ; ils perçoivent directement certains impôts, dont le produit doit être appliqué aux besoins de la ville.

Une attribution d'une nature particulière, et dont l'origine est toute romaine, c'est le droit qu'ont les consuls de conférer la bourgeoisie à un étranger. Un monument de 1309, conservé dans les archives de l'Hôtel-de-Ville, nous en offre un exemple curieux et nous en donne la formule. A cette époque, les nombreux privilèges dont la ville avait été gratifiée successivement par ses différents souverains, comtes ou rois, attiraient à Nîmes un grand concours de forains, lesquels venaient porter leur industrie dans une cité respectée par la guerre, et, en apparence, ménagée par le fisc, qui devait, plus tard, en faire sortir tous les forains et une partie des indigènes. Raymond Serres, habitant de la cité de Nîmes, où il possède, de notoriété publique, son domicile et quelques propriétés, se présente humblement (*humiliter stante*) devant les consuls et les requiert de le vouloir bien admettre au nombre des citoyens et *municipes* de la ville de Nîmes. Les consuls y donnent la main, sous la condition que Raymond Serres justifiera, dans le délai de trois ans, de cinquante livres tournois de biens fonds, tant à Nîmes que dans son territoire; qu'il contribuera aux charges communes, et qu'avec les droits il entrera en partage des devoirs. *Ledit* Raymond de Serres en prend l'engagement, et hypothèque sa promesse sur ses biens existants, lesquels appartiendront à la ville en cas d'inexécution. Cela fait et signé entre *lesdits* consuls et *ledit* Raymond Serres, il est proclamé citoyen de Nîmes et agrégé au corps de la cité.

La portion administrative du pouvoir consulaire fut toujours la plus respectée de l'autorité centrale. Celle-ci n'avait aucun intérêt à toucher à des privilèges qui, en aucun cas, ne pouvaient lui faire obstacle. Il n'en fut pas de même des attributions judiciaires des consuls, souvent réduites, toujours enviées par les agents royaux, lesquels voyaient avec jalousie qu'on préférât à leur justice déléguée et salariée, la justice libre et gratuite des magistrats élus par la cité. En 1215, les consuls avaient la plus grande part au pouvoir judiciaire, et alors, dit l'histoire, les procès duraient peu; les parties plaidaient elles-mêmes leur cause; on gagnait ainsi tout le temps qu'auraient duré les plaidoiries des avocats, et on épargnait les frais et honoraires aux clients. Deux siècles plus tard, en 1490, après bien des atteintes et des coups d'état de l'autorité centrale, et après quelques restitutions incomplètes et toujours temporaires, à chaque changement de règne, alors que le nouveau roi achetait par des promesses, des serments et des confirmations de chartes particulières, le don de joyeux avènement, la justice mutilée des consuls de Nîmes est encore très-importante, quoique beaucoup moins que par le passé. Par exemple, ils ont le droit de connaître des causes qui auront été portées devant leur tribunal, du consentement des parties, et leur jugement est en dernier ressort. Ils nomment les tuteurs et les curateurs, ils publient les testaments; ils participent à la fois de nos prud'hommes et de nos notaires. Dans certaines causes qui touchent à l'ordre public, les parties ne peuvent pas décliner leur juridiction.

L'histoire du consulat de Nîmes, c'est presque toute l'histoire de la ville jusqu'au temps de la réforme. La physionomie de cette population que la réforme va marquer d'un caractère si nouveau, est encore indécise. Tout se passe en luttes quelquefois périlleuses, ou en querelles obscures entre le consulat et les agents de l'autorité centrale. Cette petite

guerre a ses alternatives, comme toutes les guerres ; tantôt les affaires
du consulat sont au plus bas, tantôt c'est l'autorité centrale qui a le
dessous. Les habitants y prennent rarement parti ; la rue est calme,
sauf dans deux ou trois occasions, qui, du reste, ne furent pas tra-
giques. Jusqu'à la réforme, cette histoire se traîne sans passions fortes,
sans évènements ; car ce ne sont pas des évènements que des pestes fréquentes et beaucoup de misère, dans la France du treizième et du quatorzième siècle.

III.

HISTOIRE DE NIMES DU XIIIᵉ AU XVᵉ SIÈCLE.
RÈGNE DE SAINT LOUIS. — EMPRISONNEMENT DES CONSULS SOUS PHILIPPE DE VALOIS.
CONTRIBUTIONS VOTÉES POUR LA RANÇON DU ROI JEAN.
LUTTE DE LA COMMUNE CONTRE LE DUC D'ANJOU.
MISÈRE DE NIMES. — LE DUC DE BERRY.
RAVAGES DES TUCHINS. — LA NOBLESSE DE NIMES. — LES PARVENUS.
LES DERNIÈRES ANNÉES DU XIVᵉ SIÈCLE.

La prise de possession de Louis VIII avait tous les caractères d'une
conquête. Nîmes s'était offerte au roi de France, mais pas assez à temps
pour que sa soumission ne ressemblât pas à une défaite. Les privilèges
de Nîmes, son organisation municipale, avaient reçu de graves atteintes.
Saint Louis en adoucit, puis en effaça les traces. Il vint plusieurs fois,
lors de ses croisades en Terre-Sainte[1], s'asseoir au milieu des consuls,
dans la salle de l'Hôtel-de-Ville, traitant avec eux des plus chétifs intérêts
de la cité, alors calme et assez prospère.

Le consulat, quoique bien affaibli, depuis qu'il fallait partager l'autorité avec le sénéchal du roi de France, resta toujours l'organe des besoins et des doléances de la bourgeoisie. Les consuls défendaient avec
courage, contre l'avidité des collecteurs royaux, l'argent des habitants
de Nîmes.

C'étaient de continuelles luttes entre les magistrats de la cité et le trésorier de la sénéchaussée, espèce de receveur-général pour le roi, qui
disposait alors de sergents et d'archers pour lever les subsides qui se faisaient attendre, et mettre les retardataires en prison. A cette époque sur-

[1] Ans 1248-1254.

tout [1], où ce qu'on nomme l'assiette de l'impôt n'avait pas encore été
imaginé, où l'on tirait de l'argent des peuples sous tous les noms, sous
tous les prétextes et dans toutes les occasions, où les subsides étaient aussi
nombreux que variables et imprévus, subsides pour l'avènement du roi
au trône, subsides pour la chevalerie du fils aîné du roi, subsides pour
la guerre, subsides pour la paix, subsides pour la naissance de l'héritier
présomptif, subsides pour les mariages des princes, subsides pour le
passage en Terre-Sainte, subsides pour des expéditions qui ne se faisaient
pas, le consulat de Nîmes avait fort à faire, sinon pour sauver la cité de
ce Protée aux mille formes qui se nommait subside, du moins pour en
régler la répartition, et pour épargner aux habitants le denier en sus que
les agents royaux s'attribuaient comme loyer de leur peine et épices de
leur fonction. Du reste, tout ce qu'on pouvait faire par la résistance,
c'était de gagner du temps : on ne payait qu'à la dernière extrémité, après
bonne défense; mais il fallait toujours payer. Les consuls ne ménageaient
ni les requêtes, ni les voyages à Paris; c'étaient des frais de plus pour la
ville, qui payait ensemble les subsides et les démarches faites pour y
échapper.

Voici un exemple d'une de ces mille défenses glorieuses mais inutiles
que fit, à cette époque et plus tard, le consulat nimois contre le fisc royal.
D'intéressants détails de mœurs et d'administration locale s'y rattachent
à l'occasion.

C'était en 1334. Le roi Philippe de Valois, qui fit perdre tant d'argent
et tant d'hommes à la France, venait d'armer chevalier son fils aîné,
Jean, duc de Normandie, depuis roi, lequel devait plus tard achever cette
France épuisée par son père. C'était un excellent prétexte de subside. Il
fallait bien que la nation payât les éperons d'or et l'épée du nouveau chevalier. Les villes du Languedoc réclamèrent, et envoyèrent à la cour des
mémoires au lieu d'argent. Nîmes surtout résista ouvertement. Les consuls se plaignirent au sénéchal; mais celui-ci ordonna au trésorier de
passer outre. Alors on tint conseil à l'Hôtel-de-Ville, et il fut décidé que
deux des consuls de l'année, Pierre Ruffi et Pierre Derro, seraient députés auprès du roi Philippe, alors à Paris, pour lui faire d'humbles remontrances et solliciter la remise du subside.

Pierre Ruffi et Pierre Derro partirent de Nîmes vers le milieu de

[1] Treizième et quatorzième siècles.

mars 1334. On leur avait fait faire à chacun, aux frais de la ville, deux robes neuves, avec les capuces ; la robe de dessus était garnie de peaux ; la saison et le mode de voyage exigeaient cette précaution. On était dans le mois des giboulées, et les consuls voyageaient à cheval. Ce fut à Avignon qu'ils achetèrent deux chevaux que la ville paya, ainsi que les harnais, les têtières, la selle, pour lesquels le maître sellier donna quittance, et les fers qui furent payés par le trésorier municipal au maître maréchal-ferrant, ainsi qu'il résulte des comptes consulaires (*compota venera-bilium consulum*) déposés dans les archives de l'Hôtel-de-Ville. Les consuls marchaient à petites journées ; ne voyageant que de jour, et, de préférence, vers le midi, parce qu'à cette heure les routes étant plus fréquentées, le voyage était plus sûr. Deux valets, engagés à raison de quelques deniers par jour, les suivaient par derrière, à pied. C'est dans cet équipage qu'ils arrivèrent à Paris, au commencement d'avril.

C'était l'usage alors d'offrir au roi quelque rareté pour se le rendre favorable : les consuls n'y manquèrent pas ; ils offrirent à Philippe une livre de gingembre, denrée des Indes-Orientales, rare à cette époque, et de grand prix. Cette seule livre avait coûté six sous six deniers : c'était presque une somme importante pour le temps. D'ailleurs, dans la même sacoche qui contenait la livre de gingembre, Pierre Ruffi portait une requête au roi sur beau parchemin, avec les sceaux de la ville et les signatures des consuls. C'est Bertrand Helie, juriste célèbre de Nîmes, que ses talents appelèrent plus tard au consulat, qui l'avait rédigée et fait copier par un greffier ayant une fort belle main. L'offre de la livre de gingembre devait précéder la remise de la requête.

Arrivés à Paris, les consuls reçurent de leurs collègues demeurés à Nîmes une lettre pour le confesseur du roi. On avait espéré toucher le roi par la religion. Pierre Ruffi et Pierre Derro remirent fidèlement le gingembre au roi et la lettre à son confesseur. Philippe fit écrire aux agents royaux de suspendre la levée du subside jusqu'à ce qu'il eût été pris une décision sur les réclamations des consuls. A quelle influence devaient-ils cette première faveur ? Au gingembre, ou au confesseur ? L'histoire ne le dit pas. Ce fut du reste tout ce qu'ils obtinrent. Après dix semaines de séjour à Paris, rien n'avait été décidé sur leurs remontrances ; et il leur fallut retourner à Nîmes, emportant pour toute réponse les lettres royales qui laissaient les choses en l'état.

Le lendemain de leur arrivée, ils firent signifier ces lettres à Raymond Seynier, avocat du roi de la sénéchaussée, lequel y répondit par un long réquisitoire où il leur prouva qu'il fallait payer. On porta l'affaire devant le sénéchal, qui jugea comme l'avocat du roi. Ils en appelèrent derechef au roi, lequel ordonna une nouvelle suspension. Peut-être voulait-on leur faire payer à la fois le subside et les intérêts.

Le délai fixé par le roi allait finir. On délibéra de nouveau sur le parti qu'il y avait à prendre. Un second voyage à Paris fut résolu. Les consuls s'y préparèrent sans délai.

Le premier voyage avait coûté soixante-quinze angelots d'or et vingt-cinq livres. La ville y avait été largement. On fut plus économe pour le second. Les valets eurent moins de gages. Du reste, les consuls furent rhabillés à neuf, avec doubles robes encore, fourrures et capuces. Les chevaux achetés à Avignon pour le premier voyage durent servir pour le second. Seulement, le harnais fut rafraîchi et les sangles changées, ainsi qu'il résulte des comptes consulaires. Le présent d'épices fut le même. Pour la requête, comme on pouvait croire que maître Bertrand Helie n'avait pas été assez péremptoire, on la fit dresser par Bernard de Codols, autre juriste en réputation, lequel en fit un morceau de haute jurisprudence, très-propre à embarrasser les légistes du roi si la question leur était soumise.

Ce mémoire établissait par cinq raisons principales, dont trois tirées des lois romaines, et les deux autres des privilèges particuliers de la ville, que Nîmes ne devait pas de subside. Des raisons morales venaient à l'appui des raisons de droit. « Si l'avarice cessait dans le royaume, » disait courageusement Bernard de Codols, « et si la justice et la vérité » étaient observées à l'égard des sujets, Dieu pourrait s'apaiser enfin » et faire de l'heureuse nation des Français la première de toutes les » nations, la maîtresse de tous les peuples. » La requête se terminait par des plaintes touchantes; « que le roi n'avait pas de plus fidèles su- » jets que les habitants de la ville de Nîmes; qu'il était humblement » supplié de les soulager d'un subside qu'ils ne devaient pas, qu'ils ne » pouvaient pas payer. » Et comme Bernard de Codols avait tiré ses meilleurs arguments des privilèges et chartes de la ville, octroyés à Nîmes par les différents souverains et nommément par les prédécesseurs de Philippe, les deux consuls eurent soin de remettre avec la requête et

à l'appui d'icelle, ces privilèges et chartes, vains titres de noblesse des
villes, confirmés aux avènements, déchirés durant les règnes, parche-
mins assez semblables aux billets d'un débiteur de mauvaise foi, qui ne
liaient le roi que tant qu'il n'était pas assez fort pour manquer de parole.

Philippe reçut leur présent d'épices et leur requête, mais rejeta leur
demande. Il fallut revenir comme ils étaient partis, voire sans lettres
de suspension pour l'avocat du roi, après deux mois de séjour inutile à
Paris, n'apportant à leur ville que de nouvelles dépenses pour loyer de
chevaux (*loqueriis ronsinorum*), pour entretien de harnais, fourrages,
outre les frais de séjour des consuls et des valets. Dans ce second voyage
même, la dépense avait été plus forte, encore qu'on y eût mis plus
d'économie. Ainsi on avait fait partir à la suite des consuls un homme
de pratique et de procédure, pour régler leurs démarches auprès de
l'argentier du roi et faire les écritures nécessaires; ainsi encore, les
consuls avaient été accompagnés jusqu'à la sortie du territoire par les
banniers ou garde-terres, ce qui avait nécessité des indemnités de temps
et de déplacement : enfin, l'un d'eux, parti le dernier, pour rejoindre
son collègue à Alais, avait été reconduit par les consuls restants jusqu'au bourg de la Calmette, où il s'était dépensé quelques deniers chez
l'aubergiste pour rafraîchissements, *pro potu*, comme disent les comptes.
Tous ces frais et faux-frais chargeaient la ville sans désintéresser le roi.

Le conseil de ville s'assembla extraordinairement au retour des consuls. L'avis unanime fut qu'on devait tenir bon jusqu'au bout, et mettre
les gens du roi en demeure d'user de la violence. Toutefois, pour avoir
une troisième fois le droit de son côté, la ville fit demander des consul-
tations aux avocats de la cour romaine d'Avignon; elle en obtint qui lui
donnaient gain de cause, mais qu'il fallut payer fort cher. Rien n'y fit.
L'avocat du roi de la sénéchaussée répondait à chaque consultation par
un réquisitoire où le droit du roi d'être payé était établi par la loi romaine, la même qui établissait le droit de la ville de ne pas payer. L'affaire traînant en longueur, le trésorier de la sénéchaussée prit le bon
moyen pour en finir; il fit enlever, une nuit, par ses sergents, les consuls et environ cinquante habitants, la plupart sans doute membres du
conseil de ville, et les envoya au château des Arènes, où ils furent détenus pendant cinq jours.

Ce furent encore de nouvelles dépenses pour la ville. Il fallut payer la paille qui servit au coucher des prisonniers les moins considérables; il y en eut pour quatorze deniers. Il fallut louer cinquante assiettes, cinquante écuelles, cinquante plats, cinquante amphores pour eau et vin, cinquante coupes; il fallut pourvoir à la dépense de bouche de cinquante prisonniers ayant l'appétit que donne un loisir forcé, et qui, s'il faut en croire les *comptes des vénérables consuls*, s'amusèrent, comme de vrais bazochiens, à casser la vaisselle de louage pour tromper l'ennui de la prison; car le caissier du consulat porte en compte, comme cassés ou perdus, pendant ces cinq jours, treize plats, dix-sept assiettes, vingt-cinq amphores, dix-neuf coupes, qui furent payés au faïencier, outre la location du tout. Du fond de leur prison ils voulurent prolonger encore la résistance et en appeler au roi de la brutalité de ses agents, mais leur requête ne passa pas la porte du château. Le trésorier de la sénéchaussée, qui était homme d'action, parla de les tenir sous verrous jusqu'à parfait paiement; et comme d'ailleurs la population ne bougeait pas, les prisonniers demandèrent à transiger. Ils offrirent cinq cents livres. Leur offre fut acceptée, et, après l'accord passé entre le trésorier et les consuls, on les remit en liberté.

Ils n'étaient pas au bout de tous les embarras. Dans la répartition des cinq cents livres, les consuls avaient compris les clercs résidant à Nîmes, dont quelques-uns exerçaient la profession d'avocat devant les cours de justice, voire même faisaient le commerce. Ces clercs réclamèrent les privilèges de leur robe, et ne voulurent pas payer. L'official de Nîmes, qui était la principale autorité ecclésiastique de la ville, soutint les prétentions des gens de sa caste et excommunia les habitants. On se moqua de ses foudres. Les consuls firent contre lui ce que le trésorier de la sénéchaussée avait fait contre eux; ils le sommèrent par leurs sergents d'avoir à retirer son excommunication. L'official résista; alors les consuls n'osant pas prendre sur eux seuls la responsabilité d'une contrainte matérielle sur un personnage si considérable, s'adressèrent au sénéchal qui cassa l'excommunication et fit avertir l'official de moins trancher du pape. Les clercs payèrent donc leur part du subside de la chevalerie du prince Jean.

On peut remarquer au sujet de cette querelle entre les consuls de Nîmes et le fisc royal deux choses qui sont à l'honneur de la ville et de son consulat : c'est, d'une part, cet esprit de courageuse résistance aux exactions de la cour, dégagé de toute arrière-pensée de révolte et de séparation politique ; et, d'autre part, cette comptabilité sévère jusqu'à la minutie, qui tient note des moindres dépenses, qui enregistre jusqu'à une botte de foin, jusqu'au raccommodage d'une bride, jusqu'à des assiettes cassées. Il n'y a pas là encore un chapitre élastique de dépenses imprévues, dépenses variables, dépenses extraordinaires ; c'est une invention particulière de notre civilisation.

Il ne faudrait pas juger par les idées de la France du dix-neuvième siècle, une et centralisée, et faisant moins une nation qu'une personne, dont la tête est à Paris, le patriotisme tout local des consuls d'une cité française du quatorzième siècle. A cette époque, où le nombre et la quotité des impôts dépendaient des besoins du roi, c'est-à-dire le plus souvent de ses désordres, de ses caprices, de son incapacité, et où l'inexpérience administrative faisait payer deux fois la même dépense aux sujets, les lenteurs ou les refus temporaires des magistratures locales étaient une bonne chose ; cela forçait la royauté à être plus circonspecte en matière de subsides, cela perfectionnait l'administration ; c'était tout à la fois le courage civil et le bon sens du temps. Aujourd'hui il n'est pas besoin de dire pourquoi une résistance de cette sorte serait à la fois une fanfaronnade et un contre-sens.

Un an à peine s'était écoulé depuis le paiement des cinq cents livres, que les consuls de Nîmes recommençaient un plan de défense du même genre, pour échapper à un nouveau subside. Cette fois-là, c'était pour le passage du roi en Terre-Sainte. Mais ce passage n'ayant pas eu lieu, la ville se trouva quitte et déchargée. Si elle eût payé trop tôt, on ne lui aurait pas rendu son argent.

Cinq ans plus tard [1], Archaimbault Larue, capitaine général du roi pour le Languedoc, faisait arrêter de nouveau les consuls et les déportait dans les prisons de Montpellier, sur leur refus de lui livrer le trésor municipal.

Sous le règne du roi Jean, vaincu et captif, la tâche déjà si rude des consuls de Nîmes se compliqua d'une sorte de surveillance militaire très-active. D'une part, il fallait sauver du pillage des officiers du fisc les deniers du peuple demandés pour la rançon du roi, et dénoncer à grands risques la noblesse de Nîmes, qui refusait de contribuer aux charges pu-

[1] An 1339.

bliques, ayant payé sa dette, disait-elle, à la bataille de Poitiers; d'autre part, il fallait veiller à la garde de la ville, menacée par les partis anglais et par les brigands, sonner le tocsin dans les moments d'alarme; enfin soutenir contre toutes les agressions du fisc et de l'ennemi une ville découragée, épuisée par les tailles, dépeuplée par la peste, à ce point qu'elle ne pouvait fournir un seul citoyen propre à régir les fermes publiques [1]. Le consulat nîmois ne faillit à aucun de ces devoirs; les rois l'en remerciaient; mais les gens du roi n'en étaient pas moins âpres à la curée.

Nîmes conserve dans les archives de son Hôtel-de-Ville une lettre du roi Jean, du 9 juillet 1358, adressée à ses *très chiers et feaults subgiez les bourgeois et habitants de la ville de Nismez*. Cette lettre est datée de Windonses (Windsor), où Jean était prisonnier. Il leur mande que le roi d'Angleterre « a tenu une moult (très) bele feste à la Sainct-George » derrenier passé à Windonses; que lui Jean étant présent, on lui fist » moult grant honours. » Il dit qu'on lui a donné bonne espérance d'un traité, et qu'après la fête, à Windsor, le mardi 8 de mai 1358, il est convenu de la paix avec le roi Édouard : et, ajoute-t-il, en signe de paix, « nous entresbeasmez (entre-baisâmes) plusieurs foiz, et nous entre- » donnâmez noz enneaux (anneaux) que nous avions en doiz, et sou- » pâmes enssamblez moult amicablement.......... » Le roi ne disait pas aux bourgeois et habitants de la ville de Nîmes à quel prix s'étaient échangés ces baisers et entre-donnés ces anneaux; ce prix était au dessus des ressources de la France.

En 1375, sous l'économe Charles V, la ville délivrée de la crainte des Anglais et des brigandages des routiers, eut à disputer le peu de substance qui lui restait à l'avidité fiscale du duc d'Anjou, gouverneur du Languedoc, lequel maintenait à son profit les charges de l'état de guerre. Mandés à Montpellier pour voter de nouveaux subsides, les députés de la commune de Nîmes conseillèrent à l'assemblée la résistance; le plus récalcitrant fut arrêté; et la commune, sommée d'envoyer des représentants plus dociles, refusa d'obéir. Le duc irrité vint à Nîmes, déclara les consuls coupables du crime de lèse-majesté, les fit mettre en prison, confisqua l'Hôtel-de-Ville et tous les biens communs, et abolit la commune. Les malheureux habitants la rachetèrent plus tard de leurs derniers écus.

[1] An 1348.

Maître de Nîmes, le duc imposa de sa pleine autorité les subsides
qu'il avait d'abord demandés à une sorte de vote libre. Jamais le fisc
n'atteignit plus de choses à la fois. Ce fut un impôt sur l'air et le sang.
Le blé, l'avoine, les légumes, le pain, le vin, la viande de boucherie,
le poisson, l'huile, le fromage, les intestins des animaux, tous ces objets
de consommation furent soumis à des taxes spéciales. Le pain en particulier était atteint sous trois formes; dans la terre, à l'état de semence,
par l'impôt foncier; dans les greniers, à l'état de grain, par une taxe
des grains; chez le boulanger, à l'état de pain, par une taxe sur la con-
frérie. Le vin, comme le pain, était taxé trois fois; une première fois
dans le sol, avant que le bourgeon se fût montré; une seconde fois dans
la vigne vendangée, où le fisc allait compter les grappes et les hottées;
une troisième fois dans le tonneau et jusque dans le verre du consom-
mateur. Il y avait des impôts sur les hôteliers pour chaque journée de
cheval ou de mulet qu'ils logeaient dans leur auberge; il y en avait pour
la dînée d'un voyageur, il y en avait pour la couchée. L'impôt personnel
ou de la capitation saisissait l'enfant presque au sortir du berceau;
au-dessus de trois ans, il avait le titre d'habitant et une part des charges
attachées à ce titre écrasant. Le gros bétail était recensé et taxé par tête
ainsi que le peuple; et, comme dans le peuple l'impôt descendait jusqu'à l'enfant au-dessus de trois ans, de même dans le bétail, grand et
menu, outre les bêtes arrivées à leur grosseur naturelle, l'impôt allait
épier dans les étables la naissance des veaux, agneaux, chevreaux, cochons de lait, pour les coucher, en sortant du ventre de la mère, sur le
registre des imposés. J'oubliais une quatrième et une cinquième formes
sous lesquelles le fisc poursuivait le pain du peuple; c'était dans le moulin
où l'on faisait moudre le blé, et dans le four où on le faisait cuire. Tout
cela, sauf les impôts ordinaires, et si l'on peut dire raisonnables, que
tout membre de l'état doit à la communauté, en retour de la protection
qu'il en reçoit.

La ville n'en pouvait plus. La guerre et la paix lui avaient tout enlevé. Elle succombait sous les rois économes et pacifiques comme sous
les rois prodigues et belliqueux. Il fallait pourtant tirer encore quelque
chose de rien. Les receveurs du duc d'Anjou vidaient les maisons des
débiteurs arriérés et mettaient les meubles dans la rue et les gens en
prison. Les consuls ne savaient que répondre à la plainte universelle.

4

Ils demandèrent un recensement [1]. C'était un moyen de frauder le fisc de quelques contribuables. Le recensement s'opéra par la division de la commune en feux; il y eut quatorze cents feux, divisés en deux classes, dont l'une avait dix livres tournois de revenus en fonds de terre, et l'autre un revenu moindre. Ce recensement mit à nu la pauvreté intellectuelle de la ville; elle n'avait que quatre jurisconsultes, trois physiciens, deux barbiers ou chirurgiens, un clerc des écoles et un régent. La dépopulation était si rapide et la misère si croissante, que deux recensements successifs du même genre ne donnèrent, en 1384, que quatre cents feux imposables, et deux cents seulement, en 1398. Nîmes, autrefois très-peuplée, était alors devenue si déserte, qu'on ne rencontrait de peuple dans les rues qu'au marché ou sur la place de la cathédrale.

Le recensement demandé par les consuls ne fit que retarder de quelques semaines le paiement des subsides du duc d'Anjou. Il fallut enfin en opérer la répartition et la levée sur tous les citoyens. Quand on en vint aux gens du roi, magistrats et parties prenantes, ils alléguèrent différents titres pour être exemptés. Geoffroy Paumier, avocat du roi de la sénéchaussée, se prévalut de celui de docteur et ferma sa porte au receveur de la ville. Paumier était haï dans Nîmes pour son zèle à verbaliser, à poursuivre, à délivrer des mandats de contrainte au trésorier de la sénéchaussée; il était de l'espèce assez commune de ces agents judiciaires de second ordre, violents sans passion, qui inspirent des haines sans en avoir, et qui gagnent leurs grades par des réquisitoires et des ordres d'écrou; homme faible d'ailleurs, comme il arrive, et dévot, qui voulut être enterré dans l'habit de chanoine, ne se fiant plus à l'innocence de celui d'avocat du roi, qui fit beaucoup de legs aux églises et aux monastères, et institua le roi Charles VI son héritier, à la condition que ce prince doterait la chapelle de St-Michel qui devait être construite dans le nouveau château royal. Le refus de cet homme odieux de contribuer aux charges communes avait exaspéré le peuple. Les consuls ne voulaient faire sur ses biens qu'une exécution légale; le peuple alla plus loin; on dévasta sa maison, on brisa ses coffres et ses armoires, on dispersa ses papiers privés et même les actes publics qui ressortissaient de sa charge; on lui prit tout, jusqu'à sa batterie de cuisine, que ce peuple misérable porta en dérision au bout de bâtons; on alla délivrer un citoyen qu'il

[1] An 1377.

avait fait emprisonner quelques jours auparavant, préventivement et par simple mesure de précaution. Les consuls étaient menés par l'émeute; on ne résiste pas à ce qu'on approuve. Geoffroy Paumier avait eu soin, dès la veille, de mettre sa personne en sûreté.

L'émeute n'en resta pas là. Il se tint dans la ville des assemblées tumultueuses, où les plus violents poussaient de force les tièdes et les timides. Il y eut même des bouchers qu'on y traîna malgré eux après avoir jeté leurs viandes à bas de leurs étaux. Dans ces assemblées, on délibéra et on résolut de nouvelles violences; les portes de la ville furent enlevées aux officiers du roi; les panonceaux royaux qui décoraient les bureaux des subsides furent arrachés et foulés aux pieds, les tables des receveurs furent mises en pièces, les bureaux démolis; mais il n'y eut pas de sang versé.

Le lendemain de l'émeute fut terrible. On allait avoir à compter avec le duc d'Anjou, qui marchait sur Nîmes avec ses gens d'armes, irrité et menaçant. Mais voyant la ville calmée, l'étendard royal flottant sur les remparts et les portes rendues aux officiers du roi, le duc s'adoucit et se borna à une sorte de punition de parade. Il fit appeler à son de trompe tous les habitants dans la salle de l'évêché; et là, un scribe ou huissier de la sénéchaussée lut à haute voix un exposé des charges qui s'élevaient contre eux. Les consuls y répondirent pour l'honneur de la ville; mais, après une faible défense, ils jugèrent plus sûr de s'en remettre humblement à la merci du duc, qui pardonna. Après tout, le duc n'en voulait qu'à leur argent. Mais l'occasion était trop belle pour les officiers royaux d'étaler leur zèle et de s'acharner sur des vaincus; au mépris du pardon et de l'amnistie du duc, ils firent arrêter et jeter en prison plusieurs des coupables, qui avaient cessé de l'être et comme vaincus et comme amnistiés. Les consuls réclamèrent; ils avaient reçu le pardon au nom de tous et pour tous; — sur l'entrefaite, Charles VI fut sacré roi de France, le 4 novembre 1380. L'abolition des subsides fut proclamée pour tout le royaume. Les fêtes mirent fin aux poursuites.

Pendant quelques semaines, du moins, la pauvre ville va respirer. Malgré l'expérience du passé sur la durée de ces sortes d'abolitions, les habitants s'abandonnèrent à la joie; on saluait ces panonceaux royaux qu'on avait foulés aux pieds quelques mois auparavant; on dansait devant les bureaux des subsides rouverts par le duc d'Anjou, après l'émeute qui les avait saccagés, mais fermés si tôt après par le roi nouvellement sacré. Les consuls pouvaient enfin vaquer paisiblement à quelques-unes de leurs attributions honorifiques, et, après avoir passé par tous les périls d'un poste élevé, repaître leur petite vanité consulaire de ses paisibles honneurs. Nîmes quitta son air sombre et mit ses habits de fête; les différents corps de métiers se donnèrent des repas où l'on but, à la santé du roi, d'un vin que la gabelle n'avait pas jaugé, et où l'on mangea des quartiers de chevreaux rôtis sur lesquels la taxe royale n'avait rien prélevé. Il y eut une procession générale, le 5 décembre 1380, par un de ces beaux soleils d'hiver et une de ces journées douces et tépides que la ville du midi doit à sa situation géographique et aux collines qui l'abritent contre les vents du nord.

Les consuls, selon l'usage, marchaient en avant de la procession, le chaperon rouge sur la tête, et tenant à la main une torche décorée d'écussons aux armes de la ville. L'étendard de la commune, porté par Bernard Amat, citoyen de Nîmes, flottait devant eux. Pierre Sabatier et son compère sonnaient de la trompe, en tête du cortège, pour faire retirer la foule et assurer la marche grave de Messieurs de la ville. Le livre de dépense des consuls porte en compte quelques pataques, monnaie du pays, donnés à ces braves gens, pour boire après la fête. Ce fut maître Bernard, peintre en armoiries, qui fut chargé de colorier, aux armes de la ville, les torches que tenaient les consuls; et un *pauvre homme*, disent les comptes, nommé Juge, reçut six pataques pour avoir porté ces torches de la maison d'un des consuls à l'atelier de maître Bernard, et deux pour les avoir rapportées à l'Hôtel-de-Ville. Je ne doute pas que ces petits détails ne plaisent au lecteur : par son but spécial, notre histoire peut descendre, sans déroger, jusqu'à ces riens qui sont beaucoup dans l'humble vie des villes, et, par occasion, ressusciter les ancêtres des *pauvres gens*.

L'année suivante, c'est-à-dire environ deux mois après les fêtes pour l'abolition des subsides, toute la ville est en mouvement. Par toutes les portes de Nîmes entrent pêle-mêle les habitants des faubourgs et des villages du territoire, apportant le peu de pain que leur ont laissé les agents du fisc et les compagnies de gens d'armes, ceux-ci du vin, ceux-là quelques sacs de blé; aucuns poussant devant eux des bêtes de somme chargées de leurs ustensiles, de leurs hardes, de leurs grabats de paille, avec de petits enfants en bas âge jouant dessus. La grosse cloche du beffroi sonne incessamment, à volées entrecoupées. On a attaché au battant, disent les comptes, une corde neuve de jonc pour sonner le tocsin, *ad faciendum tocassen*. Des sentinelles sont placées sur le clocher et sur la tour Magne pour découvrir les mouvements de l'ennemi. Les barbacanes des portes, où se tiennent les archers et les arbalétriers, ont été réparées; des sentinelles perdues sont postées sur toutes les collines qui dominent la ville; des explorateurs sont envoyés en avant, dans toutes les directions; quelques-uns, habiles nageurs, devront passer les rivières, pour observer plus sûrement l'ennemi. On donne à tous les habitants le droit d'être armés; on nomme Pierre Ponchut l'un des deux capitaines de la milice de Nîmes. Du reste Nîmes n'a pas cessé de reconnaître le roi de France; la bannière royale flotte toujours sur les remparts. Ce n'est pas au roi que Nîmes fait la guerre, c'est au nouveau gouverneur du Languedoc, le duc de Berry, frère du duc d'Anjou, précédé par une réputation d'avidité fiscale qui surpasse celle de son frère, et par un nom que d'épouvantables exécutions militaires ont déjà fait haïr dans tout le Languedoc.

En effet, une première bataille avait été livrée entre les milices de la commune de Nîmes et des communes environnantes et les troupes du duc de Berry. C'était Pierre Ponchut, le nouveau capitaine de Nîmes insurgée, qui commandait les communes. Il avait été vaincu, et soixante de ces braves gens avaient été tués. Mais on récompensa sa défaite par le titre de capitaine de la ville, parce que cette défaite était glorieuse. Les troupes du duc d'Anjou avaient eu, dans la bataille, l'avantage du nombre, des bonnes armures et de la discipline. Le duc déshonora sa victoire par d'ignobles cruautés. Tous les prisonniers furent ou égorgés ou mutilés; aux uns on versa de l'huile bouillante sur les jambes, aux autres on arracha les oreilles avec des tenailles; quelques-uns furent jetés dans des puits.

Les consuls étaient à la tête de l'insurrection de Nîmes. Du reste, les autorités royales avaient été respectées. Le sénéchal se retira à Beaucaire et y transporta le siège de la sénéchaussée; c'était une punition de la révolte nîmoise. Du reste, cette guerre inégale entre les communes et le duc de Berry ne traîna pas long-temps; le pays était à bout d'hommes et d'argent et prêt à tout souffrir, par impuissance de résister. Le duc prenait les villes, sans coup férir, l'une après l'autre; Nîmes se découragea, mit bas les armes, et reconnut son autorité. En juin 1382, le duc de Berry était maître de tout le Languedoc.

Le premier acte de son gouvernement fut d'ordonner la levée d'un subside voté par les sénéchaussées du Languedoc, sous la menace des gens d'armes de Berry. Les pressentiments du peuple avaient été justes. C'était le duc d'Anjou, mais plus violent et plus implacable, et ayant à répondre de ses actions, non plus à l'économe et prudent Charles V, mais à son imbécile successeur. Les exactions de ce prince enfantèrent le Tuchinat, espèce de jacquerie locale, où les paysans coururent sus aux nobles, et où se commirent d'épouvantables excès, pillage des églises et des châteaux, prisonniers brûlés, mutilés, essorillés, auxquels on coupait les poignets, cassait les dents à coups de marteau et déchiquetait le visage; meurtres, incendies, viols de femmes enceintes; tous les sanglants épisodes d'une guerre de vengeance entre de vieux ennemis sous un soleil qui rend les hommes fous. Le tableau de ces tueries n'est pas, grâce à Dieu, de notre sujet; il appartient à l'histoire générale du Languedoc. Le Tuchinat ne doit figurer ici que pour une circonstance qui lui donna un caractère tout particulier et qui fut signalée courageusement par les consuls de Nîmes. Ce fut la complicité, et secrète et avouée, de quelques nobles de la ville et du pays avec les tuchins, brigands désavoués et repoussés par les villes les plus hostiles au duc de Berry, quoiqu'ils eussent pris les armes sous couleur de résister à ses exactions.

Le rôle de ces nobles fut odieux. D'abord, ils laissèrent retomber tout le fardeau du subside sur le peuple de la ville et du territoire, déjà exténué par le duc d'Anjou. Quand on réclamait leur part dans la contribution : « Que le subside se paie, disaient-ils, que les paysans et les vilains » s'exécutent; nous autres nobles, nous nous partagerons leur argent. » Les consuls pénétrèrent fort bien le secret de leurs intrigues. Les nobles avaient deux intérêts : l'un, de créer des embarras au duc, afin d'assurer leur indépendance; c'était l'esprit de toute la noblesse féodale : l'autre de se servir du gouvernement central contre le peuple dont ils craignaient les vengeances. D'une part donc ils excitaient le peuple contre le gouvernement du Languedoc, en exagérant les mauvaises passions du duc, et en feignant de se révolter contre des exactions qui ne les atteignaient pas; et, d'autre part, ils rendaient le peuple suspect au duc en grossissant ses mécontentements et en lui prêtant des projets de révolte que sa misère et son abattement rendaient impossibles. Placés entre deux forces dont la réunion pouvait les détruire, ils tâchaient de les tenir divisées et suspectes l'une à l'autre, et n'y réussissaient que trop bien, les causes des haines étant si vives entre le peuple et le prince. C'était là le rôle des politiques. Du reste, insolents et durs, traitant de *tuchins* les gens des communes, et si les villes leur demandaient le secours de leur argent et de leurs bras pour délivrer le pays des brigands, ils disaient avec dédain : « Que veulent de nous ces vilains? Nous faire contribuer à la défense du » territoire et au paiement des subsides? Qu'ils aient pour certain, s'ils » osent nous y contraindre, que les courses et brigandages à travers leur » pays continueront de plus belle, que leur argent nous sera donné » pour paie, et qu'ils auront un peu plus de gens d'armes contre eux. »

D'autres, c'étaient les nobles hommes d'armes, espèces de brigands titrés, qui avaient conservé les mœurs des *grandes compagnies* battues et disciplinées par Duguesclin, *Bertrandus de Cliquino*, comme l'appellent les consuls de Nîmes, se mettaient à la tête, tantôt des tuchins, tantôt des gens d'armes envoyés contre les tuchins, pillant avec les uns et les autres indifféremment, les recevant dans leurs forteresses et les enivrant avec le vin volé aux gens des communes; ou bien leur servant de guides dans le pays et leur indiquant les maisons des habitants aisés, sauf à partager la prise avec eux. On avait vu de ces nobles (les consuls les nomment) mêlés souvent aux gens d'armes ou aux tuchins, et, la visière baissée, pour n'être pas reconnus, commander le siège des fermes, vider les écuries et les basses-cours et faire main-basse sur le peu que les fermiers avaient pu sauver des mains du fisc. Quand ce n'étaient pas les nobles eux-mêmes, c'étaient leurs vassaux qui conduisaient des bandes de tuchins dans cette mêlée de voleries et de meurtres, où les troupes envoyées pour arrêter les brigands pillaient ce que ceux-ci avaient oublié, rongeaient l'os qu'ils avaient mangé à moitié, et glanaient misérablement sur les hardes du *vilain* dépouillé et sur les ruines de sa maison saccagée. Plusieurs de ces nobles, pauvres et endettés avant le tuchinat, s'étaient enrichis tout à coup dans ces obscurs pillages, mais sans en payer plus leurs dettes; quelques-uns, traînant à leur suite des convois de charrettes volées çà et là, avaient enlevé tous les fumiers des villages pour les porter sur les terres de leur dépendance; un petit nombre s'était jeté, tête levée, dans cette guerre infâme, affichant leurs faciles exploits sur des hommes sans armes et leurs prises de villes abandonnées, disant publiquement qu'ils sauraient bien mettre à rançon les vilains de Nîmes, et brandissant leurs bannières particulières devant la bannière royale arborée sur les créneaux de la ville.

Les consuls osèrent demander des indemnités à la noblesse de Nîmes et de son territoire pour les dévastations du tuchinat, qu'ils n'avaient pas craint de rejeter sur elle. On ne fit pas droit à leurs demandes, et ils eurent tort à la cour; mais, dans l'esprit des peuples, la noblesse demeura souillée de cette odieuse complicité, et les consuls de Nîmes, qui avaient protégé, dans l'intérieur de la ville, les femmes et les familles des nobles qui ravageaient son territoire, eurent pour eux les faits et l'opinion, l'opinion, faible auxiliaire alors, tant qu'elle ne s'imposait pas l'arme au poing et qu'elle n'avait pas la force brutale de son côté.

Plus tard [1], à l'occasion d'un nouveau différend entre les consuls et la noblesse de Nîmes (il s'agissait encore de finances, et la noblesse ne voulait pas contribuer), des saisies furent exécutées par les officiers du fisc royal sur les biens des récalcitrants. Les consuls appuyèrent ces officiers. Les nobles se pourvurent devant le roi. De là, de nouveaux mémoires de chacune des parties. Les consuls remontèrent à l'origine de cette noblesse, dont plusieurs membres avaient profité de l'incertitude et de la confusion de l'état civil pour se glisser parmi les anciennes familles et usurper des titres nobiliaires : ils démasquèrent avec esprit et malice et quelque peu de morgue bourgeoise, ces parvenus qui venaient de rien, qui avaient fait des fortunes scandaleuses, et qui, au lieu de les expier en participant aux charges publiques, prétendaient les mettre hors des atteintes du fisc, sous la protection d'un titre et d'un blason volés. De ces nobles d'hier, Gilles Julien avait pour aïeul un muletier de Murat, en Auvergne; son père, Pierre Julien, après avoir donné des leçons de droit à des écoliers de Toulouse et rampé long-temps dans des emplois de judicature inférieure, était devenu juge-mage de la sénéchaussée de Beaucaire, où il avait fait tout-à-coup une fortune honteuse. Guillaume Pons avait d'abord été valet de chambre de Jean Gasc, évêque de Nîmes, puis écuyer de l'évêque de Maguelonne, puis marchand de bestiaux : c'était un brave qui se vantait d'avoir fait les guerres de Flandres, et qu'on avait vu, sur les grandes routes, faute d'oser détrousser les voyageurs, voler les clochettes attachées au cou des bestiaux. Jean de Geolon sortait de Pierre de Geolon, lequel cumulait à Nîmes la profession de juriste avec celle de meunier,

[1] En 1390.

et travaillait à la terre de ses propres mains, *comme aurait fait un bouvier*. Charles Rati avait eu pour aïeul un négociant de Gênes, qui faisait le commerce et tenait une auberge, et pour père, Georges Rati, soldat, condamné à mort pour avoir conspiré contre la république : quant à lui, Charles Rati, un certain vicomte d'Usès l'avait eu pour domestique, et on l'avait vu labourant la terre ou conduisant la charrette. Plusieurs gens de rien ou de peu avaient épousé des filles de bourgeois riches et s'étaient équipés chevaliers avec la dot, et après avoir chevauché du côté où se faisait la guerre, étaient revenus à Nîmes, nobles de deux ou trois quartiers, sans avoir vu l'ennemi.

Cette fois encore les consuls eurent tort à la cour; les soi-disant nobles furent exemptés du subside, mais ils avaient été humiliés; on paya, mais on se moqua d'eux. Cela fit trouver le subside moins lourd.

Dans toutes les questions de finances, la pauvre ville avait toujours le dessous. Ainsi, peu auparavant, ce Geoffroy Paumier, dont la maison avait été saccagée, sous le gouvernement du duc d'Anjou, avait fini par se faire donner douze cents francs d'or à titre d'indemnité [1]; la somme lui fut soldée, à-compte par à-compte; la ville n'avait pas dans ses coffres de quoi s'acquitter en une fois.

Peu de villes pourtant pouvaient se vanter de plus de fidélité au roi de France que la ville de Nîmes. Rien n'arrivait au roi ou à sa famille qui ne fût une occasion de manifestations et de dépenses publiques pour la ville, soit de processions, soit de présents. Isabeau de Bavière mande par lettres aux consuls la naissance d'un fils[2]; le courrier ou *chevaucheur* de la cour reçoit un franc d'or pour récompense de sa bonne nouvelle. Une autre fois, c'est la santé du roi qui est rétablie [3]; on fait une procession solennelle; on invite un maître de théologie en renom à monter en chaire, dans la cathédrale, et à prêcher sur ce texte. Il prêche et reçoit, pour prix de son sermon, six poulets et six perdreaux. Le roi retombe; nouvelle procession pour sa guérison. Une légère amélioration se fait sentir : à une procession de deuil succède une procession de réjouissance[4]. Toute la ville fait partie du cortège. Les consuls portent des torches peintes à l'écusson du roi; des joueurs de trompette et de tympanon et de gros instruments à cordes, *cordarum grossorum instrumentorum*, exécutent des symphonies en tête de la procession. Le soir et pendant la nuit, des

[1] 2 janvier 1388. — [2] 3 octobre 1386. — [3] 17 août 1392. — [4] 8 décembre 1393.

mimes et des ménétriers font danser le peuple sur les places publiques ;
les joueurs d'instruments, les porte-étendard, les mimes soupent aux
frais de la ville. Enfin, ce qui arrivait plus rarement, les consuls, après
la procession, dînent ensemble. Les comptes nous donnent leur menu
qui ferait sourire nos dignitaires municipaux. Ce sont quatre perdrix,
quatre lapins, deux épaules de mouton, des oranges pour dessert, quelques bouteilles de vin clairet ; en tout une dépense de vingt-six gros et
dix deniers. Ce serait à peine, en ce temps-ci, l'écot d'un maire de petite
ville.

Tant de soumission et de dévouement ne désarmait pas le fisc. La ville
était dévorée par le duc de Berry, tantôt rappelé de son gouvernement,
tantôt rétabli, selon les alternatives de la santé du roi ; tout puissant
quand le roi n'avait plus sa raison, disgracié sitôt que ce pauvre prince
en recouvrait une lueur, assez pour savoir que le Languedoc se dépeuplait
tous les jours sous l'administration meurtrière de son frère. Si les consuls fêtaient avec tant d'éclat les retours de raison du roi, s'ils ordon-
naient des processions solennelles, c'est surtout parce qu'ils avaient l'espoir d'être délivrés du duc de Berry. Jamais le pays n'avait été affligé d'un
exacteur aussi impitoyable. Les peuples poussaient des cris de détresse :
alors on leur envoyait des commissaires réformateurs, remède pire que
le mal. Ces commissaires ne réformaient rien et grappillaient après le duc
de Berry, à l'exemple de ces gens d'armes envoyés à la poursuite des
tuchins. Ils s'abattaient comme des sauterelles sur ces villes et ces villages
délabrés, faisant butin de tout, taxant, rançonnant, extorquant, en gens
dont la commission ne devait durer qu'un jour, et à qui la faveur offrait
tout-à-coup cette occasion de fortune rapide. Les consuls de Nîmes s'attaquèrent courageusement à ces nouveaux ennemis ; ils dénoncèrent leurs
rapines, le croirait-on ? au duc de Berry lui-même, alors rentré dans
son gouvernement [1], et ils en appelèrent des brigandages des réformateurs à l'homme qu'ils avaient mission de réformer. Leur supplique est
dans un patois grossier, formé de latin corrompu et de français naissant ;
mais il prouve que l'éloquence précède les langues littéraires et que les
souffrances vraies ont un art naturel qui sait trouver des effets oratoires
et des expressions fortes même avant d'avoir une langue pour les rendre.

Ces commissaires réformateurs étaient envoyés, ou plutôt lâchés, dans

[1] 1402.

le pays sous toutes sortes de titres. Il y en avait autant que de choses à réformer.

C'étaient d'abord les commissaires pour l'entretien et la réparation des forteresses. « Ils viennent, disent les consuls de Nîmes, avec une grande pompe et une grande domination dans les forteresses et dans les villes, accompagnés d'une multitude d'agents en sous-ordre, et ils regardent les localités, et ils disent : « Il manque ici une pierre, là une fenêtre, » et autres choses semblables; et, cela fait, ils se retirent, font venir devant eux les habitants du lieu qu'ils ont visité, et leur demandent de grandes sommes d'argent. Du reste, rien ne se fait. Et, en attendant, ils ont des festins et des dîners, de l'avoine et du foin pour leurs chevaux, et d'autre butin qu'ils emportent et qui ne vient pas en compte dans leur salaire. »

Venaient ensuite les commissaires pour la réparation des chemins. « Ceux-là marchent à travers la patrie, *incedunt per patriam*, avec trois ou quatre chevaux et autant de greffiers et de serviteurs, et ils effraient les populations à ce point qu'on n'ose leur parler, et ils disent aux habitants des localités : « Ce pays-ci a un chemin public ou communal qui » a besoin de réparation et vous n'y faites rien. Il vous est ordonné d'y » travailler; mais d'abord, payez-nous nos vacations. » Et les gens n'osent pas les contredire, et ils se contentent de leur répondre : « Maî- » tres, voici notre argent. » Et ceux-ci prendront souvent des marchan-dises pour de l'argent et donneront pour un gros ce qui vaut un florin. Et c'est ainsi que par les vacations de ces hommes et par la vente à vil prix de ses propres biens, le pauvre peuple est doublement ruiné. »

Voici maintenant les commissaires pour les francs-fiefs, « qui *mar-chent*, eux aussi, *à travers la patrie*, pour percevoir les droits qui pè-sent sur les biens nobles achetés par des vilains. Ceux-là exigent des vacations de trois ou quatre francs pour des articles de finance de trois ou quatre gros. « Ce que font ces commissaires, » disent les consuls, « celui-là le sait qui n'ignore rien ! »

En voilà d'autres encore, sous un autre nom. Ce sont les commissaires pour les informations touchant les délits de justice. « Ceux-là aussi *mar-chent à travers la patrie* — les consuls répètent pour chacun cette éner-gique et touchante expression — pour faire des informations judiciaires; et ils arrêtent des personnes innocentes et ne les laissent aller en liberté qu'après en avoir tiré de l'argent; et si ces personnes ne veulent pas payer

ce qu'on exige d'elles, ceux-ci tâchent de les effrayer, disant : « Nous
» l'emmènerons garrotté, si tu ne veux pas nous payer nos vacations ; »
alors, par la crainte d'un tel traitement, les gens composent avec eux :
et s'il arrive à ces hommes de faire de bonnes informations, ils les
montrent aux coupables, leur disant : « Si tu veux donner tant, il ne sera
» jamais question de cette procédure, et tu ne seras pas poursuivi ; » et
après avoir reçu de l'argent, sous cette condition, ils déchirent les informations ou les jettent au feu, et Dieu sait combien il se commet de
choses de ce genre !

Une cinquième sorte de commissaires venait achever les peuples déjà
épuisés par les premiers. C'étaient les commissaires pour la *réparation des
feux.* Cela s'entend du cens qu'on établissait sur le nombre des feux ou
familles que renfermait une ville. Cette *réparation* était la base de la répartition. Or, les hommes préposés à cet emploi exagéraient le nombre
des feux pour augmenter l'impôt, ou bien vendaient à quelques citoyens
le privilège de ne pas être mis sur la liste des imposables. C'était une
simonie du sang et de la substance du peuple.

« Et tous ces commissaires, continuent les consuls, tandis qu'ils *mar-
chent à travers la patrie,* s'ils ont besoin de vin, de foin ou d'avoine,
ils en font des réquisitions de leur propre autorité et sans rien payer.
Et si celui qu'on dépouille ainsi de son bien vient à se plaindre, ils lui
disent : « Ah ! vilain traître ! avise-toi de parler ! » Et de temps en
temps ils frappent les gens ou les accablent d'injures ; et le peuple ne se
plaint pas d'eux pour beaucoup de raisons, et, entre autres, parcequ'il
se meurt d'inanition, *est inhanitus,* et parceque, s'il se plaignait, sa
plainte ne serait pas entendue, car la justice lui fait défaut ! »

La source d'où le peuple tirait de l'argent était desséchée. C'était la
cour d'Avignon où les gens de Nîmes venaient vendre leurs blés et leurs
vins. Or, cette cour ayant perdu sa splendeur, et le pape romain l'ayant
emporté sur le pape d'Avignon — malgré les nombreuses processions que
faisaient les consuls en apparence pour l'extinction du schisme de l'é-
glise, mais, en réalité, pour que la cour d'Avignon l'emportât sur celle
de Rome — les peuples ne travaillent plus, disent les consuls, ne voulant
pas travailler pour le fisc. » Et Nîmes, en particulier, n'a pas conservé la
sixième partie de ses habitants, et cela est visible à l'œil, *apparet ad
oculum ;* car, dans cette ville de Nîmes, qui avait coutume d'être tant

peuplée (*populo populata*) et dans ses murs et hors de ses murs, on ne trouve plus de peuple que sur la place et devant la cathédrale : dans les autres parties de la ville, dedans ou dehors, vous ne rencontrez personne ou seulement peu de gens. Et depuis cinquante ans les guerres, les mortalités, les famines, les gens d'armes, les brigands, les subsides pour cause de guerre, nous ont accablés; et si tout le peuple eût été d'or, il ne faudrait pas s'étonner qu'il eût été dévoré. »

« Et voilà, qu'en dernier lieu, sur ce peuple frappé par la main de Dieu et affligé de tous les maux de ce monde, on vient d'établir un impôt de douze deniers pour livre; et, sous ce prétexte, on prélève le droit sur des objets qui ne valent pas une livre, mais que le caprice des collecteurs royaux élève arbitrairement à ce prix. C'est ainsi que, s'ils voient passer un pauvre, venant de la campagne et portant soit une salmée de bois, qui vaudra un gros, soit des œufs, soit un poulet ou une poule de la même valeur, ils le forcent de payer le droit de douze deniers, quoique les ordonnances s'y opposent. »

J'ai tâché de conserver dans cette courte analyse du long mémoire des consuls, le caractère de simplicité touchante qu'ont ces plaintes populaires, dans la bouche des magistrats, organes courageux des droits et des souffrances de la cité. Soit ressemblance réelle, soit que ce latin barbare et pittoresque m'ait fait illusion par sa singulière analogie avec celui des psaumes de la Vulgate, il m'a semblé trouver dans ces doléances si simples et si éloquentes, dans ces mots répétés avec la négligence de la souffrance, dans ces petits récits courts et colorés, coupés de dialogues, enfin jusque dans cette répétition presque liturgique de la conjonction *et*, un ton et une couleur bibliques. Au reste, quel résumé de l'histoire de Nîmes pendant le quatorzième siècle aurait pu valoir pour l'intérêt, pour le poids et aussi pour la moralité historique que le lecteur ne manquera pas d'en tirer, ce triste et déplorable inventaire par lequel les consuls de Nîmes entraient dans le quinzième siècle? Quelle sympathie d'érudition et d'étude aurait pu m'inspirer des paroles à la hauteur de celles-là?

La dernière année du quatorzième siècle s'écoula, pour la ville de Nîmes, au milieu des craintes d'un pillage de gens d'armes et des ravages d'une inondation, digne couronnement d'un siècle durant lequel les générations n'avaient pas pu compter une année de repos et d'abondance!

Ces gens d'armes venaient des guerres du pays de Foix. Ils s'étaient arrêtés, en petit nombre, dans les environs de Nîmes. Leur voisinage y causa un grand émoi. Ce n'était plus le temps où la ville pouvait tenir tête aux troupes d'un gouverneur général du Languedoc. Toutefois on se mit en mesure de défense. Les consuls postèrent deux sentinelles sur le clocher de la cathédrale et sur la tour Magne, pour aviser l'ennemi dans la plaine. C'était là, d'habitude, leur première disposition militaire. Les chanoines de la cathédrale se plaignaient depuis long-temps de cet usage, en ce qui regardait la tour de leur église, dont ils voulaient être seuls maîtres. Cette fois, ils menacèrent de jeter la cloche en bas du clocher. Les consuls résistèrent, maintinrent leur cloche et leur sentinelle, et, plus tard, ils obtinrent, par des lettres du roi, la libre propriété de la tour du beffroi. Dans cette circonstance, ils firent faire la garde de jour et de nuit par toute la ville, et ordonnèrent que les portes en fussent sévèrement fermées à l'entrée de la nuit. Malgré toutes ces précautions, on n'était pas encore bien rassuré dans Nîmes. Les gens d'armes ne délogeaient pas. Ils disaient qu'ils voulaient faire quelque séjour dans le pays avant de partir pour Constantinople. On essaya de les éloigner par des caresses et des présents. Le consul Jean de Terre-Vermeille les alla trouver à cheval, avec une suite, pour tenter cette négociation délicate. Il avait fait apporter avec lui deux quartiers de mouton et quelques pots de vin. Ce ne fut pas tout. Deux de leurs officiers étant venus loger à Nîmes, on leur fit un présent de volaille. Ainsi Nîmes en était réduite à cet épuisement qu'on y craignait l'attaque ouverte d'une troupe qu'on pouvait conjurer par deux quartiers de mouton, de la volaille et quelques pots de vin! Les consuls avaient peur d'une *armée* qu'ils pouvaient griser tout entière dans un cabaret du village de Bouillargues ou de La Calmette! A la fin un ordre supérieur, sollicité par une députation solennelle des consuls, rappela cette poignée de soldats vers l'intérieur et délivra Nîmes de ses inquiétudes. Ce qui n'eût pas été un ennemi sérieux pour la ville du commencement du quatorzième siècle, pouvait être un maître pour la ville telle que l'avaient faite les quarante années de gouvernement des ducs d'Anjou et de Berry.

Cette alerte passée, survint une inondation effroyable; mais il ne se trouva pas dans la ville un vieillard qui pût dire s'il en avait vu de plus terrible; depuis long-temps on ne vieillissait plus dans Nîmes. Ce fut le

29 d'août 1399, jour de la décollation de saint Jean-Baptiste. Les pluies qui tombèrent furent telles, disent les comptes des consuls, que toute la ville crut périr entièrement, *tota villa credidit totaliter perire ;* des pans de murailles furent abattus et des maisons noyées dans les eaux. Après quelques jours de terreur et d'angoisse, la pluie cessa; si les subsides restent, du moins les orages passent. Toutefois la ville avait assez souffert de cette inondation pour que les consuls songeassent au moyen d'en prévenir le retour. Il n'y en avait qu'un; c'était la prière. La ville du moyen-âge n'avait rien conservé des admirables traditions de l'art hydraulique de la ville romaine. On fit une procession solennelle le 4 septembre 1399. Les consuls portèrent, selon l'usage, des torches peintes à l'écusson royal; ce fut maître Rigaut qu'on chargea de ces peintures. Il y eut aussi des joueurs d'instruments et des mimes qui firent des réjouissances, *qui fecerunt festum :* le peuple dansa sur les places au son des tambourins et des flûtes. Pour l'homme, être heureux, c'est oublier, et, en tout temps, l'homme oublie. Je me prends quelquefois à dire, en voyant ces fêtes, ces réjouissances, ces danses publiques jetées au milieu d'épouvantables malheurs : N'y a-t-il donc de malheurs que pour qui les regarde de loin?

———

IV.

HISTOIRE DE NIMES PENDANT LE XVᵉ SIÈCLE.

LES RÉFORMATEURS DES MONNAIES.

LE COMTE DE CLERMONT FAIT EMPRISONNER LES CONSULS POUR UN ARRIÉRÉ DE SUBSIDE.

NIMES, ASSIÉGÉE PAR LE DAUPHIN, DEPUIS CHARLES VII, RENTRE EN GRACE AUPRÈS DU ROI.

TREMBLEMENT DE TERRE. — PESTES.

VISITE DE QUELQUES HABITANTS DE NIMES ATTAQUÉS OU SOUPÇONNÉS DE LA LÈPRE.

NOUVELLE PESTE.

RÈGNES DE LOUIS XI, CHARLES VIII ET LOUIS XII.

ENTRÉE TRIOMPHALE DE FRANÇOIS Iᵉʳ A NIMES. — LA REFORME.

L'histoire de Nimes, pendant la première moitié du quinzième siècle, est une triste continuation de celle du quatorzième, avec des pestes pour épisodes, ou des famines qui amènent les pestes. La guerre et les subsides toujours dévorants, les réformateurs des abus et les routiers, mêmes pillards, sous deux noms différents ; quinze années encore de l'adminis-

tration du duc de Berry, des orages comme celui qui avait déjà noyé la
ville en 1399, une sorte de misère stagnante, qui n'augmente ni ne di-
minue, et qui donne pour résultat, en 1405, dans une ville qui avait
compté, même dans des temps de malheur, quatorze cents feux imposables, cent feux ou cent habitants représentant au-delà de dix livres
tournois de biens : — voilà l'histoire de Nîmes, hors de ses hôpitaux,
du moins jusque vers le milieu du siècle, époque où la pauvre ville commence à se ranimer, cultive de nouveau ses vignes et ses champs abandonnés, se repeuple lentement, et, si l'on veut me permettre ce mot,
reprend un peu de sang pour le verser dans les guerres religieuses du
seizième siècle.

J'ai oublié de compter, dans la liste des réformateurs que le roi envoyait en Languedoc, les réformateurs des monnaies, autres sangsues
du peuple, qui sous prétexte de poursuivre les délits d'altération de
monnaies, *marchaient à travers la patrie,* vendant aux gens, moyennant
un certain prix, ou leur tolérance ou leurs menaces. Ces réformateurs
avaient un chef, qualifié du titre de maître des monnaies pour monseigneur le roi, lequel s'établissait dans une ville centrale, et de là les
lançait sur tout le territoire comme une meute affamée, à laquelle on
permet de se faire sa part dans la proie qu'elle rapporte au maître.
Les villes craignaient ces réformateurs à l'égal des routiers, et les magistrats de la cité s'exposaient volontiers au soupçon de vouloir receler ou
entretenir des abus, par les démarches qu'ils faisaient pour en épargner
à leur ville la prétendue réforme. C'est ce qui arriva pour la ville et les
consuls de Nîmes en l'année 1403.

Cette année 1403 avait commencé sous de bien tristes auspices. D'é-
pouvantables pluies et des débordements de rivières dont les ravages
firent oublier l'inondation de 1399, avaient couvert la ville et le territoire de ruines. Le Gardon, ce petit torrent qui passe sous le pont du
Gard, et qui, dans les chaleurs, tient tout entier sous une arche de l'a-
queduc romain, avait emporté le pont de Boucoiran, village près de
Nîmes, et fait un vaste lac de toutes les plaines d'alentour. Pour apaiser le
Ciel, une procession avait été résolue d'un commun accord entre l'évêque
et les consuls. On voulut donner à cette procession une pompe extraordinaire. « Notre révérend père en Jésus-Christ, » disent les comptes,
« monsieur l'évêque de Nîmes, avec son clerc, et messieurs les consuls,

» décidèrent qu'on porterait l'image de la bienheureuse Vierge Marie,
» avec les bannières et torches des confréries, et des corporations de
» métiers de la ville de Nimes, et que le peuple tout entier prierait
» notre Seigneur Jésus-Christ de faire cesser par sa très-sainte miséri-
» corde les pluies et les débordements des eaux, afin que le peuple fût
» sauvé et qu'il ne mourût pas de faim. » Du reste on ne changea rien
aux accessoires d'usage : les torches des consuls étaient peintes, selon la
coutume, aux armes du consulat, et il y eut après la fête des réjouissances, des danses au son de la trompette, pour lesquelles Pascal Ve-
nessin et sa troupe, les mimes et ménétriers de la ville, reçurent dix
sous tournois.

A peine la ville était-elle remise de l'effroi que lui avait causé l'inondation, qu'un bruit sinistre s'y répandit et renouvela toutes les inquiétudes. Le maître des monnaies de monseigneur le roi, disait-on, Jean
Harard, avait parlé d'envoyer des réformateurs à Nimes, et, comme
disent naïvement les comptes, *destinait ses commissaires contre la patrie.*
Les consuls s'assemblent. On décide que Guillaume Sauvaire, l'un
d'eux, partira le lendemain pour Montpellier, afin d'y conférer avec Nicolas Veau, l'un des réformateurs généraux, qui y tenait son quartier-général. Car, outre les réformateurs spéciaux et la nuée de leurs agents particuliers, il y avait, comme on voit, des réformateurs généraux, lesquels
commandaient les chefs et les soldats, et prenaient la part du lion dans
la curée commune. Guillaume Sauvaire avait plein pouvoir d'essayer de
tous les remèdes possibles, « afin, » disent les comptes, « que la patrie
» ne fût pas dévorée par de tels mangeurs. » Guillaume Sauvaire eut de
longs entretiens avec Nicolas Veau. Par malheur, l'épuisement de la ville
n'avait pas permis d'essayer du remède le plus efficace en pareil cas, l'argent. Nicolas Veau se retrancha dans son devoir, ce qui est toujours facile
à qui n'est pas tenté. Les conférences furent sans résultat. Peu après le retour de Guillaume Sauvaire, arriva dans Nimes le maître des monnaies
en personne, Jean Harard. Il y eut d'orageuses discussions entre Jean
Harard et les consuls. Mais, à la fin, on s'arrangea, si ce mot peut convenir à la décision que prit la malheureuse ville de s'en rapporter à monseigneur le duc de Berry, c'est-à-dire de se mettre à la merci du chef de
la troupe. C'était du moins un ajournement de quelques semaines, et
Nimes en était réduite à se réjouir d'un ajournement comme d'un gain.

6

Maitre Jean Harard y voulut bien consentir. Les consuls, dans leur reconnaissance, lui firent présent de six chapons, et, à son notaire ou
greffier, pour ses peines et écritures, de deux livres tournois.

Environ dans le même temps, le comte de Clermont, cousin du roi,
revenant de la guerre contre les Anglais, en Aquitaine, passa par le pays
de Nîmes, et s'avança vers la ville. Les consuls allèrent au-devant de lui
sur la route, à cheval, avec une suite de notables, aussi à cheval. On
craignait qu'il ne prît envie au comte de lever une dîme de guerre sur
la ville, par manière de passe-temps; et comme on n'avait pas dix
hommes d'armes à lui opposer, on avait pensé à l'adoucir par cette dé-
marche d'honneur. Les consuls s'étaient munis de quelques présents.
C'étaient toujours des torches de cire, des flambeaux, le présent d'usage,
et du vin, chose plus propre à gagner un chef de gens d'armes, et qui,
du reste, commençait à être une rareté dans Nîmes, sur ce sol où la
vigne, fécondée par le libre travail de l'homme, produit des grappes
comme celles de la terre de Canaan. Le comte reçut les consuls avec
politesse et les remercia de leurs présents : mais, à peine entré dans la
ville, il les fit arrêter au débotté et mettre, eux et leur suite, en prison
dans le château royal. Il établit en outre des garnisons de gens d'armes
dans les maisons de divers particuliers. Le prétexte de cette violence était
un arriéré de 700 livres tournois que la pauvre ville, en retard avec tous
les receveurs d'impôts, devait encore sur le subside de guerre. Les prisonniers restèrent enfermés cinq jours dans le château royal, comme il
résulte des comptes de leur Clavaire, lequel porte en dépense du bois et
des chandelles (on était en novembre) et une gratification donnée au
concierge du château royal, après un accord entre le comte et les consuls, qui payèrent les 700 livres, et furent mis en liberté. Les garnisaires furent retirés des maisons.

Cette fois les consuls n'avaient-ils pas défendu les finances de la cité
un peu en débiteurs difficiles qui n'aiment pas à payer, même quand
ils le peuvent? On le croirait à voir la promptitude de cet arrange-
ment, qui fit trouver sept cents livres en moins de six jours. La ville ne
se faisait-elle pas un peu plus pauvre encore qu'elle n'était? Mais que
dire de ce mode de perception des subsides, de ce comte qui se sub-
stitue de sa pleine autorité aux receveurs royaux, qui remplace les con-
traintes par écrit du trésorier et les réquisitions de l'avocat-général de

la sénéchaussée par la hallebarde des garnisaires, et qui lève lui-même
la solde de ses gens d'armes! Au prix de combien d'abus de détail, de
violences, de monstruosités, de souffrances particulières, devait se consommer l'œuvre de l'unité de la France!

Ménard, l'historien de Nîmes, ne trouve à dire de cette étrange affaire que ceci : « Il demeure prouvé par ce trait que le château royal
» de Nîmes était alors entièrement achevé. » A la bonne heure.

Le duc de Berry mourut le 15 juin 1416, après trente-cinq ans d'une
administration ou plutôt d'une exploitation violente du Languedoc. Le
roi reprit le gouvernement de cette province. Le duc de Berry avait été
le chef des Armagnacs, et Nîmes s'était trouvée engagée dans la fortune
de ce parti. Lui mort, et en haine de sa mémoire, Nîmes se rangea sous
l'autorité de la reine Isabeau de Bavière, unie en ce moment au duc de
Bourgogne contre le Dauphin. Le parti de la reine, c'était le parti de
l'étranger. Ce serait donc une tache pour Nîmes d'avoir été de ce parti,
si on ne lui tenait compte de ces trente-cinq années pendant lesquelles
le nom du duc de Berry et des d'Armagnac avait été en exécration dans
ses murs. D'ailleurs, le parti bourguignon promettait l'abolition des
subsides. Or, avec ce seul mot, on ébranlait la fidélité des villes; et quoique Nîmes eût appris à ses dépens ce que durent ces abolitions et ce
qu'en vaut la promesse, le peuple cria : « Vivent la reine et Bourgogne!
» Plus de subsides! » Les gens de guerre du parti s'emparèrent du
château royal et le fortifièrent : la ville suivit le mouvement, sans trop
de chaleur, entraînée par la peur des gens d'armes ses amis bien plus
que par la haine du dauphin son ennemi, et assistant à la guerre plutôt
qu'y prenant part; elle avait à peine encore le souffle de vie. En outre le
dauphin y comptait beaucoup d'amis; les partisans de la reine et du duc
de Bourgogne y étaient tièdes et défiants; le peuple, après les premiers
cris de joie, était retombé. La ville se fût rendue au dauphin, sans combattre, si le château royal ne l'eût jetée malgré elle dans une apparence
de résistance qui ne tint pas contre le vigoureux coup de main du dauphin.

Ce fut le 4 avril 1420 que le dauphin, depuis Charles VII, en fit l'attaque et s'en empara. Les habitants se rendirent à discrétion. Toutefois,
le château royal tenait encore. Le dauphin, pour n'avoir pas d'embarras
dans la ville, pendant qu'il ferait le siège du château, imagina de donner

des lettres d'abolition en faveur des habitants, sauf à les déchirer plus
tard, dès qu'il serait maître de la ville et du château. Dans ces lettres, il
appréciait très-bien la situation de Nîmes. « Si les habitants de Nîmes, »
disait-il, « ont refusé d'en faire l'ouverture à aucuns de nos gens que
» nous y avions envoyés, et à notre personne ont délayé de faire ladite
» ouverture, ce n'a pas esté par faulte de bonne voulenté qu'ils aient
» envers nous, ne pour nous vouloir désobéir aucunement; mais pour
» ce que bonnement ils ne osoient ne povoient venir ne envoyer par de-
» vers nous, pour la doubte et crainte d'aucuns ettrangiers gens de
» guerre, qui estoient en ladite ville et ou (au) chastel d'icelle, qui les
» menassoient de destruire de corps, chevances (biens), et bouter (lancer)
» feux en ladite ville;... pourquoy nous, « ajoutait-il, » ces choses con-
» sidérées, et que les habitants de laditte ville sont fort dolents et repen-
» tents des faultes qu'ils ont faictes le temps passé, voulans préférer
» miséricorde à rigueur de justice, pour reverence de Dieu, et aussi
» pour contemplation du saint temps de la glorieuse passion de nostre
» Seigneur Jhesus-Christ et de la saincte sepmaine où nous sommes de
» présent... faisons et donnons grâce, remission et abolition généraulx
» de tous quelsconques cas, crimes et delits que avant ou depuis nos
» dittes présentes lettres d'abolition, ils et chascun d'eulx ont et puent
» (peuvent) avoir commis et perpetrez généralement et particulière-
» ment... Et affin que ce soit chose ferme et estable à tous jours mais,
» nous avons fait mettre notre scel (sceau) ordonné en l'absence du
» grant (grand sceau) à ces présentes, sauf entre autres choses le droit
» de mondit seigneur, et nostre, et l'aultruy en toutes. » Ces lettres pro-
duisirent l'effet qu'en attendait le dauphin. La ville ne bougea pas, et le
château, réduit à ses seules forces, après dix jours de vigoureuse défense, fut pris et tous les gens d'armes tués ou faits prisonniers.

Le dauphin, à peine délivré de la citadelle, revint sur ses lettres
de grâce et d'abolition. Il viola sans scrupule la promesse qu'il avait
faite *pour contemplation du sainct temps de la passion* et frappa la ville
dans ce qu'elle avait de plus cher, à savoir dans ses consuls en exercice, dans l'institution même du consulat et dans le droit de nommer
son capitaine. Tout cela fut aboli. Plusieurs têtes tombèrent; ce furent
celles des habitants les plus compromis par le parti du duc de Bourgogne.

Enfin, pour laisser un souvenir tout à la fois plus durable et plus blessant de sa vengeance, le dauphin fit abattre une partie des murs de Nîmes et arracher tout le parement d'un des remparts du côté de la campagne. Ces dégradations se voyaient encore au dix-huitième siècle, au temps de l'historien Ménard, et passaient, sans raison, pour être l'ouvrage de Charles Martel.

Nîmes, privée de son consulat, prodigua, pour le recouvrer, les démonstrations publiques de repentir et d'attachement pour le dauphin. L'éclat en fut tel, que le dauphin se radoucit, et le 22 du même mois d'avril, par des lettres datées de St-André-les-Avignon, restitua aux habitants leurs consuls et leur consulat et tous leurs droits et privilèges. « Comme n'agaires, disent les lettres, après ce que nous eusmes mis » en obéissance de monseigneur et de nous la ville et chastel de Nysmes, » eussions pour certaines causes et considérations lors à ce nous mou- » vants mis le consolat de ladicte ville en nostre main, et deffendu à » ceulx qui lors pour consouls d'icelle ville se portoient, que en quel- » que maniere ne se entremeissent ne se portassent pour consouls (con- » suls),... neantmoins, pour ce que depuis nous avons esté informés » que les habitants d'icelle ville de Nysmes ont eu et ont très-grant » desplaisance des choses advenues à l'encontre de nous, et qu'ils ont » très-grant desir de estre et eulx tenir bons subgiez, vraiz et loyaulx, » obeissants à monseigneur et à nous,... ce que dit et considéré, et » *pour certaines autres causes et considérations à ce nous mouvans,* aux » manants et habitants de ladicte ville de Nysmes avons restitué et » restituons par ces présentes le consolat. » Ces autres causes et considérations, c'est que le dauphin avait besoin d'amis. C'était, de sa part, affaire de bonne politique bien plus que de sensibilité. Du reste, la restitution n'était pas complète. Le dauphin rétablissait les consuls destitués et leur rendait le droit « d'ordonner des besognes et affaires com- » munes de la ville, » mais pour autant de temps que cela lui plairait; il voulait en outre que les consuls fissent « bon et loyal serment » entre les mains des officiers du roi, « d'être bons et loyaux obéissants » au roi et au dauphin, restriction qui portait atteinte à l'indépendance du consulat.

Ce n'est pas tout : sous prétexte de repousser les attaques des rou- tiers qui infestaient encore le plat pays, Charles VII avait laissé dans le château royal de Nimes une garnison formée de Gascons et d'étrangers et commandée par Jean de Lavedan, chevalier. C'était, dans la réalité, un moyen de tenir la ville en respect. Les habitants de Nimes s'en plaignirent avec vivacité. D'une part, les surveillants que leur imposait le roi pouvaient devenir des pillards; d'autre part, c'était un surcroît de charge que la ville était hors d'état de soutenir. Les consuls députèrent auprès de l'évêque de Laon pour être délivrés de ces dangereux amis. La députation était nombreuse et choisie. A la tête du cortège, qui ne s'élevait pas à moins de vingt-deux personnes notables, était Nicolas Habert, évêque de Nimes. Parmi les autres députés de marque, on comptait deux des consuls, Pons Marcols, avocat du roi, Jean de Terre-Vermeille, Simon et Jean de Troiseimines. Les autorités royales de Nîmes étaient d'accord avec les consuls contre la garnison. Arrivés à Montpellier, où se tenait l'évêque de Laon, les députés lui offrirent une pièce de vin, du poisson, deux salmées ou sacs d'avoine et six flambeaux. L'évêque de Laon reçut les présents et ne renvoya pas la garnison. Alors les consuls tâchèrent de gagner par des cadeaux le capitaine de la troupe. On lui donna, entre autres choses, des draps de lit et quelque linge de table. Mais la garnison ne s'en alla pas, et, plus tard même, elle fut renforcée de quelques Gascons, gens d'armes fort redoutés pour leur penchant à piller, dont plusieurs avaient été routiers avant de rentrer sous la discipline royale, et conservaient, sous leur nouveau drapeau, les goûts et les habitudes de leur ancien métier.

Toutefois, Nîmes eut souvent à se louer du roi Charles VII. Plusieurs requêtes des consuls, au sujet de griefs importants, furent bien accueillies. Quelques officiers royaux[1], résidants à Nîmes, avaient poussé l'insolence jusqu'à faire paître leurs bestiaux, bœufs, porcs, chèvres, brebis, sur les terres des habitants, dans les vignes, dans les prés, dans les jardins, de jour et de nuit, ce qui avait causé de grands dégâts dans tout le territoire. Dans l'enceinte même de la ville, dans la prairie communale que traversait la fontaine, dans les jardins particuliers, ces animaux paissaient librement, comme en pays conquis, sans que la ville osât se plaindre. Pour obtenir justice, il fallait s'adresser aux auteurs mêmes de ces abus de pouvoir, aux officiers royaux, et comment espérer qu'ils se donnassent tort dans leur propre cause? Cependant on s'excitait

[1] An 1454.

les uns les autres, on tâchait de susciter un citoyen plus hardi qui osât donner le signal ; les dévastations étaient criantes. A la fin, les consuls se chargèrent, un peu tard, de porter plainte au nom de la cité. Ils écrivirent une humble supplique au roi, qui fit droit à leurs réclamations. Il manda au sénéchal de Beaucaire, par lettres datées de Vienne en Dauphiné, qu'il eût à semoncer les officiers royaux et à faire cesser les dégâts de leurs bestiaux. Il menaça en outre d'une peine ceux qui n'obéiraient pas, et ordonna, qu'en cas de litige entre les officiers royaux et les habitants sur le fait de ces dégâts, le sénéchal fît à ceux-ci bonne et prompte justice, « afin, » disent les lettres, « qu'ils ne nous adressent » plus de nouvelles supplications et plaintes à ce sujet. »

Une autre fois, les consuls demandèrent au roi [1] la permission d'avoir une cloche publique. Leurs raisons étaient significatives. Ils alléguèrent que leur ville, « laquelle estoit moult ancienne et chief d'icelle » seneschaucée, n'avoit point de cloche pour faire manière de guette à » descouvrir les gens d'armes, lesquels faisoient leurs passages par la- » dicte ville et environ, et qui de jour en jour, parce qu'on ne sçavoit » leur venüe, se logeoient en forbourgs d'icelle et environ, roboient » (volaient) et pilloient, et prennoient tout ce qu'ils pouvoient at- » taindre, et reançonnoient à diverses sommes de deniers ; a quoy se- » roit obvié, se (si) en ladicte ville avoit grosse cloche, dont on s'ai- » dast à sonner comme guette, quant tels accidents surviennent ; que » souventes fois est advenu et advient que quant besoin est à ladicte ville » d'assembler, et que par le conseil d'icelle est ainsi faict assembler en » la maison commune, ils ne pevent (peuvent) convenir ensemble, » parce qu'ils ne pevent sçavoir lesdictes assemblées ; aussi parce qu'ils » sont loings de ladicte ville, les aucuns en champs, et les autres en » leurs besoignes, combien qu'ils soient mandez par les familiers et » servicteurs du commun en leurs maisons ; aussi quant il est necessere » de appeler les chiefs des mestiers, bannières, torches, et les quatre » ordres des mandiens et clergié d'icelle ville, pour venir et estre en » procession, pour faire prières à Dieu pour le bon estat de monsei- » gneur le roi, et le salut des personnes desdicts habitants, et conser- » vacion des fruits de la terre, et pour autres nécessités et afaires d'i- » celle ville, ils n'ont peu (pu) et ne pevent faire, et maintes fois leur

[1] Au 1454.

» fault continuer leurs assemblées à autres journées… » Les consuls re-
jetaient sur l'absence de cette cloche la négligence qu'ils avaient pu
mettre à accomplir certains mandements du roi. Si donc on leur accordait ladite cloche, ils seraient meilleurs *subgiez* que jamais. Déjà le roi
Charles VI leur avait reconnu le droit d'avoir une cloche; mais ce don
n'avait jamais eu son plein effet, à cause du mauvais vouloir des officiers royaux; c'est pourquoi ils avaient besoin qu'il fût confirmé de nouveau par des lettres « de don nouvel, congié et licence, » du roi Charles VII. Ce prince leur octroya « de grâce espéciale » la jouissance de
ladite cloche, et c'est à ses lettres royales, datées aussi de Vienne, que
j'ai emprunté le piquant passage qu'on vient de lire, lequel, rapproché
des précédentes lettres du même roi sur les dégâts des bestiaux des officiers royaux, résume si vivement et si naïvement une bonne part de
la vie intérieure de Nîmes à cette époque.

Ce ne fut pas la dernière faveur que Charles VII accorda aux consuls
et habitants de Nîmes. Depuis long-temps ils avaient de graves débats
avec les lieutenants des maîtres des eaux et forêts, au sujet de la chasse
et de la pêche, dont la liberté était un des plus anciens privilèges et
franchises de la ville de Nîmes. Par un article spécial de leur charte,
confirmé par Charles VII, chacun du pays de Nîmes pouvait « chasser
» à bestes sauvaiges, prendre oyseaulx, et peschier poissons, fors que
» en lieux deffendus, » sans être inquiété, mis en procès ni molesté par
les lieutenants des maîtres des eaux et forêts, « qui tousjours sur ce font
» grans extorcions sur le poure (pauvre) peuple et à grant charge
» d'icellui. » Cependant et nonobstant l'ordonnance et la teneur de cet
article, un certain maître Jehan Posols, licencié en lois, habitant de
Nîmes, *soi-disant* lieutenant du maître des eaux et forêts, s'était mis
à parcourir le territoire de Nîmes, et, sous ombre de sa prétendue lieu-
tenance, « avait fait certains procès, exploits et condempnations, à la
» grant charge et fole (oppression) du poure peuple du diocèse, qui
» ne povoit bonnement vivre ne paier les tailles et autres charges ordi-
» naires. » Les consuls en écrivirent au roi, alors à Montpellier pour
les affaires générales du Languedoc. Charles, dans sa réponse, les au-
torisa à faire défense au sieur Jehan Posols et à tous autres qui voudraient l'imiter, de plus molester les habitants ni de leur faire aucun
procès pour fait de chasse, sous des peines qu'il ne détermine pas. On

se serait attendu à voir ce prétendu lieutenant poursuivi criminellement pour usurpation de fonctions, ou tout au moins désavoué par le maître des eaux et forêts. Il n'en est rien. On laisse aux consuls toute la responsabilité des poursuites. Est-ce donc que le roi n'était pas assez puissant pour casser un vrai lieutenant des eaux et forêts, à plus forte raison un *soi-disant* lieutenant? Ou bien ce mot *soi-disant*, dont se sert le roi dans ses lettres, ne serait-il qu'une ironie du greffier du roi?

Enfin, un dernier acte de la faveur royale, beaucoup plus éclatant que tous les autres, c'est une sauvegarde que Charles VII accorde solennellement aux consuls de Nîmes, sur leur requête, soit pour eux-mêmes, soit pour les conseillers de ville, soit pour les personnes attachées à leur service, soit enfin pour leurs biens qui seront placés sous la protection spéciale du roi [1]. Les lettres royales nomment en même temps treize huissiers du parlement et douze sergents royaux, lesquels sont chargés de garantir la sauvegarde du roi et d'en assurer l'entière observation. Dans cette pièce singulière, le roi ordonne à ces officiers de défendre les consuls contre toute injure, violence, oppression, soit des gens d'armes, soit des laïcs, et de les garantir eux, leurs serviteurs et leur fortune, contre toutes nouveautés illégitimes; que si, nonobstant la sauvegarde royale, ils avaient à souffrir quelque atteinte de ce genre, le tort fût immédiatement redressé et les choses rétablies dans leur ancien état. Cette sauvegarde devait être publiée aux lieux et intimée aux personnes qu'il appartiendrait, et, en signe d'icelle, des bâtons, surmontés de panonceaux à l'écusson du roi, seraient plantés dans les biens et possessions desdits consuls, et, en cas de péril, apposés partout où ils le requerraient, afin d'écarter par la peur des peines royales quiconque serait tenté de leur faire injure. Enfin, dans leurs procès et leurs différends, soit avec des particuliers, soit avec les autorités royales, les consuls devaient être assistés par les vingt-cinq garants de la sauvegarde du roi, lesquels étaient tenus de faire généralement tout ce qui ressortit et peut raisonnablement ressortir d'un office de ce genre.

La faveur que Charles VII témoignait à la ville de Nîmes n'était pas tout-à-fait spontanée. Le roi n'accordait, après tout, que ce qu'il ne pouvait pas refuser. Toutes ces confirmations et reconnaissances des privilèges de la ville, ces sauvegardes royales, c'était le prix de l'énergique

[1] An 1442.

7

appui que les milices de Nîmes avaient prêté à Charles VII, dans l'expulsion des Anglais. Le consulat s'était ainsi relevé à la faveur des guerres du nord de la France, jusqu'à se faire donner par le roi des garanties de la fidélité de sa parole.

La date de cette dernière pièce est du 5 mai 1442. La France venait d'être reprise sur les Anglais. Malgré les subsides et les routiers, ces deux plaies de la France depuis deux cents ans, Nîmes semblait avoir enrayé, qu'on me passe ce mot, sur la pente de la décadence. Ses institutions municipales commençaient à refleurir; la trace des dernières violences du dauphin avait été effacée sous les nombreuses et successives restitutions du roi; le consulat était en vigueur, et, comme il arrive, avec les franchises et privilèges de la ville, allaient revenir, peu à peu, le commerce et la population. Ce court temps d'arrêt était plein de promesses et d'espérances, quand des fléaux naturels interrompirent tout à coup la lente convalescence de la ville, et la lancèrent de nouveau sur cette pente où elle s'était arrêtée un moment. La peste vint surprendre ce corps faible et appauvri, comme il ne faisait à peine que de se relever, et le coucha de nouveau sur le misérable grabat que le fisc lui avait laissé, cette fois pour y mourir.

La première atteinte de la peste (il y en eut trois en moins de dix ans) fut précédée par un tremblement de terre qui mit l'épouvante dans la ville [1]. Ce fut vers le milieu de la nuit que la secousse se fit sentir. Il y en eut qui crurent que la fin du monde allait sonner. Le lendemain les églises furent pleines de fidèles et les confessionnaux assiégés; on se hâtait de se mettre en règle avec le Ciel. Beaucoup, hélas! ne se trompèrent que sur le genre de mort. Ils croyaient finir avec le monde tout entier; ils finirent par la peste. D'autres firent leurs testaments tout sanctifiés d'aumônes et de dons aux églises; les notaires et les gens du clergé ne suffisaient pas à l'empressement général. Puis vint la peste qui fit de grands ravages; les gens aisés prenaient la fuite; les pauvres mouraient abandonnés dans les rues; les moines fermaient la porte de leurs couvents et faisaient de grands feux dans les cours, pour chasser le mauvais air. Les juges suspendaient l'exercice de la justice et se sauvaient aux champs. Dans cette première alarme, on n'avait pourvu à rien; les morts étaient enterrés pêle-mêle; on faisait à la peste ce qu'on appelle

[1] An 1448.

la part du feu, en isolant le quartier infecté. Quand le fléau avait cessé, les riches rentraient dans Nîmes, les moines rouvraient leurs couvents et les juges leur tribunal; ce qui restait de pauvres, échappés au fléau, végétaient de nouveau jusqu'à la peste prochaine.

Pourtant cette première épidémie avait mis l'alerte dans Nîmes. Les consuls établirent une sorte de police sanitaire préventive. Cette police se fit avec une sévérité d'autant plus grande qu'on était encore un peu plus ignorant qu'aujourd'hui des moyens curatifs et de la discipline qui peuvent contenir, sinon empêcher, les fléaux de ce genre. Ainsi, l'année suivante, le bruit ayant couru que des habitants de la ville et des faubourgs étaient infectés de la lèpre, et que néanmoins ils continuaient à vivre en public, à manger, à faire des affaires, et, comme disent les minutes du greffier Gervais Nids, « à prendre du plaisir » avec les personnes saines; que, par suite de ce contact, des gens jusque-là bien portants avaient été atteints de la maladie, les consuls ordonnèrent que les gens suspects seraient visités par des médecins et chirurgiens-barbiers choisis à cet effet. « C'étaient, disaient-ils, une de leurs préroga- » tives, comme chefs de la république, et une des louables coutumes du » consulat, de faire examiner par des experts ceux des citoyens de la » ville et des faubourgs dont le commerce pouvait être funeste aux per- » sonnes en bonne santé. » Onze habitants, presque tous du peuple, avaient été signalés comme lépreux ou menacés de l'être. C'étaient des ouvriers, des domestiques, quelques pauvres femmes de cette classe qui est la première frappée par tous les fléaux qui viennent de Dieu et des hommes.

En conséquence, maître Jean Pataran, Martial de Janailhac, maîtres en médecine, Louis Traille, bachelier en cette faculté, assistés de Pierre Lavache et de Firmin Hôpital, chirurgiens-barbiers de la ville, furent chargés de voir et palper les malades et d'en faire leur rapport. Ils firent ce qui leur avait été dit, et comparurent devant le juge ordinaire du roi pour rendre compte de leur mission. Celui-ci les requit de jurer sur les saints Évangiles s'ils avaient accompli gratuitement et spontanément, et selon les formes consacrées de l'art de la médecine, la commission dont ils avaient été chargés, et s'ils avaient bien et dûment visité, exa- miné et éprouvé les personnes désignées. Ceux-ci dirent et jurèrent qu'ils avaient fait ainsi. Après quoi, le juge leur ordonna d'affirmer par serment qu'ils allaient faire un bon et fidèle rapport du résultat de leur visite; ce que ceux-ci dirent et affirmèrent par serment. Cela fait, maître Martial de Janailhac lut au nom de ses collègues le rapport, qui fut ensuite publié par ordre du juge.

Quelques passages de ce rapport pourront donner une idée intéressante des formalités suivies à Nîmes dans ces sortes d'enquêtes sanitaires, de l'habileté particulière de ses médecins et chirurgiens-barbiers, enfin des formules bizarres et effrayantes de vague qu'employait la médecine de l'époque. Ce sera d'ailleurs l'épisode naturel d'une histoire de pestes.

Lesdits médecins-chirurgiens et barbiers assermentés de la ville de Nîmes, commencent par déclarer qu'ils n'ont rien négligé de ce qu'il était d'usage de faire en pareil cas, soit en fait de choses *nécessaires,* soit en fait de choses *contingentes;* qu'ils ont dépouillé tout sentiment de haine ou d'amour, de faveur ou d'aversion, mettant par-dessus tout Dieu, leur conscience, et *le bien de la république.* Après quoi, ils passent en revue chaque malade, l'un après l'autre, et donnent leur avis sur chacun.

Parmi les femmes atteintes ou suspectes de la lèpre, deux leur paraissent, après complet examen, présenter plusieurs symptômes *tant univoques qu'équivoques* qui dénoncent chez elles la présence du *mal en question :* c'est pourquoi ils regardent comme dangereux et contagieux leur contact avec les personnes saines, et demandent qu'on les en sépare immédiatement. Dans l'un des hommes, ouvrier, ils ont trouvé *plusieurs symptômes équivoques et quelques-uns univoques;* ils le jugent fort mal disposé, non pas à ce point pourtant qu'il le faille retrancher immédiatement de la société des personnes saines; il suffira qu'il aille respirer pendant six mois un air qui lui convienne, et qui, avec l'aide de la médecine, fasse disparaître ces fâcheux symptômes : si, après ce délai, il est guéri, on lui permettra, *au nom de Dieu,* de revenir librement parmi les personnes saines. On le laisse d'ailleurs libre de choisir le lieu de sa demeure, pourvu que ce soit hors de la ville et là *où sa présence ne puisse nuire à personne.* Mais d'ici là comment fera-t-il pour vivre? Où trouvera-t-il du travail et du pain? Qui recevra le pauvre banni? Il n'est pas dans la commission des médecins et chirurgiens-barbiers d'y pourvoir.

Deux autres malades présentent quelques signes *équivoques d'où pourraient en naître d'univoques* s'ils continuaient leur mauvais régime. Ils ne sont pas assez malades pour qu'on les éloigne de Nimes; mais il convient de les menacer et de les avertir sévèrement de vivre avec prudence pour leur utilité et celle de tous. Un autre, également marqué de *signes équivoques qui peuvent dégénérer en univoques*, ayant pour domicile ordinaire un cabaret où vont et viennent nombre de gens, les docteurs demandent qu'il soit averti de faire choix d'un état, d'un genre d'affaires et d'une demeure qui attirent moins de monde.

Il y a une pauvre femme qui n'a point la lèpre, mais une mauvaise disposition à laquelle, disent poétiquement les docteurs assermentés, « le trait de la pauvreté n'a pas peu aidé. » Ils ne pensent pas qu'il la faille confondre avec les lépreux, mais ils lui conseillent de sortir de la ville et de chercher un asile où elle vive avec précaution, et *où elle ne puisse nuire à personne*. Que ne la recommandaient-ils plutôt à la charité de la ville, des consuls et du juge-mage?

Un homme et une femme terminent cette liste; l'homme présente quelques signes *équivoques*, mais qui ne sont pas contagieux; il en sera quitte pour être *admonesté* de prendre soin de lui : la femme est parfaitement saine, et « c'est avec joie, disent les docteurs, que nous pen- » sons qu'il la faut rendre à la société de ses semblables. »

Les deux femmes qui avaient été déclarées lépreuses et dont on avait demandé la séquestration, en appelèrent au sénéchal de Beaucaire de la sentence du juge, et demandèrent qu'on les fît examiner par d'autres médecins. Le juge répondit qu'il y consentait pourvu que la visite se fît à leurs frais, et que, quant à leur appel au sénéchal, il saurait quelle réponse y faire quand la chose viendrait en justice. Celles-ci répliquèrent qu'elles ne devaient point payer les visites d'autres médecins, mais que ces frais devaient retomber sur ceux qui leur faisaient subir une *inquisition* injuste. L'affaire en resta là; une nouvelle peste, qui éclata en l'année 1455, mit sans doute fin à cette étrange affaire, en enlevant de ce monde les deux pauvres requérantes; et, sans doute aussi, l'ouvrier auquel on avait ordonné de changer d'air, et cette misérable femme qui, au lieu d'une lèpre *équivoque*, avait la lèpre réelle de la pauvreté, furent mis par la peste en un lieu *où ils ne pouvaient plus nuire à personne !*

La peste éclata pour la troisième fois à Nimes en l'année 1459. Elle y fit tant de ravages que les juges royaux prirent la fuite et transportèrent le siège de la sénéchaussée à Bagnols, petite ville située à huit lieues de Nîmes, dans le diocèse d'Uzès. Ils laissèrent à Nîmes, pour y tenir les audiences en leur place, un certain Ferrand Noër, bachelier ès lois, espèce de lieutenant en sous-ordre ou de commissaire particulier, l'un des mille titres de l'organisation judiciaire de l'époque, si multiple et si chargée de personnel. Cette translation et cette justice boiteuse mirent l'alarme dans la ville. C'était lui enlever du même coup, outre son importance morale, comme siège de la sénéchaussée, tous les avantages matériels attachés à cette position, et ajouter à tous les maux de la peste une cause de misère de plus. Les consuls, organes des doléances de la cité, portèrent plainte devant Ferrand Noër, par le ministère de Pierre Brueïs, notaire de la ville, lequel rédigea le manifeste des consuls et le notifia à cet officier, dans le bureau des greffiers de la cour présidiale.

Dans cette plainte ou appel, les consuls attaquaient vivement les deux lieutenants du sénéchal, Louis Louvet, baron de Calvisson, et son collègue Louis Astoaud. « De quel droit ôtaient-ils le siège de la sénéchaussée à Nîmes, où les rois l'avaient établi et fixé, en considération de l'importance de cette ville et du grand nombre de jurisconsultes qui l'ont de tout temps habitée? Du moins fallait-il demander le consentement des consuls, des docteurs, des avocats, des procureurs et des greffiers, qui tous y avaient un intérêt sensible, et, dans une si grave affaire, ne pas céder à un premier mouvement qui n'était rien moins que courageux. En vain prétendaient-ils couvrir cette translation du prétexte de l'épidémie et de cette vaine raison « que les gens mouraient à Nîmes : » depuis huit jours, grâce à Dieu, on n'y mourait plus. Ils avaient fait proclamer à son de trompe, à Nîmes et dans toute la sénéchaussée, que ceux qui voudraient recourir à leur justice, la pourraient venir chercher à Bagnols; mais Bagnols étant loin de tout, les dépenses de déplacement seraient si grandes pour les parties, et les demandes des avocats si exorbitantes, que beaucoup aimeraient mieux renoncer à leur droit que de le faire triompher si chèrement. Qu'était-ce, après tout, que cette justice laissée « au vénérable et prudent seigneur Ferrand Noër, bachelier ès » lois, » lequel n'avait d'autre pouvoir que de renvoyer les parties devant les lieutenants retirés à Bagnols, pour peu que l'une d'elles récusât son jugement? Déjà les avocats, les procureurs, les greffiers résidants

à Nîmes, avaient cessé d'aller en cour présidiale, n'y pouvant plus trouver
qu'une ombre de justice; et les consuls, dans tous leurs démêlés avec les
receveurs royaux, sur le fait des subsides, laissaient les choses en sus-
pens, au grand dommage des citoyens qui payaient; enfin, tous les autres
citoyens de Nîmes, commerçants, ouvriers et autres, s'effrayaient de
cette translation, parce qu'ils en concluaient qu'apparemment la peste,
qui de fait avait cessé depuis huit jours, continuait ses ravages; et le
commerce étranger n'osait plus passer les portes d'une ville abandonnée de
ses juges. De là une foule de maux et de pertes irréparables qui n'auraient
de fin qu'à la rentrée de la justice ordinaire dans Nîmes. Si donc les
lieutenants du sénéchal persistaient dans « ce déni de droit et de justice,
» les consuls allaient en appeler au parlement de Toulouse et aux très-
» redoutables maîtres généraux pour le fait de la justice en Languedoc, »
demandant « une fois, deux fois, trois fois, souvent, très-souvent, »
qu'on leur rendît leur tribunal et leurs juges. »

Telle était, en substance, la réclamation des consuls. Ferrand Noër
répondit qu'il n'avait rien à opposer à cet appel et renvoya les consuls et
Pierre Brueïs aux officiers qui tenaient le siège à Bagnols. Pierre Brueïs
partit immédiatement pour Bagnols, et, le 13 novembre, environ vers
deux heures après-midi, il descendit à l'auberge de la Couronne, et se
présenta devant « le vénérable et prudent Guillaume d'Aci, » lieutenant
principal du juge-mage de la sénéchaussée, qui s'y était logé. Pierre
Brueïs lui remit la requête des consuls et se retira.

Le lendemain Pierre Brueïs revint pour chercher la réponse de Guillaume d'Aci. Cet officier avait changé d'auberge, et avait pris son loge-
ment à celle du Lion. C'est là que se rendit, vers une heure après midi,
Pierre Brueïs, accompagné d'un greffier, pour écrire les réquisitions et
les réponses et faire prendre acte de toutes ses démarches. Nous sommes
dans l'une des époques les plus procédurières de l'histoire. Guillaume
d'Aci répondit à tous les points de la requête. Cette réponse était un dernier coup porté à la pauvre ville; elle vit les magistrats chargés d'y
rendre la justice la traiter en ville maudite, et calomnier jusqu'à sa situation géographique, jusqu'à son ciel, jusqu'à ce climat sous lequel les
voluptueux Romains avaient voulu vivre et mourir, eux qui étaient si
bons juges en fait de localités saines et plaisantes.

Je passe sur les préliminaires de cette réponse où Guillaume d'Aci re-

poussait fort durement l'allégation des consuls sur le prétendu droit de
leur ville à être le siège de la sénéchaussée. « Ils parlaient de l'importance
de Nîmes! mais il y a cinq ou six villes dans la sénéchaussée qui sont
« plus peuplées, plus grandes, plus riches, plus florissantes et surtout
» plus saines. » Car qu'est-ce qui ose parler de Nîmes, de cette ville humide, bâtie sur la fange des marais, « funeste à trois sortes de tempéra-
» ments, le sanguin, le mélancolique et le flegmatique, » bonne tout
au plus aux gens colériques, « plus brûlants que le feu, » qui s'y trouvent, et encore en petit nombre? Qu'est-ce qu'une ville mal bâtie, dont
presque toutes les maisons sont en bois, et, par-là même, offrent tant
de prise à l'incendie; une ville battue par les vents et en proie à tant de
maux que sur cent habitants on n'y pourrait trouver un sexagénaire;
une ville que la peste a frappée bien avant Montpellier et Avignon, deux
cités plus populeuses et où une plus grande affluence d'hommes devait
l'attirer plus tôt? Cette préférence de la peste, s'écrie victorieusement
Guillaume d'Aci, n'est-elle pas une preuve que la situation de Nîmes
est naturellement empestée?

» Que parlent-ils de la cessation de l'épidémie? Quoi! parceque depuis huit jours on n'y meurt plus, c'est une preuve que tout danger est
passé? Mais les consuls ne savent-ils pas que nous sommes encore dans
le déclin de la lune, que son décours et la conjonction des planètes ré-
pandent sur les hommes et sur tous les corps sublunaires une influence
maligne, et que loin qu'il n'y ait plus de danger, jamais le danger n'a
été si grand? D'ailleurs, cette cessation même n'est-elle pas menaçante,
si l'on considère la nature particulière de la peste qui ravage Nîmes, et
qui est telle qu'après un sommeil de dix ou quinze jours, elle peut se
réveiller plus terrible et tuer ceux qu'elle atteindra? »

Outre ces raisons d'hygiène et d'expérience astrologique, Guillaume
d'Aci en opposait de personnelles aux consuls. « Si les lieutenants du sénéchal n'ont pas pris l'avis des consuls avant d'ordonner la translation
du siège de la justice, c'est que monseigneur le sénéchal et sa cour n'ont
pas à répondre de leurs actes à messieurs les consuls. D'ailleurs, lui
Guillaume d'Aci et son collègue Bermanville, n'étaient-ils pas venus
après la Toussaint, au plus fort de la peste, tenir des audiences à Nîmes
pour consoler la ville et réparer une partie de ses maux, s'exposant ainsi
à un péril de mort pour le bien de ses habitants? Qu'avaient fait alors

les consuls? En était-il venu un seul qui daignât leur dire : « Soyez les
» bienvenus, » et qui les priât de rester dans la ville? Et peut-être y
seraient-ils restés en effet, si on les en eût requis convenablement, « ou
» si une juste crainte, de celles qui peuvent atteindre jusqu'aux hommes
» les plus fermes, ne se fût emparée d'eux. »

C'est pourquoi Guillaume d'Aci rejetait l'appel des consuls comme
inutile, frustratoire et dénué de tout fondement.

Pierre Brueïs ne se découragéa pas. Il répondit immédiatement au
rejet de l'appel par un contre-appel ou protestation, qu'il rédigea dans
une chambre de l'auberge du Lion, donnant sur la cour, en présence de
trois notaires ou officiers de l'endroit, qui signèrent avec lui les « deux
peaux de parchemin » sur lesquelles un scribe avait écrit la pièce; elle
fut notifiée sur-le-champ à qui il appartenait.

L'avantage resta aux consuls. Guillaume d'Aci revint à Nîmes, et là,
reconnaissant son tort, mais à la manière des gens du roi, lesquels le
rejettent d'ordinaire sur les ordres qu'ils ont reçus ou sur des malen-
tendus de leurs adversaires, il pria les consuls de ne pas prendre en mal
les termes de sa réponse à leur appel, et rouvrit ses audiences où af-
fluerent bientôt les plaideurs. En ce moment, on était à la fin de novembre; malgré l'influence du décours de la lune et de la conjonction
des planètes, dont maitre Guillaume d'Aci avait si savamment argué,
la peste avait cessé tout-à-fait dans Nîmes. Les avocats et les procureurs
qui s'étaient enfuis à la campagne pendant cette suspension litigieuse de
la justice, revenaient en foule à la suite des clients. Les étrangers et les
marchands voyant rentrer la justice à Nîmes, y apportaient de nouveau leur
industrie et leurs marchandises. La ville se rétablissait; c'était pour elle
une question capitale d'avoir ou de n'avoir pas le siège de la sénéchaussée
dans ses murs.

Louis XI le savait bien, lui qui, voulant tirer quelque argent des habitants de Nîmes, imagina d'ordonner une nouvelle translation de la sénéchaussée [1] : Nîmes comprit la menace et racheta son droit moyennant
cent six écus d'or, que les consuls empruntèrent à Robin Méry, receveur
particulier des tailles royales dans le diocèse de Nîmes.

Louis XI, en montant sur le trône [2], avait confirmé par lettres patentes les chartes et privilèges de la ville. J'y remarque, entre autres

[1] An 1470. — [2] 1463.

8

choses, le droit qu'ont les citoyens de Nîmes d'être jugés dans l'intérieur de leur ville, et, si on les appelle ailleurs, de n'y point aller. La liberté civile est respectée. Nul ne peut être emprisonné pour dettes. En certains cas la justice royale est gratuite pour les habitants de Nîmes. S'ils obtiennent gain de cause devant les cours de justice royale, ils sont quittes de tous frais; singulier privilège qui semble prouver que, dans le droit commun, on payait la justice même pour avoir eu raison. Enfin, ils sont exempts de tous droits de péage, taille, redevance, tant sur terre que sur eau, dans toute l'étendue du domaine royal. Beaux privilèges, s'ils avaient eu de plus solides garanties que la parole des rois et le respect de leurs agents! Sous le règne même de Louis XI [1], un juge royal, sur la requête de Jean du Vrai, marchand de Nîmes, faisait mettre en prison pour dette un citoyen, Jacques Sicard. Mais cette infraction aux privilèges de la ville fut promptement réparée. Les consuls portèrent plainte devant ce juge, et, leurs chartes à la main, plaidèrent eux-mêmes la cause de Jacques Sicard. Le juge consulta de notables avocats de Nîmes, *tant docteurs, licenciés, que bacheliers en loy,* afin de couvrir la concession qu'il fallait faire de l'apparence d'une délibération de jurisconsultes sur un point en litige; ceux-ci décidèrent, qu'attendu le privilège, il fallait élargir Jacques Sicard. Le juge en donna l'ordre à l'instant. Alors les consuls, avec leur assesseur, allèrent, « en com-
» paignie semblablement de beaucoup de gens de bien, à ladite carce,
» (prison) et firent *realiter* sallir (sortir) ledit Sicard par Pierre Lobat,
» sergent, lequel l'avait prins (pris) dans son hôtel et incarcéré. » Ils accompagnèrent le prisonnier jusqu'en sa maison, et l'y firent entrer comme en triomphe, « en présence de plusieurs là présents. »

Louis XI, malade à Tours, crut que le blé de Nîmes lui pourrait rendre la santé: il en fit demander à la ville pour faire le pain « destiné pour
» sa bouche, » comme s'exprime Ménard. Le 9 janvier 1483, Nîmes en envoya quatorze salmées, portées par quatorze mulets, au prix de cent soixante livres tournois. Le caprice du monarque mourant n'a pas rendu le blé de Nîmes plus célèbre.

Pendant les dernières années de Louis XI et sous les règnes de Charles VIII et de Louis XII, toute l'histoire de Nîmes est dans ses hôpitaux. La peste qui ravageait l'Europe durant cette période et qui y moissonnait

---

[1] An 1474.

ceux que la guerre avait épargnés, trouvait à Nîmes une population déjà malade, faible, mal nourrie, vivant de pain d'orge et d'avoine; — le blé y était si cher qu'il fallut à plusieurs reprises forcer les propriétaires à vendre le leur, et faire des perquisitions dans les maisons que les chartes de Nîmes déclaraient inviolables : — toujours écrasée d'impôts, car Louis XI ne l'avait pas ménagée, et, sauf quelque relâchement vers la fin de sa vie, dont il pensait sans doute se faire un mérite dans le ciel, il avait gardé toutes les traditions fiscales de ses prédécesseurs. Les pestiférés, abandonnés des médecins et des prêtres, étaient couchés dans les rues, dans le marché, devant la cathédrale, sur des planches où ils expiraient sans secours, sans aliments et sans confession. Les consuls délibérèrent de contraindre les curés à faire leur devoir; mais l'avis fut trouvé trop violent : on aima mieux assigner aux malades un hôpital séparé, et leur procurer, moyennant salaire, un médecin, un chirurgien et un confesseur, voire des domestiques et des servantes pour en prendre soin. La ville fournissait à tous ces frais. Pendant ce temps-là, on tenait les portes de la ville fermées, de peur que les pestiférés des lieux voisins n'y vinssent augmenter la contagion, et que les gens valides n'y missent la famine.

Dans les intervalles de la peste, c'étaient de continuels ravages, des grêles, des pluies furieuses, des tonnerres, qui détruisaient les récoltes. Pour éloigner ce nouveau mal, on avait recours au moyen de l'époque, qui était de sonner les cloches. C'était, d'ordinaire, l'emploi des chanoines et des gens d'église; mais tous s'étaient enfuis à cause de la peste. On en murmurait dans le conseil de la ville. « Il appartient, disait-on, à » ceux qui lèvent une dîme sur les fruits de la terre, d'en écarter les ora- » ges et les pluies en sonnant les cloches. » Mais les chanoines ne revenant pas, les consuls décidèrent qu'en leur absence deux hommes seraient placés au haut de la tour du clocher, jour et nuit, et qu'ils sonneraient à chaque commotion de l'air. Les comptes consulaires portent quelques sommes payées à ces sonneurs, lesquels restaient quelquefois deux mois entiers au haut de la tour, faisant sentinelle, non plus pour aviser, comme autrefois, les gens d'armes qui rôdaient dans la plaine de Nîmes, mais pour épier les nuages qui montaient à l'horizon. Quand un grain venait à se former et qu'il en sortait quelques éclairs, incontinent ils sonnaient, et alors les citoyens se mettaient en prières dans leurs maisons, et récitaient l'Évangile selon saint Jean, ou regardaient par les fenêtres ouvertes, avec un mélange d'anxiété et de foi en la vertu des cloches, le nuage qui passait au-dessus de la ville, se signant à chaque coup de ce tonnerre que leurs cloches avaient attiré, au dire de la science moderne.

Dans toutes ces calamités, les consuls montraient du zèle et du courage, et suppléaient, par là, au manque d'expérience et d'argent. On les voyait toujours les premiers au poste du péril : dans la peste, pourvoyant au soulagement des malades, ou tout au moins à la sépulture des morts; dans les disettes, s'occupant des approvisionnements, et s'exposant à la haine des spéculateurs avides qui profitaient de la famine pour exagérer le prix de leurs blés. Une fois pourtant [1] ils manquèrent à leur devoir et aux traditions consulaires; ils eurent peur de la peste, qui avait déjà mis en fuite les juges et les officiers royaux, et sortirent de la ville, laissant l'administration aux mains de leur clavaire ou secrétaire, Vital Genesii, dont le nom doit être cité avec honneur dans une histoire de Nîmes. Il faut nommer aussi, pour être juste, ces consuls qui préférèrent leur sûreté à leur devoir : c'étaient Pierre Carrière, licencié en lois, Jean Aguilhonet, marchand et bourgeois, Guillaume Gyme, grenetier du grenier à sel, et Pierre Casaneuve, laboureur. Vital Genesii soutint dignement l'honneur de la magistrature populaire; il pourvut à toutes choses avec zèle et diligence; et comme en ce moment-là les consuls avaient à soutenir un procès pour la ville contre le seigneur de Cauvisson, il alla de sa personne au lieu de Bouillargues, accompagné des serviteurs du consulat, « faire les criées et proclamations nécessaires, » ne voulant pas laisser périmer, par son absence, les droits qui lui avaient été confiés. Il en coûta à la ville, pour son voyage et sa dépense à Bouillargues, cinq sous tournois.

Quand la ville n'était ni malade ni affamée, elle était en fêtes. A la naissance des deux fils de Charles VIII, il y eut des processions qui durèrent trois jours. Pour le premier, qui ne vécut que deux ans, huit cents enfants ouvraient le cortège, portant huit cents cannes choisies, disent les comptes, dans un grand nombre de *gerbes* de cannes, avec les panonceaux du roi au bout, et criant : *Vive le Roi! Vive monseigneur le Dauphin!* Les trompettes interrompaient ces cris. A ces trompettes pendait l'écusson royal attaché avec des rubans. Pour le second [2], qui vint au monde entre deux pestes, la ville fut plus économe. Soit que le fléau

[1] Août 1494. — [2] 1496.

eût enlevé la plupart des enfants qui figuraient à la première procession,
soit que la fécondité d'Anne de Bretagne eût effrayé les consuls, au lieu
de huit cents enfants, il n'y en eut que trois cents; et on ne dépensa, en
fait de luminaire, que quatre livres de chandelles, à un *pataque* la chan-
delle, qui brûlèrent sur l'autel de la cathédrale en l'honneur du nouveau-
né. En revanche, les consuls firent porter devant eux, pour la première
fois, par un valet de ville, une masse d'argent. La peste vint fondre de
nouveau sur Nîmes au sortir des processions et des danses. Mais déjà on
ne s'en troublait plus : on s'y habituait.

Ces alternatives de fêtes et de pestes occupent tout le commencement
du seizième siècle. Le détail en serait insipide; aussi bien la ville fait peu
de changements notables, tant dans ses dispositions sanitaires que dans le
programme de ses fêtes. Pour la peste, on se lasse de lutter contre un
mal toujours renaissant, on lui fait sa part dans les hôpitaux de Nîmes,
et on courbe la tête jusqu'à ce que le fléau soit passé. Pour les fêtes, les
consuls nouvellement élus s'en tiennent aux traditions des consuls sortants : ce sont toujours des cannes avec l'écusson royal au bout, des chandelles, des joueurs d'instruments et des mimes : s'il y a de la joie dans
Nîmes, elle est disciplinée et monotone ; on la dirait commandée, comme les cannes et les écussons, à quelque entrepreneur de joie publique.

Toutefois, il faut dire que malgré la peste, qui enleva jusqu'à cent
personnes par jour à Nîmes, malgré les guerres et les famines, malgré
l'impôt, diverses circonstances, qui tiennent à l'histoire générale de la
France, avaient amélioré la situation de Nîmes. Quand une ville a été
placée de manière à pouvoir servir tout à la fois de centre à toutes les industries, à toutes les affaires, à la justice, à la religion d'un pays particulier, et de chemin de passage à la civilisation générale d'un royaume,
il n'y a pas de fléau, pas d'interruption violente, pas de guerre, pas
d'impôt, qui la puissent empêcher d'atteindre, tôt ou tard, à cette prospérité relative qu'il est donné aux villes de réaliser : mais cette prospérité
cesse du jour où toutes ces concurrences réunies ne s'y trouvent plus, ou
s'y trouvent moins complètement que dans quelques villes rivales. Nîmes
devait grandir; elle grandit malgré la peste et malgré le fisc. Plus tard,
Nîmes se relèvera et grandira encore, malgré l'expulsion des protestants,
les dragonnades et les tailles de Louis XIV; plus tard encore, les tueries
de 1790 et les assassinats de 1815 ne l'arrêteront pas dans sa marche

croissante : c'est une ville vivace, où le mal se répare tôt, et où la mort ne peut pas lutter de vitesse avec la vie. A l'époque de notre histoire, ce n'était déjà plus une ville pauvre, ce n'était plus la déplorable ville des ducs d'Anjou et de Berry, que celle qui pouvait recevoir François Ier dans ses murs de la manière qu'on va lire.

C'est en l'année 1533 que François Ier fit un voyage dans le midi de la France. On eut avis à Nîmes, par une lettre du seigneur de Clermont aux consuls, que le roi devait passer par cette ville en allant de Lyon à Toulouse. Il se tint un conseil extraordinaire, le 26 juin, au palais de l'évêque, afin de déterminer la pompe de l'entrée ; on la voulait faire des plus magnifiques, parceque c'était la première fois que François Ier venait à Nîmes. Du reste, il y avait à peine quelques jours que la peste y avait sévi, et que des conseils s'étaient tenus à l'Hôtel-de-Ville pour suppléer au manque de chirurgiens et de confesseurs : un carme s'était présenté en dernier lieu et avait offert aux consuls de confesser et de servir les pestiférés, moyennant cent sous par mois outre sa dépense ; ce qui lui avait été accordé. Ainsi, après avoir pourvu à la peste, on pensait aux fêtes ; après avoir voté un confesseur aux pestiférés, on allait voter des arcs de triomphe et de magnifiques présents au roi.

On nomma des commissaires pour faire les arrangements et ordonner les préparatifs ; les quatre consuls étaient du nombre. L'assemblée ne se tint pas à l'Hôtel-de-Ville, où il pouvait y avoir quelque danger de peste, mais dans la maison du prévôt de la cathédrale. On commença par voter des fonds ; mais en ce moment, la ville étant gênée, il fut résolu qu'on supplierait M. l'évêque de Nîmes de les avancer. Ensuite chacun des membres fit serment, entre les mains du prévôt, de tenir secret tout ce qui aurait été délibéré. On ne voulait pas que les villes par où devait passer le roi s'emparassent de l'idée de Nîmes, et lui ôtassent le mérite de l'invention. On agita ensuite la question des présents. Le roi devait être précédé à Nîmes, de quelques jours, par la reine et ses enfants ; en outre, il y aurait une suite de seigneurs : il fallut des présents pour tout le monde. On vota pour la reine une coupe d'or fin de la valeur de cent vingt écus ; quant aux princes et aux seigneurs de la suite du roi ; on décida qu'on se réglerait sur les villes. C'était surtout pour le présent du roi que Nîmes craignait le plagiat.

Ce présent était bien choisi. Il s'agissait d'un plan de l'Amphithéâtre de Nimes en relief et en argent fin, du poids de trente marcs, *ou plus s'il en était besoin.* On savait le goût très-vif du roi pour les choses de l'antiquité : quel présent pouvait en être mieux reçu? On fit appeler maître Pantallon Michel et maître François Bernard, argentiers, et il fut convenu qu'on leur fournirait trente marcs d'argent, et plus, s'il était nécessaire, *pour faire la dicte besonhe.* De leur côté, les argentiers s'engageaient à donner au plan en relief la même forme qu'a l'Amphithéâtre, le même nombre d'arcs et de colonnes, et *toutes les architectures qu'il y a edictes arènes;* à ne rien omettre de l'édifice, « et à procéder de point en point et de » blanc en blanc, selon la propre portraiture » de l'Amphithéâtre. Il devait y avoir autant de degrés sur le relief que dans l'original, et n'y rien manquer de ce qui servait « aux esbatements de la première institution. » Le fond du plan devait être « de la rotondité d'ung tinnel (tonneau). » Au milieu, sur l'arène vide, « ung colovre (couleuvre) attaché avec une » chaîne au col à ung arbre de palme, et ung chapeau de laurier attaché » audict palme, » devaient représenter les armes de la ville. A chacune de quatre portes, un chevalier se tiendrait à cheval armé de pied en cap. Le prix en fut fixé à deux cent cinquante livres, outre les trente marcs d'argent.

Après les présents, on régla l'ordre et la marche du cortège. Il fut décidé qu'un corps de bourgeoisie de cinq ou six cents hommes, armés d'arquebuses, avec des enseignes, et dans une tenue militaire, iraient au-devant du roi; que le dais destiné pour le roi serait porté par les consuls, auxquels on ferait faire des chaperons neufs, et qui seraient suivis de quatre valets de ville, habillés de drap fin; que l'entrée se ferait par la porte des Jacobins, laquelle serait ornée d'emblèmes et d'écussons. Le docteur Arlier, antiquaire et architecte de Nîmes, depuis consul, fut chargé de toute la partie de décoration. Les rues furent tapissées et sablées; et on éleva sur une des places de Nîmes, appelée depuis la place de la Salamandre, une colonne de pierre presque aussi belle que le marbre, dit Ménard, au-dessus de laquelle était une salamandre avec une inscription latine.

Tout fut prêt pour l'entrée du roi, excepté le plus beau, qui était l'amphithéâtre en relief : les orfèvres n'avaient pas eu le temps de le terminer. Une députation l'apporta plus tard à François Ier à Paris. Le dauphin eut deux chevaux de main du pays, et ses deux frères chacun un. On donna

au maréchal de Montmorency, gouverneur du Languedoc, une médaille
du prix de soixante-dix écus d'or, et au cardinal du Prat, chancelier de
France, deux torches de cire blanche et deux pièces de vin clairet. La
reine eut la coupe d'or qui lui avait été destinée.

Le roi demeura quelques jours à Nîmes. Il visita l'Amphithéâtre dans
le plus grand détail; il monta sur la tour Magne pour en mieux comprendre la forme et en rechercher la destination. On raconte que dans
une sorte d'enthousiasme religieux pour les beautés de l'art romain, on
le vit, un genou en terre, nettoyer avec son mouchoir la poussière qui
couvrait des inscriptions. Il montra du déplaisir pour le peu de soin que
la ville prenait de ces anciennes merveilles de l'art, et fit démolir, de
son autorité, quelques masures qui obstruaient les galeries de l'Amphithéâtre, et cachaient les délicates proportions de la Maison-carrée.

Ce ne fut pas la seule preuve de goût que donna François Ier à l'occasion de Nîmes et de ses antiquités. Je ferais volontiers plus de cas de
ce que vous allez voir que fit ce roi au sujet des armes de la ville de
Nîmes, que de ces prostrations d'antiquaire royal au milieu des ruines
de l'Amphithéâtre. C'est qu'il y a, dans la modeste action dont je vais
parler, moins du roi et plus de l'homme, moins du monarque protecteur
des lettres et des arts, et plus de l'homme heureusement doué qui pouvait en sentir les beautés et les aimer ailleurs qu'en public.

En 1516, un an après son avènement au trône, il avait autorisé, par
lettres-patentes, la ville de Nîmes, — en considération de son antiquité
et de son importance « comme chief de diocèse, cité capitale de eveschié,
» et siege principal de la seneschaucée de Beaucaire, » — à prendre pour
armes un taureau d'or passant dans un champ de gueules. C'était, disaient
les lettres, pour élever les habitants de Nîmes et leurs successeurs, « en
» augmentation d'honneur et prouffit, et colloquer leurs armes en plus
» hault et notable degré. » Or, dans la même année, on retrouva dans des
fouilles la médaille que la colonie de Nîmes avait fait frapper en l'honneur
d'Auguste, la médaille de l'an de Rome 727, avec le palmier et le crocodile enchaîné. Quelques membres du conseil de ville demandèrent que,
nonobstant l'octroi royal du taureau d'or, Nîmes prît désormais pour
armes la médaille retrouvée. On en délibéra longuement; mais la majorité vota pour le maintien du taureau d'or, avec l'addition d'une
fleur de lis; et les représentants de la cité romaine, de la ville municipe

aimée d'Auguste, décidèrent que les arènes de Nîmes consacreraient le souvenir du patronage récent de François Ier, plutôt que celui de l'origine de sa première civilisation : le taureau d'or l'emporta sur le crocodile d'Actium. Il fallut que François Ier lui-même, vingt ans plus tard, cassât la décision des courtisans de la commune de Nîmes, et rendît à la ville son vrai titre de noblesse.

Cela se fit d'une manière piquante. Les députés de Nîmes venaient d'offrir au roi le plan de l'Amphithéâtre en argent. Le docteur en droit, Antoine Arlier, alors premier consul, le même qui avait été chargé des emblèmes et des décorations de la porte des Jacobins, homme qui passait pour quelque peu versé dans les antiquités de Nîmes, avait été chargé des compliments de la ville et des explications touchant l'Amphithéâtre. On pensait bien que le roi ferait des questions, et on avait choisi le seul homme qui pût y répondre. En effet, François Ier demanda ce que signifiaient le palmier, le reptile et les couronnes de laurier figurés dans le milieu du plan. Antoine Arlier répondit que le reptile, — qui depuis fut reconnu pour un crocodile, — était une couleuvre; et que ces lettres COL. NEM., — qui, plus tard, ont signifié Colonie de Nîmes, — voulaient dire la couleuvre de Nîmes, *Coluber Nemausensis*. Il ajouta que ces symboles avaient dû être « les armoieries et enseignes » de la ville de Nîmes. Cela frappa le roi : c'était une médaille antique. Quelles armoiries plus glorieuses pouvait-on donner à la ville? Sur-le-champ il rendit une ordonnance portant que Nîmes reprendrait ses anciennes armes, et manda au sénéchal de Beaucaire de contraindre les consuls, par toutes les voies requises, à rejeter le taureau d'or sur champ de gueules. Le préambule des lettres royales est curieux :

« François, par la grâce de Dieu, etc...., nous avons reçu la forme
» de l'amphithéâtre envoyé par nos chiers et bien aimez les consuls,
» manans et habitants de notre ville et diocèse de Nismes, et entendu,
» par notre amé et féal maistre Anthoine Arlier, docteur ès-droicts, et
» consul de notre dicte ville de Nismes, la palme, couleuvre enchaîné, et
» chapeau de laurier, dans le dict amphithéâtre enclos, avoir esté an-
» ciennement les armoieries et enseignes de nostre ville de Nismes; ce
» que nous a le dict Arlier clairement démontré, tant par apparentes
» raisons, que par le revers de plusieurs antiques médailles, esquelles
» et en l'une des faces avons vu à demy relief figuré le dict couleuvre

9

» sans aisles, à quatre pieds, passant enchaîné à une palme, et en icelle
» un chapelet en forme de laurier pendant, et au-dessous les (des) deux
» pieds de devant du dict coleuvre, ung petit rameau d'une palme, et
» davantage (de plus), escrit en lettres antiques, majuscules et syncopées,
» suivant le stile des anciens, *Coluber Nemausensis*,... voulants par ce et
» desirants conserver ou bien renouveler les louables antiquités, et des
» quelles avons esté et sommes grandement amateurs,... avons octroyé
» et octroyons, etc.... » Suit l'ordonnance datée du mois de juin 1535.

Ceux qui font de l'histoire générale sauront gré à notre ville d'avoir conservé cette preuve du goût vif et intelligent de François Ier pour les arts, tout en souriant peut-être de ce mélange d'ignorance et d'enthousiasme d'érudit, et surtout de la simplicité du consul et du roi découvrant et déclarant qu'on avait des armoiries et des blasons du temps d'Auguste.

Au reste, quelque chose de plus grave que les fêtes données à François Ier agitait sourdement les esprits, distraits, pour un moment, par le spectacle assez singulier de cette royauté agenouillée devant d'antiques ruines. Le grand évènement d'alors, c'était la réforme qui pénétrait à Nîmes, et qui lui préparait une histoire bien autrement orageuse que celle de son consulat en guerre contre les sénéchaux et la gabelle du roi de France.

Imbert Pacolet, régent des écoles, éloigné de sa chaire par le clergé, malgré les consuls qui vantaient sa science, parla le premier à cette population frémissante de Luther et de Calvin. Les efforts des consuls pour donner à Imbert Pacolet un successeur de sa communion, et la menace que fit le clergé de les dénoncer au parlement, témoignent de l'adhésion de ces magistrats aux nouvelles doctrines. Ainsi la liberté religieuse eut pour apôtres, à Nîmes, les hommes de la science, et pour protecteurs, ceux qui avaient mission de défendre ses libertés politiques.

Jusqu'ici l'histoire de Nîmes est celle d'un petit peuple exploité par toutes sortes de maîtres, accablé par tous les fléaux du ciel et de la terre, qui crie à tous ceux qui viennent: Vivent nos maîtres! qui souffre presque sans se plaindre, et dont les révoltes sont à peine quelques mutineries. Nous allons voir ce même peuple s'appartenir enfin et se gouverner, du moins pour un temps, agir sur les évènements généraux par ses passions et ses violences, au lieu d'en subir obscurément le contre-coup et d'en payer les frais. Nîmes va passer de la vie passive à la vie active. La pauvre ville va souffrir encore, car pour elle vivre c'est souffrir; mais elle souffrira pour des croyances, pour des idées, pour la liberté de conscience : ce qui vaut mieux, à tout prendre, que de souffrir pour des vexations fiscales et des pilleries de gens de guerre. Nîmes s'élevera un moment aux proportions d'un grand peuple.

V.

COMMERCE ET INDUSTRIE.
LETTRES ET INSTRUCTION PUBLIQUE. — ÉTABLISSEMENTS RELIGIEUX. — MŒURS.
HOMMES CÉLÈBRES DURANT CETTE PREMIÈRE PÉRIODE.

Commerce et Industrie.

Il n'est resté aucun document sur l'existence commerciale de Nîmes durant l'époque romaine, et, plus tard, sous les différentes invasions qui s'y succédèrent. Les premières pièces où il est question du commerce de Nîmes datent du douzième siècle; ce sont des chartes du vicomte Bernard Athon V, qui constatent l'établissement de foires et marchés dans la ville de Nîmes. Ces foires étaient fixées au jour de la Saint-Martin et à la fête de Notre-Dame. Que s'achetait-il dans ces foires et marchés? quels étaient les produits du commerce local? on ne peut le dire. Les chartes de Bernard Athon V portent la date de 1145.

Environ soixante ans après, Nîmes faisait un commerce considérable avec la Provence et surtout avec Arles; à telles enseignes que ces deux villes formèrent, dans l'année 1213, une confédération ou alliance entre elles, pour assurer la libre circulation de leurs marchandises et garantir leur industrie des pillages des *routiers*, brigands qui infestaient les chemins publics, et des grands seigneurs qui détroussaient les voyageurs échappés aux routiers. Du reste, même incertitude sur la nature du commerce local.

Dans l'année 1251, un hôtel des monnaies fut créé à Nîmes. C'était sous le règne de saint Louis, lequel signala son passage à Nîmes par plusieurs chartes et fondatious pieuses, ce qui ne témoigne pas d'une grande prospérité commerciale.

C'est sous les successeurs de saint Louis[1] qu'il est fait mention pour la première fois des produits du commerce nimois. On parle d'étoffes et particulièrement de couvertures de laine. A cette époque, une colonie de marchands italiens, vulgairement appelés *Lombards,* était venue s'établir à Nîmes. Philippe-le-Hardi, dans le dessein de les y fixer, leur accorda des privilèges très-étendus, celui entre autres de relever exclusivement, dans tous leurs procès commerciaux, du juge royal ordinaire de Nîmes.

En 1340, le commerce florissait à Nîmes. Le doge de Gênes écrivait au sénéchal de Beaucaire et aux consuls de Nîmes, pour se plaindre des marchands du pays qui trafiquaient dans le golfe, sans la permission du sénat génois, preuve du respect qu'on avait dans la Méditerranée pour le pavillon français. La soie, qui fait aujourd'hui le principal commerce de Nîmes, était si rare alors, que le sénéchal de Beaucaire en acheta douze livres pour la reine de France au prix énorme de 76 sous tournois la livre. C'était en 1345.

Nîmes, dans le même temps, fournissait du vin de son territoire au pape et aux cardinaux. Une année que le vin expédié par les consuls ne fut pas du goût de Sa Sainteté, soit à cause de la qualité, soit à cause du prix, Innocent VI, il faut retenir ce nom, se vengea de ses fournisseurs en jetant un interdit sur toute la ville. Les consuls eurent l'honnêteté de délibérer s'ils n'enverraient pas des députés au pape, pour le prier de lever l'interdit.

Les exactions qui avaient réduit le nombre des feux imposables à Nîmes de quatorze cents à cent, obligent les marchands lombards à quitter cette ville, ruinée par le fisc et dépeuplée par la peste[2]. Ils occupaient à Nîmes la rue qui a conservé le nom de *rue des Lombards*.

Un règlement des consuls, à la date de 1458, antérieur de trois ans au départ des commerçants lombards, porte que toute vaisselle ou poterie d'étain sera marquée aux armes de la ville. Cela semble prouver qu'il se faisait à Nîmes un commerce notable de poterie en étain, et qu'apparemment le corps de fabricants qui s'y livrait n'était pas d'une probité très-scrupuleuse, puisqu'il fallait prendre pour l'étain les précautions de contrôle qu'on réserve d'ordinaire pour l'or et l'argent.

[1] An 1277. — [2] An 1441.

Un procès-verbal fut dressé à cet effet. Les consuls, dit cette pièce, « voulant, pour le bien public, prévenir de telles fraudes, et *conserver la » république intacte et sauve*, » requirent le juge criminel de la sénéchaussée de Beaucaire, Bernard Vital, de procéder à l'interrogatoire et à la poursuite des potiers frauduleux. Un grand nombre de pièces furent saisies, et quelques-unes seulement restituées comme faussement soupçonnées d'alliage. Quelques potiers menacèrent de quitter la ville, si on persistait à les vouloir soumettre à une mesure qui, disaient-ils, les ruinait. Le juge et les consuls tinrent bon, et les potiers se soumirent.

Un juge spécial, dit des *conventions royaux*, prononçait sur les différends du commerce, et, par cela même, aidait à son développement, rien n'étant plus favorable au progrès du commerce que la garantie d'une justice spéciale. La juridiction de ce juge, d'abord restreinte aux choses du commerce, fut étendue plus tard à tous les procès dans lesquels les parties consentaient à s'en rapporter à ses décisions.

Lettres et Instruction publique.

L'histoire des lettres et de l'instruction publique, à Nîmes, pendant cette longue période de quinze siècles, peut se faire en quelques lignes. En 589, les lettres se réfugient dans le monastère de Saint-Bauzile, et quelles lettres encore! c'est tout au plus l'étude et l'interprétation de la Vulgate. Les lettres grecques et romaines sont plus familières, à cette époque, aux Sarrasins qu'aux Français. Il faut aller jusqu'au treizième siècle pour trouver dans la bibliothèque des chanoines de Nîmes une collection de manuscrits, presque exclusivement religieux : cinquante ans plus tard, la ville fonde des écoles publiques de philosophie et de grammaire.

Vers l'année 1360, il se manifeste à Nîmes un certain mouvement scientifique et littéraire. Les consuls cherchent à y attirer les hommes instruits, par l'appât des honneurs et des récompenses. Louis Valette, citoyen de Nîmes, ayant obtenu le grade de maître ou docteur en médecine de la Faculté de Montpellier, les consuls lui envoyèrent une députation pour le féliciter et lui offrir, au nom de la ville, six tasses d'argent[1]. Une école de droit civil est fondée, et on en confie l'enseignement à des

[1] An 1371.

docteurs en renom, venus des universités voisines; d'autres, d'une réputation européenne, sont attirés de l'étranger, et engagés à grand prix:
le corps municipal va les recevoir, à leur arrivée, à la tête d'un cortège
nombreux.

Au commencement du seizième siècle, les consuls augmentent les
appointements du recteur des écoles publiques, pour faire rechercher
cette place par des hommes distingués [1]. Les écoles sont florissantes; la
ville requiert et obtient de François Ier l'autorisation de les convertir en
un collège ou université, à l'image de celle de Paris. Claude Baduel, l'un
des professeurs de l'Université de Paris, est invité à venir prendre la direction de l'Université nîmoise : on assigne son rang, dans les cérémonies
publiques, entre les deux premiers officiers de la ville.

Établissements religieux.

Les établissements religieux avaient eu moins de peine et mis moins de
temps à prospérer. Dès le treizième siècle, des religieux de tous les ordres
y avaient bâti, du produit des aumônes et des donations pieuses, de bons
et tranquilles monastères, à la porte desquels s'arrêtaient la peste et le
fisc, qui dévoraient le reste de la ville.

Mœurs.

Le peu qu'on a de notes sur les mœurs offre un bizarre mélange d'habitudes romaines et des corruptions locales. Les exercices du corps, la
gymnastique grecque, la lutte, y sont recommandés et encouragés spécialement par les consuls. Le vainqueur reçoit une pièce de drap vert pour
récompense. Il parcourt les rues de la ville, la tête couronnée de feuillage, suivi d'un grand cortège de peuple, de ses rivaux vaincus, et précédé par des ménétriers jouant de la flûte et du tympanon. C'est d'ailleurs
la même cérémonie pendant plusieurs siècles. Dans les comptes des consuls, je trouve invariablement la pièce de drap vert et les joueurs d'instruments pour le vainqueur au jeu de la lutte, *pro luctà*. Il y avait aussi
des jeux d'arbalète et d'arc, et des prix pour les vainqueurs : ceux qui

[1] An 1517.

remportaient le prix à ces deux jeux avaient le titre de *rois des arbalétriers et des archers*, et quelques privilèges honorifiques attachés à leur
royauté d'un an. Les deux rois de l'année 1492 sont Jean Gevaudan,
notaire, vainqueur au jeu de l'arbalète, et Pierre Galare, chirurgien-
barbier, vainqueur au jeu de l'arc. Les consuls leur font présent d'une
somme de quatre livres tournois, pour acheter le prix de l'année suivante.

On était très sévère pour les prostituées, et l'on reconnaissait et
honorait presque comme un personnage public, la malheureuse qui
avait le gouvernement de la principale maison de prostitution. Ces mêmes
consuls qui défendent aux femmes et filles publiques d'aller en ville ac-
compagnées d'aucune femme, de porter aucune guirlande, nœuds d'argent, soies et fourrures, sous peine de confiscation, il faut les voir, le
jour de l'Ascension, après avoir distribué, à la porte de la cathédrale,
une aumône publique aux pauvres, offrir un présent particulier à l'abbesse des femmes débauchées, *abbatissa levium mulierum* [1]. L'abbesse,
en retour de ce don, offrait aux consuls un gâteau. Plus tard [2], le don des
consuls fut fixé à cinq sous, et cette cérémonie de cadeaux réciproques,
entre deux autorités d'un ordre si différent, au lieu de se faire sous le
portail de la cathédrale, se fit à l'une des portes de la ville que l'on ornait
de feuillages. C'était là une des attributions honorifiques du consulat.

Par la même inconséquence, ou peut-être pour corriger une si ridicule
concession faite aux mœurs du temps par des réserves énergiques en
faveur de la morale, en même temps qu'on protégeait publiquement la
prostitution constituée et patentée, on pendait, mutilait ou fustigeait les
individus accusés et convaincus d'avoir débauché des femmes et des filles
de la ville.

La distribution de l'aumône publique se faisait avec beaucoup de so-
lennité. C'était d'ordinaire le jour de l'Ascension. Dès le matin, la grosse
cloche de la cathédrale portait cette bonne nouvelle à tous les pauvres de
la ville. Les consuls, une torche à la main, précédés de joueurs d'instruments et du porte-étendard de la ville, se rendaient à la maison commune, et de là à la cathédrale. Les différents corps de métiers marchaient
derrière eux, avec leurs bannières particulières. Après la célébration de
la messe, on fermait toutes les avenues des rues voisines par des barrières

[1] An 1399. — [2] An 1479.

que gardaient des sergents. Les pauvres, pressés contre ces barrières, recevaient, avec quelque menue monnaie, du pain qui avait été bénit dans la cathédrale par l'official de Nîmes ou par l'évêque. Ce pain avait un nom touchant : on l'appelait le pain de la charité, *panis caritatis*. Ce jour-là la cathédrale était balayée à fond. Enfin, pour qu'aucun pauvre ne fût frustré, par défaut d'avis suffisant, de sa part de l'aumône publique, outre la grosse cloche qui l'annonçait, le trompette ou crieur public la criait dans tous les carrefours et sur toutes les places quelques jours avant la fête.

Cette ville, que nous avons vue défendre si courageusement ses finances contre l'avidité du fisc, prodigue les dons et les présents en toute occasion et pour toutes les personnes de marque. Les fonctionnaires nouvellement entrés en charge, les consuls qui se marient ou qui marient quelqu'un de leur famille, les religieux qui inaugurent un couvent nouvellement construit, les chefs de gens d'armes qui passent par la ville, les députés des autres villes de la sénéchaussée qui viennent y traiter des intérêts communs, les évêques le jour de leur installation, les représentants des princes étrangers, la femme du sénéchal quand elle vient rejoindre son mari, les princes et autres grands personnages, reçoivent des cadeaux qui varient selon la qualité des personnes, mais qui toujours sont modestes, et dans les facultés d'une ville à laquelle on ne laissait guère de quoi donner. D'ordinaire, ce sont quelques paires de volailles, des lapins, du gibier tué dans les garrigues de la ville, du vin, de l'avoine, et surtout des torches, présent bien utile dans un temps où il n'y avait pas de réverbères et où l'on voyageait de nuit aux flambeaux. Jean Conort, lieutenant du sénéchal, vient au secours de Nîmes inquiétée par les tuchins[1] : les consuls lui offrent une douzaine de poulets, quatre oisons et vingt-huit cartons et demi de vin. Je cite ce présent parce qu'il est énorme, comparé à ceux d'usage ; la ville le proportionnait au service qu'elle attendait de Jean Conort. La femme du sénéchal Antoine de Lau vient à Nîmes[2], où l'avait précédée son mari. La ville lui donne, pour sa joyeuse arrivée, *pro suo jucundo adventu,* douze chapons, douze perdrix, douze lapins, douze livres de dragées, six flambeaux, deux pièces de vin blanc, une autre de vin rouge et deux pièces de vin muscat. Il y a entre ce présent et celui que reçoit Jean Conort, la différence qu'il y a entre la pro-

[1] An 1383. — [2] An 1479.

tection du sénéchal et celle de son lieutenant. Remarquez en outre les dragées et le vin muscat, présent de dame. Les consuls tiennent compte du rang et du sexe de la personne.

A toutes les veilles de grandes fêtes, des présents sont offerts aux officiers royaux et aux autres personnages distingués. Je remarque que les lapins, les perdrix et les torches y dominent. Le fisc ne laissait pas toujours de la volaille et du vin à offrir. En outre, les consuls se font entre eux des présents aux grands évènements de famille; mais c'est à leur compte. Ces présents privés sont de la même sorte que les présents publics. Rarement la générosité de la ville varie : je trouve pourtant, à la date du 21 février 1393, un présent de pâte de confiture, appelée *manus Christi*, de pralines et de gaufres *dorées*, offert aux députés de Montpellier, et deux douzaines de coqs données au capitaine Pierre Ponchut, pour le jour de sa noce. On offrait des coqs aux nouveau-mariés.

Une marque de la générosité nîmoise, à la fois plus singulière et plus touchante, c'est l'entretien d'une fille solitaire, appelée La Récluse, qui vivait dans un ermitage, à quelque distance de la ville, d'une pension annuelle que lui faisait la ville. Le vœu de cette fille était volontaire. On la logeait, on l'habillait, on la soignait dans ses maladies, on l'enterrait après sa mort. Je remarque, dans les comptes consulaires de l'année 1373, un article de huit gros pour sucre fourni à La Récluse dans sa maladie; et dans ceux de l'année 1408, une note de dépenses, tant pour l'extrême-onction administrée à La Récluse, le suaire et les chandelles pour son enterrement, que pour l'installation de celle qui devait la remplacer, la réparation des meubles et le nettoiement de l'ermitage.

Avant le règne de Charles V, le charivari était une habitude chère au peuple, non le charivari politique, invention toute moderne, mais le charivari contre les mariages inégaux, contre les veuves qui convolaient en secondes noces, contre les vieux maris de jeunes femmes. Charles V abolit le charivari, et, chose singulière! dans toutes les confirmations et reconnaissances des privilèges de Nîmes, qui furent faites ultérieurement par les rois de France, il y a un article spécial portant défense de faire des charivaris dans la ville. Il faut croire que le peuple mettait un tel cœur à ces démonstrations, que l'ordre de la cité en était gravement troublé.

Une prohibition qui fut plus sensible au peuple, ce fut la prohibition

10

de la *fête des fous*. Cette fête avait lieu à Noël. Pour exprimer la plus grande joie possible, la joie d'avoir un Sauveur, les hommes simples de cet âge n'avaient rien imaginé de mieux que de faire les fous. La fête des fous était célébrée dans toute la France. A Nîmes, elle avait son éclat particulier; nulle part les fêtes ne sont plus bruyantes que là où l'homme est le plus misérable : il a tant alors à s'étourdir et à oublier! Une espèce de tribune tendue de draperies était élevée entre les colonnes de la cathédrale : c'est de là que des musiciens de toutes sortes, joueurs de trompette et de tympanon, de flûte et de cymbales, faisaient danser sur les dalles de la nef, mêlés et confondus dans un branle universel, des hommes, des femmes, des prêtres, des laïcs, présidés par un évêque de leur élection, évêque pour le temps de la fête, qui portait le costume épiscopal, la mitre et le rochet, et qui faisait toutes les cérémonies. Cet évêque n'était souvent qu'un simple clerc, qu'on voyait gravement donner la bénédiction, sous les habits pontificaux, à toute la foule fatiguée de danses et de chansons. Quand le pavé de la cathédrale était trop humide, à cause des pluies, et que la danse y pouvait être glissante, l'évêque de Nîmes prêtait de bonne grâce sa maison pour ces pieuses folies auxquelles prenaient part des prêtres masqués, dansant avec des femmes abandonnées, ou jouant aux dés sur les dalles, ou faisant chorus avec les chanteurs les plus libres. Du reste le pavé de la cathédrale était sans tombeaux; et c'est ce motif surtout que les chanoines alléguèrent quand Gilles Vivien, lieutenant du sénéchal, ordonna la suppression de la fête des fous. Car les réclamants, chose étrange! ce furent les chanoines de la cathédrale à qui la contrainte extérieure de leur état faisait trouver ces relâchements plus doux. Il est très-vrai que le pavé de la cathédrale ne recouvrait pas de tombes; mais c'était à la face d'un grand Christ crucifié, planté sur une sorte de jubé, en avant du chœur, que se célébraient ces scandaleuses folies. Gilles Vivien tint ferme, et la fête des fous fut abolie à Nîmes le 25 décembre 1394. L'abolition en fut proclamée après les vêpres, à son de trompe, dans les rues et sur la place de la cathédrale.

Célébrités de Nîmes.

J'ai gardé pour la fin de ce paragraphe, la liste des hommes nés à Nîmes, qui honorèrent leur ville natale par des talents supérieurs, ou par de grandes vertus, choses plus rares que les talents. Cette liste se réduit à cinq ou six noms; c'est peu pour quinze siècles. Mais n'y a-t-il eu d'hommes supérieurs, soit en talents, soit en vertus, que ceux dont l'histoire a gardé les noms?

Les deux premiers appartiennent à l'époque romaine, et eurent leur illustration hors de Nîmes. Ce sont Domitius Afer, et Titus Aurelius Fulvus..

Domitius Afer, flatteur de Tibère, lâche ennemi de Germanicus, mais orateur distingué, fut le maître de Quintilien. Nîmes peut le revendiquer comme orateur; mais il appartient par ses vices à la Rome impériale.

Titus Aurelius Fulvus, homme de guerre, consul à Rome, donna naissance à un fils qui fut le père d'Antonin. Nîmes pourrait donc se faire honneur d'Antonin, car le petit-fils ne serait pas venu au monde sans l'aïeul.

A quelque temps de là, Nîmes envoie au martyre deux de ses enfants, saint Honeste et saint Bauzile, deux confesseurs de la foi chrétienne, et deux grands hommes, par leur intelligence de la loi nouvelle et par leur mort [1].

Il faut remonter jusque vers le milieu du quinzième siècle pour trouver le nom de Louis Raoul, bachelier, lequel institua, par son testament, un défenseur d'office à tous les pauvres, veuves et orphelins, qui auraient besoin du ministère d'un avocat. Ce défenseur, nommé alternativement par les magistrats de la sénéchaussée et par les consuls et conseillers municipaux, devait prendre le titre d'*avocat des pauvres*. Cette institution subsiste encore aujourd'hui.

Voici quelques passages du testament de Louis Raoul, pièce curieuse, écrite en latin, où l'on trouve, à côté de dispositions singulières, des idées élevées et touchantes. Le début, dont j'ai respecté le tour périodique et un peu diffus, est grave et éloquent.

« Au nom de la sainte et indivisible Trinité, du Père, du Fils et du » Saint-Esprit, ainsi soit-il. En l'an de l'Incarnation de notre Seigneur » 1459, le 25 du mois de février, comme il a été décidé que tous les » hommes doivent mourir, qu'il n'y a rien de plus certain que la mort, » ni de plus incertain que son heure; et quoique, selon la parole du Sage, » il ne faille pas craindre une heure qui est la dernière de la vie, mais

[1] An 287.

» pourtant se la représenter sans cesse à l'esprit, selon ce mot du livre
» sacré : « Pense à tes derniers moments, et tu ne pècheras pas pour
» l'éternité; » et comme il n'y a rien qu'on doive laisser plus libre que
» la volonté dernière de l'homme, parcequ'au-delà il ne peut plus vou-
» loir autre chose, et qu'il faut respecter et permettre ce qu'il n'a plus
» le pouvoir de changer; — moi, Louis Raoul, docteur ès lois, du lieu
» de Bernis, citoyen et habitant pour le présent de la ville de Nîmes, par
» la grâce de Dieu, sain de corps et d'esprit, pensant à ma fin, et dési-
» rant d'y pourvoir dans le temps que mes membres ont encore toute
» leur vigueur, et que la raison gouverne mon esprit; — encore que
» cette raison soit si souvent obscurcie par la langueur, que non-seule-
» ment j'oublie les choses de mon temps, mais que je m'oublie moi-même,
» et que, par l'effet de la fragilité humaine, ma mémoire, dans le trouble
» de ma pensée, ne peut pas suivre plusieurs choses à la fois; — vou-
» lant prévenir le moment où il me faudra payer l'inévitable dette de la
» condition humaine, je consigne sur ce parchemin, j'écris, ordonne
» et dispose en la manière qui suit ma volonté dernière et solennelle. Et
» d'abord je rends et recommande mon âme et mon corps au souverain
» Créateur, et à notre Seigneur Jésus-Christ, et à la très-glorieuse Vierge
» Marie sa mère, et à tout le sénat des citoyens du Ciel, *totique curiæ*
» *civium celestium*, et je veux et ordonne que sitôt que mon âme se sera
» dégagée de ses liens de chair, mon corps soit enseveli dans le cime-
» tière de l'église cathédrale, au lieu qu'il plaira à messieurs les cha-
» noines de m'assigner......... ».

Suivent des dispositions pour l'enterrement, les prières et les messes
à dire pour le défunt. Il supplie messieurs les chanoines de le recevoir
dans leur ordre après sa mort et de l'enterrer dans leur habit; et à cet
effet il leur lègue sept livres et dix sous tournois, à partager entre eux,
selon la louable coutume, dit-il, *de ladite cathédrale.* Il ordonne que deux
cierges d'une demi-livre seront placés de chaque côté du crucifix qui est
devant le maître-autel, et qu'ils seront allumés à perpétuité aux heures
et jours de fête qu'il désigne. Ces cierges seront faits d'une cire commune
et refondue, afin qu'ils coûtent moins cher et durent plus long-temps.
Toutefois, aux fêtes de la Vierge Marie, on les couvrira d'une légère
couche de cire blanche en l'honneur de sa pureté et de sa virginité.

Après l'église, il pense à sa famille; à ses collatéraux, qui héritent de lui à défaut d'enfants légitimes ; à sa femme Peyrone, pour laquelle il est froid et peu généreux, car il ne lui donne que la moitié de son mobilier, « en compensation, » dit-il, « de ceux des meubles personnels de ladite » Peyrone, qui ont pu être perdus, usés, détériorés en totalité ou en par- » tie pendant la communauté. » En voyant le mot *recompensasionem*, je croyais avoir à lire : En récompense de son affection et de ses bons soins. Mais point. C'est du droit strict et non de la tendresse posthume, comme il s'en voit dans les testaments de notre temps. Il dit ailleurs : « Et comme » elle a apporté dans ma maison quelque peu de mobilier, dont je ne » saurais proprement donner le détail, je veux et ordonne que ladite Pey- » rone, mon épouse, reçoive et prenne pour elle tous ceux des meubles » qu'elle déclarera sous serment lui appartenir et avoir été apportés de » sa maison dans la mienne, et que lesdits meubles lui soient livrés et » abandonnés sans difficulté. » C'est là tout ce qu'il fait pour sa femme. Il n'en faudrait pourtant pas conclure que Louis Raoul eût été mauvais mari, ni Peyrone mauvaise femme : la coutume de Nîmes, héritière du droit romain, en avait gardé les dispositions matrimoniales, si dures pour les femmes, et cet usage inique de préférer à l'épouse les collaté- raux du mari.

Il institue sa sœur héritière de tous les biens dont il n'a pas encore dis- posé, mais avec cette clause qui a tant honoré son nom, par laquelle il veut et ordonne qu'à la mort de cette sœur « soient héritiers et proprié- » taires desdits biens les pauvres, les veuves, les pupilles, les orphelins » et toutes les personnes malheureuses qui, dans la poursuite et la dé- » fense de leurs droits, manqueront d'un conseil, d'un appui et d'une » direction.... Et je veux, » ajoute-t-il, « qu'il y ait, à perpétuité, dans » la présente ville de Nîmes, un avocat des pauvres, qui soit à demeure » fixe dans la maison que j'habite, et qui en touche les fruits, usufruits » et revenus quelconques, tant qu'il vivra et exercera son emploi. »

Il nomme lui-même le premier qui portera ce titre touchant d'avocat des pauvres. C'est Jean Auban, bachelier dans les deux droits, homme savant et probe, dont le nom doit être cité, dans une histoire de Nîmes, à côté de celui de Louis Raoul.

A la mort de Jean Auban, ou s'il vient à renoncer à son emploi, son successeur sera nommé alternativement par les officiers royaux et les con- suls de la cité de Nîmes. Louis Raoul les prie, lors de l'élection, de prendre l'engagement, la main sur l'Évangile, de ne donner leur voix qu'à un homme habile, capable, à la hauteur de sa tâche, et surtout probe, fidèle et diligent. Il veut que l'avocat ainsi élu jure lui-même sur les livres saints de bien et fidèlement remplir les devoirs de sa charge, de ne se point montrer dur aux pauvres, ni d'un accès difficile, de poursuivre activement leurs causes, et de faire toutes les démarches nécessaires en temps convenable. Il le chargé en outre d'appliquer tous les ans une somme de vingt sous tournois à un service funèbre pour lui, ses parents et ceux qui ont bien mérité de lui. Puis, reprenant le ton impératif du testateur, il défend expressément audit avocat d'exiger aucun salaire des pauvres et des personnes malheureuses qu'il aura aidées de ses conseils, ni même d'accepter ce qu'on pourrait lui offrir; et au contraire, il lui commande et ordonne d'aller, deux fois par semaine, visiter les prisonniers de la ville de Nîmes, de leur demander les causes de leur détention, et de solliciter, autant que faire se pourra, leur élargissement auprès des officiers royaux. Il supplie ces officiers, en conséquence, d'être doux et accessibles pour l'avocat des pauvres, et « autant que possible, d'abréger » les procédures. » Ce n'est pas d'aujourd'hui seulement que la justice est lente.

« Et comme je suis né, » continue-t-il, « audit lieu de Bernis, que » j'y ai mes biens paternels et maternels, et que je suis naturellement » tenu d'aimer le lieu de ma naissance et de combattre pour ses habi- » tants, selon cette parole de Caton : *Combats pour ta patrie;* je requiers » ledit avocat de prendre un soin particulier des habitants dudit lieu et » de leur commune, et de se charger de leurs causes, autant que faire se » pourra. Et je veux et ordonne que sitôt que ledit avocat des pauvres sera » entré en charge, on inscrive sur une pierre, au-dessus de la porte de » ma maison, ces paroles : *Maison de l'avocat des pauvres.* Cette maison, » je le répète, devra être la demeure fixe dudit avocat tant que durera » son emploi; et, au cas où il irait loger ailleurs, ou refuserait d'habiter » dans ladite maison, je ne veux pas qu'il continue sa charge, ni qu'il en » touche les émoluments, mais qu'un autre soit nommé en sa place, dans » la forme et aux conditions précitées. »

Un mouvement naturel de sollicitude pour les biens dont il va se sé- parer, et qui doivent constituer la dotation de l'avocat des pauvres, lui dicte la disposition suivante : « Je veux et j'ordonne que ledit avocat

» tienne la maison bien couverte et en bon état, qu'il fasse cultiver avec
» soin les vignes et les champs d'oliviers, qu'il y mette la main au besoin,
» et agisse en toutes choses en bon usufruitier; et si, par sa faute ou sa
» négligence, la maison et les biens venaient à se détériorer, qu'il les
» fasse réparer à ses frais. Il devra d'ailleurs en acquitter toutes les char-
» ges, telles que les tailles royales et les autres *taxes ordinaires et extra-
» ordinaires;* » recommandation d'un sujet fidèle qui hypothéquait
d'avance son bien à tous les impôts futurs qui seraient demandés au nom
du roi.

Enfin, après avoir nommé ses exécuteurs testamentaires, Louis Raoul
termine ainsi : « Moi, Louis Raoul, je dis, confesse et veux que ce pa-
» pier et ce qui y est contenu soient mon testament solennel. En témoi-
» gnage de quoi j'ai signé de ma propre main : Louis Raoul. »

Louis Raoul ne mourut que long-temps après avoir fait ce testament.
Il paraît que, dans l'intervalle, les religieux du couvent des frères prêcheurs intriguèrent pour avoir son corps; car dans un codicille annexé
au testament, il demande à être enterré, non plus dans la cathédrale,
mais dans l'église de ce couvent, au lieu où il plaira aux frères de le placer. Il revient aussi sur la prière qu'il avait faite à *messieurs les chanoines*
de la cathédrale de l'ensevelir dans leur habit et de l'agréger aux chanoines en qualité de frère, et il applique le prix dont il avait voulu payer
cette faveur à des messes dans la cathédrale. Outre ces messes, au nombre de vingt-quatre, il dispose de différentes sommes pour en avoir vingt-
quatre autres dans chacun des quatre couvents des frères mendiants de
Nîmes, plus trente dans l'église de Saint-Étienne-du-Capitole, plus cent
dans l'église de Saint-André, de Bernis, plus trente dans l'église de Saint-
Martin, plus quatre-vingt-dix en divers lieux; en tout près de quatre
cents messes pour lui seul, et une quantité de bouts-de-l'an tant pour lui
que pour ses auteurs, ses parents, ses amis et sa femme. On voit que la
vieillesse avait singulièrement augmenté ses scrupules religieux.

On me saura gré de parler ici d'un acte de *l'avocat des pauvres,* qui
pourra donner une idée de la haute utilité de cette institution. C'est une
requête présentée aux consuls par le sieur Solinhac, alors avocat des
pauvres, à l'effet d'obtenir un médecin pour les pauvres de l'hôpital de
Nîmes. Cette curieuse pièce porte la date de 1532. Vous savez, dit l'avocat, au nom de ses humbles clients, que l'une des principales vertus que

recommande notre Seigneur est la vertu de charité, et « avoir par espe-
» ciale recommandation les pouvres, seux (ceux) qui sont impotants, et
» non point valetudineres, pareceus (paresseux), et qui fuent (fuient)
» le travalh. » Pénétrés de cette idée, les prédécesseurs des consuls pré-
sentement en charge avaient attaché au service des pauvres de l'hôpital
un médecin et un apothicaire; mais depuis un certain temps on avait
débouté ce médecin et mis à sa place un barbier; « lezquelz barbiers, »
disent les pauvres, « par se que ne peuvent estre scavantz en vraye me-
» decine, ne peuvent secourir hà (à) ung pouvre malade de fievre chaude
» ou autre fievre, comme ung medecin. » Le secours de ce barbier était
d'autant plus funeste, qu'à ce moment-là même les *pouvres languissants*
de l'hôpital étaient affligés de fièvre chaude, « dont la cure appartient à
» bons medecins scavantz et espiramantés (expérimentés), et non mye (pas)
» à barbiers ou sirurgiens, lezquelz ne ouvrent (travaillent) que manue-
» lement par le conceyl (conseil) de medecin. » Les pauvres disent aux
consuls qu'on peut aller voir le cimetière où leurs frères sont enterrés,
par suite de cette sorte de maladie, et qu'il en meurt plus dans leur hôpital que dans ceux où les malades ont été mis en danger de mort par leur
mauvaise vie. Par toutes ces considérations, ils demandent qu'il y ait en
la cité de Nîmes, « pour la necessité des pouvres de Dieu, ung medecin
» à gages raysonables, et alors, » ajoutent-ils, « vous verrés par expe-
» rience que ne mourront poinct tant desdits pouvres, comme ils hont
» accoustumé fere; et si la ville en sara plus soulagée en deus qualités,
» l'une que ne se fera tant de despense, comme soulet (on était accou-
» tumé de) fere, l'autre que Dieu vous en saura plus grand gré et aydera
» à la ville, qui ne sara poinct si dangereuse de peste comme aupara-
» vant....... »

L'histoire ne dit pas si les consuls eurent égard à cette requête; on se
plaît à le penser.

Le dernier de cette liste est un jurisconsulte du nom de Vidal, qui
vivait sous le règne de Louis XII, et qui a fait, entre autres ouvrages
spéciaux, un traité des rapports intitulé : *Tractatus insignis et præclarus de
collationibus.* C'est une suite de discussions sur tout ce qui peut être sujet
à rapport en matière de successions. Ce traité est parvenu jusqu'à nos
jours. Ce peut être un grand titre pour le temps; mais la belle action
de Louis Raoul était encore plus difficile à faire que le traité de Vidal.

DEUXIÈME PÉRIODE.

HISTOIRE DE NIMES PENDANT LES GUERRES DE RELIGION.

I.

DÉCOUVERTE DES RELIQUES DE SAINT BAUZILE.
LES PREMIERS MARTYRS DU PROTESTANTISME A NIMES. — CONDUITE DU CONSULAT.
L'INONDATION. — MOT ATROCE DU COMTE DE VILLARS.
GUILLAUME MOGET.
SACCAGEMENT DES ÉGLISES. — PRISE DE LA CATHÉDRALE.
LE CONSISTOIRE. — PIERRE VIRET.
LE CONSEIL DES MESSIEURS. — RÉCEPTION DE CHARLES IX A NIMES.
PREMIERS REVERS DES PROTESTANTS.
1517. — 1567.

En l'an 1517, sous l'épiscopat de Michel Briçonnet, ce fut un grand
évènement à Nîmes que la découverte des reliques de saint Bauzile, martyr, patron de la ville. L'exhumation en eut lieu le 27 juin, au monastère de Saint-Bauzile, en présence de l'évêque, des membres du conseil
de ville et des consuls : l'empressement des habitants fut si grand, nous
disent les registres de l'Hôtel-de-Ville, que l'on fut obligé de placer autour
du tombeau des sentinelles pour empêcher que les reliques du saint ne
fussent enlevées par la foule. Il y eut, dit l'historien de Nîmes, Ménard,
délibération du conseil, assisté de l'évêque et des consuls, « à l'effet de
» prendre des mesures convenables pour la conservation de ce trésor. Il
» fut unanimement arrêté que le tombeau, où l'on venait de découvrir
» le corps de saint Bauzile, ne serait point changé de place; qu'on met-
» trait au-devant une grille de fer; qu'il serait gardé nuit et jour jusqu'à
» ce qu'on eût construit une chapelle au même endroit, pour l'y conserver
» avec plus de décence; qu'il y aurait quatre clefs à cette chapelle, qui se-
» raient remises entre les mains des consuls; que le corps du saint serait
» renfermé dans une nouvelle caisse de plomb; et qu'enfin on placerait un
» tronc à la porte de la chapelle pour y recevoir les libéralités des fidèles,

11

» et que l'argent qu'on en retirerait serait employé à toutes ces dépenses. »
Les aumônes affluant de toutes parts, il fallut bientôt nommer un receveur spécial des aumônes de Saint-Bauzile.

Le tronc ouvert une première fois donna de quoi payer les hommes de
la milice urbaine préposés à la garde du tombeau; le quart du reste fut
assigné au sacristain de l'église, à qui fut confiée la principale inspection
de ce monument. La chapelle fut construite ainsi qu'il avait été décidé.
« Mais, » ajoute Ménard, « la dévotion de nos habitants alla si loin, qu'on
» fut encore obligé d'établir une sentinelle pour toujours, qui devait de-
» meurer auprès du monument, et veiller à ce qu'on ne vînt enlever des
» portions de reliques. » Ceci se passait à Nîmes en l'an 1517 : moins de
cinquante ans après, la même population qui portait son argent au tronc
de saint Bauzile, jetait au vent la cendre des saints, brisait les images,
et démolissait les églises. La ville de saint Bauzile était devenue le foyer le
plus actif du vrai calvinisme, du calvinisme démocratique.

Ce fut, comme il arrive, la persécution qui hâta les progrès de la révolution religieuse. En l'an 1551, la sénéchaussée de Nîmes, pour se
conformer aux décrets du concile de Narbonne, tenu dans la même
année, faisait brûler en place publique plusieurs religionnaires, au nombre
desquels se trouvait Maurice Sécénat, natif des Cévennes. Ils avaient été
surpris en flagrant délit de prédication; c'est pour cela qu'on les brûlait :
la place de la Salamandre eut bientôt ses bûchers en permanence. Les
martyrologes protestants ne nomment pas toutes les victimes : on se
laisse prendre si facilement sa vie dans ces premiers jours de foi et
d'exaltation, que cela se remarque à peine; les noms obscurs sont ou-
bliés, et c'est le plus grand nombre. Les historiens catholiques profitent
de ces omissions inévitables, et ne comptent que les morts de marque.
Or, il y a peu de ces morts-là : donc, la persécution catholique a été
peu de chose; donc, la réaction protestante n'en a été que plus odieuse.
Il faut se méfier de cette pratique, commune d'ailleurs aux deux partis.
Quoi qu'il en soit, la sympathie de l'histoire est toujours du côté des
premiers martyrs. Les reliques de Maurice Sécénat pèsent le même
poids que celles de saint Bauzile.

En 1555, Pierre de Lavau était pendu sur cette même place de la
Salamandre, pour *son zèle indiscret*, dit Ménard : ce Pierre de Lavau
était un de ces prédicateurs intrépides qui *prêchaient sur les toits,*

ainsi qu'il est dit dans l'Évangile. Trouvant que sa parole n'avait pas
assez d'écho dans les conciliabules nocturnes de la tour Magne , il descendit dans la rue, prêcha en plein jour, fut arrêté, jugé et pendu. Le
prieur des Jacobins de Nîmes, Dominique Deyron, prêtre et docteur en
théologie, l'assista dans ses derniers moments : mais Dominique Deyron, était aussi *gangrené* que le pauvre patient : il le soutint contre les
tentations de l'apostasie; ses paroles furent entendues de la foule, rapportées aux gens du roi; il fut décrété, poursuivi et n'échappa au gibet
que par la fuite. La persécution allait bon train; les conciles, la cour,
les parlements, les sénéchaussées, les présidiaux, la petite et la grande
justice du roi s'entendaient à merveille d'un bout de la France à l'autre
sur les mesures répressives et préventives. Le conseil et les consuls de
Nimes, vivement semoncés par les commissaires du parlement de Toulouse, disaient à cela qu'ils n'y pouvaient rien. Ils répondaient de la police des rues , mais point de la police des consciences. Genève envoyait
ses écrits et ses missionnaires occultes : les missionnaires étaient arrêtés
à la frontière par les gendarmes du roi Henri II, ramenés à Chambéry,
qui appartenait alors à la France, jugés , condamnés, et pendus. Les écrits
arrivaient toujours, comme arrivent tous les écrits, on ne sait comment
ni par quel chemin et malgré ces douaniers d'idées de l'invention du
cardinal de Lorraine. Genève était la terre d'exil des réfugiés nîmois :
Calvin était là dans son quartier-général , organisant cette jeune armée de
raisonneurs et de dialecticiens qui savaient à merveille retourner contre
Rome l'épée de la théologie. Nîmes est le premier enfant des entrailles
de Calvin.

Ainsi, en 1558, un an avant la mort du roi Henri II, Nîmes était aux
trois quarts gagnée à la nouvelle croyance. Il n'y avait pas encore guerre
ouverte dans la rue; mais la collision était menaçante. Les pouvoirs
royaux avaient le dessus : mais combien de temps cela devait-il durer,
quand nous voyons, en 1557, la charge de président au présidial remise
par le roi lui-même aux mains d'un protestant, de Guillaume de Calvière,
seigneur de St-Césaire, lequel devait acquérir plus tard une assez triste
célébrité dans les tueries de la Michelade? Le consulat de Nîmes secon-
dait mollement le zèle inquisitorial des gens du roi, d'abord parcequ'il
inclinait fort vers l'hérésie, ensuite, parcequ'étant avant tout le gardien
des franchises et privilèges de la ville, il sentait qu'en s'associant aux me-

sures des délégués de la cour il abdiquerait une partie de ses pouvoirs populaires ; et, en tout état de cause, il gardait les clefs de l'Hôtel-de-Ville. Il laissait pendre et brûler les hérétiques, la persécution aller son cours : mais nous remarquons avec intérêt que, vers l'an 1558, une décision du juge-mage ayant forcé les consuls d'assister en chaperon à l'exécution des criminels, ces magistrats bourgeois osèrent appeler de cet indécent arrêt.

Telle était à Nîmes la position respective des deux partis, quand le roi Henri II vint à mourir, laissant au débile François II, ou plutôt à sa mère Catherine de Médicis et aux Guises, un royaume à sauver de *l'hérésie*. Sur la fin de ce règne, Nîmes avait eu cruellement à souffrir de la peste et de la lèpre. Vers le même temps survint une effroyable inondation. Au dire de tous les historiens, c'en était fait de la vieille cité, si la pluie eût duré quelques heures de plus. Les murailles de la ville furent ouvertes en plusieurs endroits ; des moulins, des portes, des tours, furent renversés. Au dehors, les eaux creusèrent le sol à une telle profondeur, que des débris de monuments romains, enfouis depuis dix siècles, virent le jour. Ce devint dès-lors une des superstitions populaires que Nîmes périrait par les eaux. Cela fit dire au comte de Villars, lieutenant du roi en Languedoc, homme violent et dévoué à la cour, qu'il guérirait ces entêtés bourgeois de la peur du déluge en s'y prenant de telle façon « *que la mé-* » *moire ne s'en perdrait jamais ; qu'il craignait bien lui, que la ville de Nîmes,* » *qu'on disait communément devoir périr par l'eau, ne fût détruite par le* » *sang et par le feu.* »

Le 29 septembre 1559, deux mois après la mort de Henri II, Guillaume Moget fondait à Nîmes la première église ou plutôt la première communauté protestante, les religionnaires n'ayant pas encore pris possession d'un local public pour l'exercice de leur culte. Ce Guillaume Moget venait de Genève, où il était déjà ministre ; il arrivait à Nîmes, non pas comme simple prédicant, mais comme organisateur avoué du culte ; c'était un homme vif, éloquent et fin, n'ayant pas le fanatisme brutal et courageux des premiers apôtres, trop éclairé pour être violent, très-disposé du reste à des transactions honorables avec l'autorité, pourvu qu'elle reconnût de son côté la nécessité d'un nouveau sacerdoce. On avait fait du chemin dans les deux premiers mois du nouveau règne. Les protestants étaient sortis de leurs caves, comme les premiers chrétiens sortaient des catacombes, pour revoir le soleil, au moins pendant le temps que duraient les funérailles du prince persécuteur. Deux mois de répit étaient beaucoup au train dont marchait *l'hérésie*. Le connétable de Montmorency, gouverneur du Languedoc, venait de rompre avec la nouvelle cour; le comte de Villars attendait de nouveaux ordres. Pendant ce temps-là, Guillaume Moget prêchait, enlevait des consciences au pape; le citoyen Guillaume Raimond lui prêtait sa maison en attendant mieux; le divin poison de la parole libre et révolutionnaire gagnait les plus incertains, et beaucoup se demandaient déjà si les églises catholiques ne seraient pas un lieu plus convenable pour la prédication de la nouvelle foi évangélique. On sait ce que cela signifiait. Les consuls, mandés par le vicomte de Joyeuse, qui remplaçait provisoirement le comte de Villars, furent tancés derechef au nom du roi, et promirent d'appuyer tout ce qui serait simple mesure de police urbaine, à la condition toutefois que le gouvernement du roi ne mettrait pas garnison dans la ville. Promesse fut donnée d'ajourner l'envoi d'une garnison; la garde du guet fut doublée; les consuls nommèrent un capitaine de ville chargé exclusivement de la police des rues. Pierre Suau, plus connu sous le nom de *Capitaine Bouillargues*, fut investi de ces importantes fonctions : la cour ayant la main malheureuse dans ses propres choix, que devait-elle attendre de l'élection municipale? Le capitaine Bouillargues était un *enragé* huguenot.

Les premières émotions sérieuses eurent lieu en 1560. Guillaume Moget prêchait dans un jardin particulier situé au faubourg des Frères-Prêcheurs : ce jour-là il y avait foule au prêche. La parole du prédicateur passant de bouche en bouche et commentée passionnément à mesure qu'elle arrivait jusqu'aux derniers rangs de l'assemblée, les allusions bibliques, qui étaient les fleurs de rhétorique de ce temps-là, avidement saisies par toutes les oreilles, les gros mots de *papistes* et de *romanistes* et autres sobriquets jetés à propos dans le discours du missionnaire, les douceurs du cardinal de Lorraine rappelées en leur lieu, le sang des martyrs si éloquent quand il est encore chaud, tout cela entraîna la pieuse congrégation plus loin que ne le voulait Guillaume Moget. Aussi bien on était las du prêche en plein air, et des brutalités des soldats du guet chargés de la dispersion des rassemblements : les têtes se montèrent; on courut à l'église paroissiale de Saint-Étienne-du-Capitole; le curé et les prêtres furent chassés, le Saint-Sacrement foulé aux pieds, les saintes images brisées : Moget s'installa dans la chaire, fit une courte allocution à ses auditeurs, sortit de ce lieu profane et alla s'emparer du couvent des Cordeliers, où il logea depuis, dit l'historien catholique Ménard, avec deux femmes qu'il avait toujours auprès de lui.

Cette fois les consuls invités à s'expliquer catégoriquement, ne nièrent pas qu'il y eût eu désordre, et en témoignèrent tout leur chagrin. Mais le gouvernement du roi voulait mieux que des regrets assez peu sincères peut-être : c'est pourquoi le château de Nîmes fut occupé par les soldats de Villars à la solde de la ville ; un gouverneur, assisté de quatre capitaines de quartier, fut chargé d'une police militaire indépendante de la police municipale ; les mauvais livres furent saisis, excellent moyen de les faire lire par ceux qui n'y pensaient pas auparavant. Le ministre Moget fut chassé de Nîmes.

L'année suivante, 1561, peu de temps après la mort de François II, Moget rentrait à Nîmes en conquérant, et y organisait le premier consistoire protestant. Les députés nîmois demandèrent des temples aux états-généraux d'Orléans : la cour n'y voulut pas entendre ; on se passa des permissions de la cour. Les églises catholiques n'étaient pas des citadelles imprenables, témoin l'église Saint-Étienne : que restait-il donc à faire à ces orateurs sans tribunes, sinon à monter dans celles des *romanistes !* C'est ce qu'ils firent le 21 décembre de l'année 1561.

Les églises de Saint-Augustin, de Sainte-Eugénie et des Cordeliers-Observantins furent les premières envahies, et nettoyées en un clin-d'œil par ces fougueux iconoclastes. Le clergé catholique, que ces invasions venaient fort souvent surprendre au milieu de ses cérémonies, capitulait sans faire de résistance, et sortait par une porte, tandis que les briseurs d'images entraient par l'autre : l'expropriation avait lieu sans effusion de sang ; le vent était à l'hérésie ; il était prudent de céder aux plus forts. Les historiens catholiques se sont grandement attendris sur le sort de leurs co-religionnaires de ce temps-là, ne songeant pas assez qu'ils écrivaient l'histoire d'une ville où il n'y eut jamais de passions médiocres dans les partis ; où les persécutions, de quelque part qu'elles vinssent, étaient toujours justes autant que le sont des représailles ; où le plus pur sang papiste était le prix du plus pur sang calviniste et réciproquement ; où les *agneaux* échappés aux boucheries de la *Michelade* [1], devin-

---

[1] On en verra le récit plus loin.

rent loups à leur tour, et applaudirent aux boucheries de la Saint-Bar
thélemy.

Les protestants convoitaient surtout le beau local de l'église cathédrale.
Voici à quelle occasion ils s'en emparèrent. C'était un dimanche ; l'évêque
Bernard d'Elbène officiait, assisté de tout le haut clergé de Nîmes. Le
prédicateur ordinaire venait de monter en chaire : comme il prenait la
parole, plusieurs enfants de réformés s'approchèrent du portail de l'église
et se mirent à huer l'orateur, le montrant du doigt et l'appelant *bégui-
gnier*. Quelques-uns des assistants sortirent pour faire retirer ces mar-
mots, qui revinrent bientôt à la charge. Ils furent, à ce qu'il paraît,
corrigés un peu vivement : car il se fit aussitôt une grande rumeur aux
alentours de l'église ; la foule déboucha des rues environnantes ; ceux de
l'église barricadèrent les portes, et le siège commença. Ce fut l'affaire de
quelques minutes : le clergé et les fidèles s'échappèrent par les portes
latérales ; l'église fut appropriée au culte protestant, c'est-à-dire saccagée.
Le grand crucifix qui se trouvait sur le maître-autel fut promené dans les
rues et fouetté publiquement. « Ensuite, » ajoute Ménard, « dans l'a-
» près-midi du même jour, ils allumèrent un grand feu devant la porte
» principale de l'église cathédrale, dans lequel ils jetèrent tous les pa-
» piers des maisons ecclésiastiques et religieuses qu'ils avaient pu en-
» lever, les images et les reliques des saints, les ornements des autels, les
» habits sacerdotaux et même toutes les saintes hosties qu'ils purent ra-
» masser, et dansèrent autour de ce feu en proférant des blasphèmes
» contre nos mystères ; ils ravagèrent aussi toutes les églises des environs
» de Nîmes, criant partout qu'ils ne voulaient ni idoles, ni messes, ni
» idolâtres. » Le consistoire, qui avait à sa tête Guillaume Moget, désap-
prouvait ces excès ; mais né lui-même de l'émeute, il était désarmé devant l'exagération de son principe.

Nîmes venait de se mettre, par suite de ces derniers désordres, hors
la loi, ou plutôt, hors le royaume de France. Ce qui y restait de pouvoirs
royaux était au service de la nouvelle doctrine ; le présidial, mené par Guillaume de Calvière faisait pour tout de bon les affaires de Calvin. La municipalité attendait pour prendre un parti que le consistoire en prît un :
le consistoire ne se fit pas attendre : il s'empara hardiment du gouvernement de la ville ; la municipalité donna les mains à tout ce qu'il fit. Guillaume Moget, président du consistoire, prenait le titre de *pasteur et mi-*

nistre de l'église chrétienne de Nîmes. Ce Guillaume Moget était une
forte tête : prédicateur distingué et homme d'action, il était venu à Nîmes
bien décidé à être pendu ou à conquérir à la réforme tout ce qui s'y trouvait encore de consciences flottantes.

Le consistoire, pour le réserver tout entier aux affaires d'administration, l'avait engagé à demander aux pères de Genève un co-adjuteur qui
fût chargé plus spécialement d'entretenir le feu sacré de la prédication :
les pères lui envoyèrent Pierre Viret. Il exerçait le ministère à Lausanne
quand le souverain consistoire de Genève lui enjoignit d'aller prêter main
forte à Guillaume Moget. Pierre Viret était heureux dans sa petite église
de Lausanne : il lui en coûta beaucoup de s'en séparer. L'apostolat dans
le Languedoc n'était pas recherché comme une douce sinécure. Pierre
Viret se soumit. Voici ce qu'il écrivait à ce propos dans une sorte d'a-
dresse à l'Église réformée de Nîmes : « Le Seigneur m'a tiré de l'Église en
» laquelle j'avais bien occasion de m'aimer, comme s'il m'avait empoi-
» gné par la main, pour me mener comme tout tremblant de faiblesse
» et à demi mort » (il parle d'une grande maladie qu'il avait eue avant
son départ), « et me rendre jusqu'à vous qui êtes les premiers du Lan-
» guedoc, entre lesquels j'ai fait résidence après mon départ de Genève…
» Quoiqu'il semblât, à me voir, que je n'étais que comme une anatomie
» sèche, couverte de peau, qui avait là porté mes os pour y être ense-
» velis ; de sorte que ceux-là même qui n'étaient pas de notre religion,
» ains (mais) y étaient fort contraires, avaient pitié de me voir, jus-
» qu'à dire : « Qu'est venu faire ce pauvre homme en ce pays? N'y est-
» il venu que pour y mourir? » Et même j'ai entendu que, quand je
» montai pour la première fois en chaire, plusieurs me voyant crai
» gnaient que je ne défaillisse en icelle, avant que je pusse parachever le
» sermon. » Le sacerdoce romain, usé d'abus et d'indolence, devait
être bien faible près de ces moribonds qui se faisaient hisser jusqu'à leur
chaire pour prêcher la nouvelle doctrine.

L'arrivée de ce *pauvre homme* à Nîmes détermina la marche hardie
du consistoire; les passions méridionales avaient bien vite gagné les apô
tres génevois. Le lendemain de son arrivée, Viret entrainait plus de huit
mille personnes à ses prêches : Viret et Moget se firent chacun leur
part : Viret se chargea des âmes, Moget du matériel des affaires religieuses et de la direction politique à imprimer au consistoire.

Nîmes prenait une attitude militaire; la vaisselle des églises catholiques payait les milices nimoises et les rêtres allemands : les pierres des couvents démolis servaient à bâtir les fortifications de la ville. La ville était sur un pied de guerre respectable. Ce fut alors que le conseil ou bureau des Messieurs prit naissance. Ce conseil, composé de huit commissaires **ou adjoints des consuls nommés par la municipalité existante, forma** comme une sorte de *comité de salut public*. Appelé précipitamment au partage de l'autorité consulaire, il l'eut bientôt absorbée tout entière; le consistoire lui-même, qui avait le plus énergiquement poussé à la débâcle des pouvoirs royaux, se trouvant dépassé par les *Messieurs* et contraint par le fait de se renfermer dans le spirituel, les consuls furent rejetés au troisième rang des pouvoirs populaires. C'était une organisation toute républicaine. Dans les déchirements de la France, Nîmes s'arrangeait de manière à se pouvoir passer momentanément du gouvernement central. Metz, Montpellier, Montauban, Carcassonne, en faisaient autant. C'était une véritable fédération, mais religieuse et non politique.

L'édit d'Amboise et sa pacification sur papier firent rentrer dans le sein du royaume l'orageuse cité languedocienne. Le nouveau gouverneur du Languedoc, Damville, prit possession de Nîmes au nom du roi Charles IX, entouré d'un cortège d'évêques et de commissaires royaux. Nîmes murmura, mais se soumit; et quand vint Charles IX lui-même, dans sa tournée royale, visiter la ville d'où l'on chassait naguère si lestement ses évêques et ses lieutenants, tout ce qu'il y avait d'imagination officielle dans Nîmes se mit en frais pour lui faire une réception digne en tout d'une ville fidèle. Au passage du roi sur le pont du Gard, des jeunes filles vêtues en nymphes sortirent d'une grotte voisine et lui offrirent une collation. La porte de *la Couronne*, par laquelle il devait entrer à Nîmes, était masquée par une montagne artificielle qui s'ouvrit à son approche; deux demoiselles de haute maison et de grande beauté lui récitèrent des vers, et lui remirent les clés de la ville. Il passa sous les voûtes de la fausse montagne et vit un crocodile monstrueux qui vomissait des flammes, et que six hommes placés dans son ventre faisaient mouvoir. C'était la mise en scène du crocodile de la médaille romaine. Des fontaines d'eau et de vin jaillissaient devant la porte du collège; des feux innocents couvraient la colonne de la Salamandre. La population protestante, qui attendait quelque bien du nouveau règne, prit part à ces fêtes; mais il faut lui rendre

12

la justice de dire que le programme n'était pas de son invention; les consuls nommés pendant l'insurrection avaient été suspendus, et les autorités royales eurent seules l'honneur des jeunes nymphes du pont du Gard, de la montagne de bois peint, et du crocodile monstrueux. Dans les deux années qui suivirent, les consuls furent du choix et de l'institution du roi. Guillaume Moget devint principal du collége de Nimes. Viret s'en retourna à sa paisible église de Lausanne.

————

II.

RÉACTION CATHOLIQUE.
CONSULS CHOISIS PAR LE ROI PARMI LES BOURGEOIS. — LA MICHELADE.
NOUVELLE RÉACTION CATHOLIQUE.
LES EXILÉS PROTESTANTS S'EMPARENT DE NIMES. — ÉDIT DE PACIFICATION.
LA SAINT-BARTHÉLEMY.
NIMES CAPITALE DE LA LIGUE PROTESTANTE DANS LE MIDI.
ÉDIT DE NANTES. — PLANTATION DU MURIER BLANC.
1567. — 1600.

Après les fêtes vinrent les violences. Les exilés rentrèrent, et, avec eux, la justice royale et ses rigueurs rétroactives. Ceux dont les maisons étaient encore debout les reprirent, non sans se faire indemniser du dégât qu'ils y trouvèrent, et de celui qu'ils n'y trouvèrent pas. Les plus maltraités par la tempête populaire, prêtres, moines, carmes chaussés et déchaussés, firent main-basse sur le premier argent des taxes imposées par le parti victorieux. Il fallut refaire avec les dépouilles des vaincus tous ces affamés que le pain de l'exil avait maigris. Ainsi que je l'ai dit plus haut, le consulat avait été enlevé au peuple; mais, chose remarquable, les consuls de cette année de réaction catholique, consuls du choix violent du roi, sont des hommes du peuple. L'histoire mentionne leurs noms et leurs professions : ce sont Guy Rochette, docteur et avocat; Jean Baudan, bourgeois; François Aubert, maçon; Christol Ligier, laboureur. La réaction n'avait pas osé confisquer le principe tout entier.

Le malheur de toutes les réactions, c'est d'amener des représailles; il faudrait que le vainqueur, à qui seul la modération est possible, sût résister à l'abus de la victoire; mais c'est ce qui ne se voit guère, ni en religion, ni en politique.

La guerre générale ayant recommencé en Languedoc, les protestants de Nîmes relevèrent la tête et recommencèrent la guerre des rues. Quelques jours avant la Saint-Michel, les plus violents d'entre eux firent un plan de conjuration dans la maison d'un religionnaire de marque. On résolut d'appeler le peuple aux armes, de se défaire des principaux catholiques et de se rendre maître de la ville. On choisit le lendemain de la Saint-Michel pour l'exécution du complot.

Ce jour-là, en effet, 30 septembre 1567, à une heure après midi, les conjurés se répandirent dans les rues, criant : *Aux armes! tue les papistes! monde nouveau!* Ils coururent à la maison de Guy Rochette, premier consul, enlevèrent les clefs de la ville, et s'emparèrent des portes. Guy Rochette, entendant leurs cris, alla d'abord se cacher dans la maison de Jean Grégoire, son frère utérin; puis le courage ou la honte lui revenant, il sortit de sa cachette et s'alla présenter en chaperon aux séditieux; mais ceux-ci ne l'écoutèrent pas, et quelques-uns même le menacèrent. Guy Rochette courut chez les officiers de justice; mais les uns étaient du parti des conjurés, les autres ne voulaient pas se risquer dans l'émeute. Alors il fut trouver l'évêque, lequel était entouré en ce moment des principaux catholiques, réfugiés dans son palais. Le prélat, dès qu'il eut ouï les paroles du consul, s'écria : « Voici donc l'heure du » prince des ténèbres; que le saint nom du Ciel soit béni ! » Et s'étant mis à genoux, il fit sa prière, comme s'attendant au martyre. Les autres catholiques et Guy Rochette, le consul, firent comme l'évêque, mêlant des larmes et des sanglots à leurs prières.

Comme ils se recommandaient ainsi à Dieu, Pierre Suau, dit *le capitaine Bouillargues,* suivi de deux cents de la religion, armés et furieux, entoure les portes de l'évêché et se précipite dans la cour. L'évêque et les gens de sa suite se sauvent par une brèche dans une maison contiguë. Guy Rochette et les autres catholiques restent à la même place, attendant les assaillants, toujours à genoux et en prières; ils sont pris et enfermés dans différentes maisons, avec des sentinelles qui les gardent à vue. L'évêché est fouillé dans tous les coins et pillé. De là, la troupe de Pierre Suau se porte sur la maison de Jean Peberan, vicaire-général; ils l'égorgent, après lui avoir pris huit cents écus, et jettent son corps par les fenêtres; après quoi, ils saccagent la cathédrale, comme ils avaient fait de l'évêché.

La nuit venue, on agita le sort des prisonniers. Il fut résolu qu'on mettrait à mort les principaux, pendant les ténèbres, pour ne pas faire trop d'émotion dans la ville. On les tira tous, vers neuf heures, des maisons où ils avaient été provisoirement détenus, et on les amena dans les chambres de l'Hôtel-de-Ville. Là, un des religionnaires, espèce de greffier commis dérisoirement pour mettre un peu d'ordre dans cette justice expéditive, venait lire, de chambre en chambre, une liste où étaient inscrits les noms de ceux dont la mort était résolue; et, sur leur réponse, on les faisait descendre dans la cour, pour de là les conduire par bandes à l'évêché, où devait se consommer le sacrifice.

Dans la cour de l'évêché, il y avait un puits de sept toises de profondeur et de quatre de diamètre. C'était la tombe qu'on avait destinée à ces malheureux. On les perçait à coups de lance et de dague, et on les jetait à demi égorgés dans le puits, qui prit de là le nom de *Pous de malamort.* Plusieurs moururent avec un grand courage. Le consul Guy Rochette, arrivé au lieu du supplice, demanda grâce pour son frère, lequel était bien innocent de sa place si tristement privilégiée : tous deux furent percés de coups et précipités dans le puits. Le cadavre de Jean Peberan, traîné par les rues avec la corde au cou, fut réuni à ceux des autres victimes. C'était pitié de voir ce puits déborder de sang et d'ouïr les cris étouffés de ces malheureux assassinés et noyés à la fois par un double supplice. Ils moururent ainsi au nombre de plus de cent.

Le lendemain, 1er octobre, le capitaine Bouillargues se mit à parcourir les rues, criant : « Courage, compagnons! Montpellier, Pézenas, Bé- » ziers, Aramon, Beaucaire, Saint-Andéol et Villeneuve sont pris et sont » à notre dévotion : nous tenons le roi, et le cardinal de Lorraine est » mort. » Ces cris échauffèrent le peuple, et, dès dix heures du matin, quelques-uns des plus furieux allèrent chez le sieur de Sauvignargues, dans la maison duquel l'évêque et ses domestiques s'étaient tenus cachés toute la nuit. Celui-ci leur livra son hôte; mais l'évêque ayant demandé à se racheter par une rançon, on convint de cent vingt écus. Le prélat donna tout ce qu'il avait sur lui; ses domestiques y ajoutèrent tout le leur : le sieur de Sauvignargues compléta la somme; mais il garda chez lui l'évêque jusqu'à ce qu'il fût remboursé, et l'enferma dans une cave avec les domestiques.

Peu de temps après, il survint une seconde troupe, qui frappa rudement à la porte, disant qu'elle voulait avoir sa part du butin. Comme on ne se pressait pas de leur ouvrir, ils escaladèrent la maison et s'y précipitèrent en criant : « *Tue, tue les papistes!* » Les domestiques de l'évêque furent les premiers massacrés. Lui-même fut tiré hors de la cave, et jeté dans la rue; on lui arracha ses bagues, on lui prit sa croix pastorale, on l'affubla des haillons d'un paysan, et on lui mit sur la tête un chapeau d'une forme ridicule, appelé par le peuple *tapebord*. Dans cet état pitoyable, il fut conduit à l'évêché et sur les bords du puits; là, il se jeta incontinent à genoux, et fit sa prière, pensant bien que sa dernière heure était arrivée.

Tout à coup, un de la troupe, nommé Jacques Coussinal, se déclare pour l'évêque, et l'arrache à ses assassins. L'épée d'une main et le pistolet de l'autre, il le fait entrer dans une maison voisine, et se tenant lui-même sur la porte, il menace de tuer quiconque voudrait attenter à la vie de l'évêque. En ce moment même passait le capitaine Bouillargues, lequel voyant toute cette rumeur, en demanda la cause; et comme il eut appris ce qu'avait fait Jacques Coussinal, il approuva son action, délivra l'évêque et le fit sortir de la ville avec escorte.

Les massacres se continuèrent dans les campagnes environnantes. Ceux de Nîmes, n'ayant plus à tuer, se mirent à démolir. On forma pour cet effet des bandes d'ouvriers, commandées par quelques principaux. Déjà ils sapaient le clocher de la cathédrale, quand on leur dit que la chute de cette énorme masse pourrait écraser les maisons voisines qui étaient à leurs amis; ils allèrent donc *travailler* ailleurs. L'évêché fut renversé de fond en comble; toutes les maisons des chanoines et prêtres de la cathédrale, tous les couvents et monastères, entre autres celui de Saint-Bauzile, furent abattus. En peu de jours, il n'y eut plus dans Nîmes ni maisons religieuses ni églises, si ce n'est celle de Sainte-Eugénie, dont ils firent un magasin à poudre.

Telle fut la journée dite la *Michelade*, à cause que ces exécrables tueries avaient eu lieu le lendemain de la Saint-Michel. Quelques mois après, les chances de la guerre générale remirent la ville révoltée à la merci de la clémence royale. Les Cévennes se remplirent de protestants fugitifs; mais, au sein de la ville, l'ascendant moral était resté à l'opinion protestante, malgré les enquêtes, les confiscations, les condamnations par contumace et les gibets. Les exilés étaient menaçants : qui croirait que dans un obscur

village des Cévennes, ces échappés des potences royales mettaient aux enchères, par devant notaire, les biens des ecclésiastiques situés dans le diocèse dont ils étaient expulsés, et qu'il se trouva des acquéreurs, comme
pour le champ où campait Annibal?

Ces hardis acquéreurs étaient pressés d'entrer en possession, car ils
firent une tentative sur Nîmes, en novembre 1569, et s'en rendirent
maîtres par un stratagème de guerre qui figurerait très-bien dans le traité
de Frontin. Il y avait à cette époque, au bas des murs de la ville, du côté
de la porte des Carmes, une grille en fer par où l'eau de la fontaine qui
traverse la ville se dégorgeait dans le fossé. Un charpentier de Cauvisson, nommé Maduron, s'offrit de faire sauter cette grille et de pénétrer
par là dans la ville. Il attendit que les pluies eussent grossi les eaux, afin
que leur bruit couvrît le sien et détournât l'attention de la sentinelle qui
faisait le guet sur le haut du rempart, dans une guérite placée au-dessus
de la grille. Alors, il se glissa dans le fossé vers le milieu de la nuit et se
mit à limer le treillis de fer pendant quelques heures, faisant peu à la
fois pour plus de sûreté. Il avait autour de lui une corde, qu'un des
religionnaires de la ville, logé tout près de là, tirait ou lâchait pour
l'avertir de poursuivre ou de suspendre son travail, selon les mouvements de la sentinelle. Ainsi il fit pendant plusieurs nuits, ayant
soin de couvrir de boue et de cire les endroits limés, afin d'écarter tout
soupçon.

Quand la grille fut suffisamment limée, Nicolas de Calvière, seigneur
de Saint-Cosme, frère du président, homme de cœur et d'exécution, fit
approcher de la ville trois cents soldats déterminés, et les posta dans des
plants d'oliviers, en attendant l'heure d'agir. C'était vers minuit. Déjà le
ministre faisait une exhortation pieuse à cette troupe, quand le ciel s'é-
claira tout-à-coup d'une lumière qui dura quelques minutes. Les soldats
eurent peur; mais le capitaine Saint-Cosme sut tourner ce présage au profit
de l'entreprise, et ses paroles ranimèrent les courages. Il s'avança doucement avec trente des plus braves, descendit dans le fossé, et ayant fait
abattre la grille, il se jeta dans la ville, suivi de toute sa troupe. Le
son des trompettes et les coups de canon tirés du château eurent bientôt mis sur pied toute la ville; ceux du dedans se joignirent à Saint-Cosme,
et en un instant Nîmes fut au pouvoir des protestants. Le gouverneur
Saint-André, qui s'était montré dur et violent durant la courte réac-

tion catholique, périt misérablement. Il fut tué dans son lit d'un coup
de pistolet, et son corps jeté par la fenêtre fut mis en pièces par le
peuple.

Ce fut le tour des protestants d'être persécuteurs, et ils n'y manquèrent pas. Puis vint une trève entre les deux partis, à la paix générale de
1570, paix pleine de rancunes et d'arrière-pensées, où les hommes des
deux religions se jetèrent tout sanglants dans les bras les uns des autres.
Mais, chose étrange! ces hommes qui s'étaient mangés dans les rues de
Nîmes, reculèrent devant une Saint-Barthélemy, à l'imitation de celle de
Paris. Ils s'entendirent pour ne pas s'égorger. Le consul Villars réunit
tous les citoyens : il faut dire aussi que la cour, effrayée de son ouvrage,
avait décommandé le massacre à Nîmes.

Cette fois le roi Charles IX se séparait de ses bonnes villes du Languedoc. La Saint-Barthélemy fédéralisa les cités protestantes; Nîmes fut un
moment la tête de cette république militaire qui se déclarait elle-même
provisoire, disant « qu'elle n'attendait qu'un prince suscité de Dieu, par-
» tisan et défenseur de sa cause, pour se soumettre à son autorité. »
Henri III, le valet et l'assassin des Guises, n'était pas ce prince : aussi
la république provisoire conserva-t-elle son attitude guerrière tout le
temps que dura le règne nominal du roi des Mignons. Il faut chercher
Nîmes plus en dehors qu'en dedans de ses murs; sa fortune est liée désormais à celle des villes fédérées de Montpellier, d'Usez, de Montauban, de La Rochelle; son histoire se confond avec l'histoire de la ligue
protestante. De 1554 à 1589, Nîmes se fortifie, se bastionne, rase ses
faubourgs, rançonne catholiques et protestants, mais les premiers plus
que les derniers. Les édits de Bergerac, de Nérac, de Fleix, et, en général, toutes ces relâches données à la guerre, qu'elles eussent nom
édits provisoires ou *paix définitives,* les voyages politiques de la reine
mère, ne changèrent rien à l'état des choses, et surtout ne rassurèrent
personne. Les Nîmois, ne sachant que penser des trèves de la cour de
France, ne s'en gardaient que mieux; ils se garnissaient de tours, de
murs et contre-murs, n'y laissant pas un trou à passer un *papiste,* abat-
tant une partie du temple de Diane qui gênait leurs ingénieurs, sans
s'inquiéter du chagrin que ces barbaries nécessaires donneraient quelque
jour à leurs antiquaires. Les trèves étaient bonnes à une chose pourtant:
les laboureurs en profitaient pour faire les semailles ou les récoltes;

c'était le cri général dans tout le Languedoc : *Trève aux laboureurs !*
Huguenots et catholiques ne vivaient pas que d'opinions religieuses. Il
fallait bien laisser quelque repos à cette pauvre terre de France, si l'on
ne voulait pas, qu'étrangers et nationaux, tous y mourussent de faim.

Durant ces quinze années d'état de siège à-peu-près continu, les deux
opinions, tour-à-tour blessées par la politique de la cour, se supportè-
rent à Nîmes. Les protestants, quoique les plus forts, en usaient avec
assez de modération ; rare exemple d'un parti qui devait avoir le cœur
gros des tueries de la Saint-Barthélemy, et qui aurait pu répondre, courrier pour courrier, aux exécuteurs du roi Charles IX, que les frères de
Paris étaient vengés! Les protestants étaient assez faciles sur tout, sauf sur
la question du culte extérieur. La paix de Paris avait ramené la messe à
Nîmes ; les états de Blois l'en chassèrent. Les édits de Bergerac, de
Nérac, de Fleix, l'y ramenèrent pour quelque temps encore. La messe,
n'ayant pas le temps de rebâtir, dans ces alternatives de calme et d'o-
rage, se logeait, comme autrefois le prêche, où elle pouvait, dans le
réfectoire de quelque couvent oublié par les démolisseurs de 1561
Alors aussi la minorité catholique avait ses hommes courageux, comme
la minorité protestante avait eu les siens dans les premières épreuves
de la réforme. « Les curés, » dit Ménard, « étaient forcés de porter
» le Saint-Viatique aux malades en secret, et les autres ecclésiastiques
» étaient accablés de huées lorsqu'ils passaient dans les rues. » Quel
temps! quels hommes! Et combien les hommes valent moins, en tout
temps, que la cause pour laquelle ils s'entretuent! Rois moitié hommes
et moitié femmes, cardinaux-ministres aussi bornés que violents, grands
seigneurs sans conscience politique ni religieuse, qui exploitent les passions qu'ils n'ont pas, populations qui s'égorgent sans intelligence et
sans pitié, voilà les hommes de cette époque sanglante! La liberté de
conscience, voilà la grande et immortelle cause qu'ils défendaient sur
leurs champs de bataille ou dans les coupe-gorge de leurs rues !

Enfin arriva le prince *suscité de Dieu*, Henri IV, lequel débloqua
Nîmes et y fit vivre en paix le prêche et la messe, sous la garantie de
l'édit de Nantes et de sa parole royale, non souillée de restrictions et
de parjures, comme celle des Valois.

Un fait tout pacifique, mais d'une grande portée pour l'avenir du
commerce nîmois, signale son règne trop court : Henri Traucat, natif

de Nîmes, autorisé et protégé par Henri IV, plante le premier des mûriers blancs et donne naissance à une branche de commerce qui a fait
depuis la richesse du pays.

III.

PHYSIONOMIE DE NIMES PENDANT LE RÈGNE DE HENRI IV.
ÉMEUTE CONTRE LE CONSEILLER FERRIER. — LA GUERRE RECOMMENCE.
LE DUC DE ROHAN.
EXCÈS DES PROTESTANTS. — EXCÈS DES CATHOLIQUES
DÉCHÉANCE ET DÉCOURAGEMENT DU PARTI PROTESTANT. — ÉMOTION A L'OCCASION DU CONSULAT.
CROMWELL DEMANDE GRACE POUR LES NIMOIS.
RÉVOCATION DE L'ÉDIT DE NANTES.
1610. — 1685.

Pendant tout le règne de Henri IV, Nîmes avait été calme. Les deux
religions se surveillaient sans s'attaquer. Toutes les espèces de moines s'y
étaient réinstallées, et y vivaient des indemnités de l'émigration; les jésuites, qui s'y étaient glissés derrière un certain père Cotton, s'essayaient
déjà sur la jeunesse, sauf à se faire chasser, comme cela leur arriva, pour
avoir voulu trop entreprendre en une fois. Cette paix dura tant qu'il plut
au Dieu du prêche et de la messe de laisser vivre l'habile roi qui avait
fermé la bouche, avec de l'argent, de bonnes lois et des bons mots, aux
souffleurs de discorde des deux partis.

Durant cet âge d'or de la pauvre ville, on cite pourtant deux ou trois
émeutes, qui n'eurent pas de suites fâcheuses, mais qui montrèrent combien cette paix inouïe couvrait d'arrière-pensées orageuses. Un jour, il
prend fantaisie au père Cotton d'aller faire assaut de dialectique avec le
plus habile théologien du consistoire. Quand on ne se tuait plus à Nîmes,
on y discutait entre docteurs des deux religions; excellent moyen de s'y tuer
de nouveau. Le consistoire fit venir d'Alais, Jérémie Ferrier, l'homme
éloquent du parti, pour relever le gant du père Cotton. Les séances s'ou-
vrirent, firent du bruit; la rue s'en mêla; artisans et bourgeois, clercs
et laïcs encombraient le lieu des séances; on allait en venir aux coups,
quand la municipalité intervint, fit avancer ses milices et laissa discuter
à huis clos les deux théologiens. Un autre jour, les calvinistes assemblés
dans un de leurs temples firent ployer sous eux les gradins de la salle;

en même temps, une des poutres qui soutenaient l'édifice menaça de se
rompre : on s'enfuit en désordre, et pour dire vrai, fort à temps : évi-
demment, c'était un complot de catholiques. Les plus peureux crient aux
armes; on s'empare des portes de la ville; la guerre va commencer, lorsque les consuls font publier à son de trompe que le charpentier du bâtiment est le seul conspirateur dans cette affaire. Le calme se rétablit.
Quelquefois c'étaient les plus récalcitrants des marchands du parti qui
refusaient de fermer boutique, les jours de grandes fêtes catholiques,
conformément à l'édit de Nantes; ils résistaient à la maréchaussée, se
tenaient à leur comptoir, malgré la défense, et trouvaient des chalands
dans leurs co-religionnaires. De là des voies de fait, et nécessité pour les
consuls de montrer à la foule leur chaperon rouge, insigne toujours respecté quand il était sur des têtes du choix populaire. A cela près, il y eut
paix dans Nîmes; mais une paix comme toutes celles du temps, dépen-
dant des hommes et point encore des idées.

Quand Nîmes ne sentit plus la main ferme de Henri IV, représenté
par son connétable Damville, toute cette foule qui se retirait en gron-
dant devant le chaperon consulaire, reprit ses habitudes d'agitation fé-
brile, et troubla de nouveau ces rues quelque temps silencieuses. Une
émeute salue l'avènement de Louis XIII. Jérémie Ferrier, l'antagoniste
du père Cotton, dans ce combat singulier qui avait failli se changer en
une mêlée générale pour la plus grande gloire de la théologie, s'était
séparé de ses collègues du synode, dans quelques points de controverse
relatifs à l'édit de Nantes. Le synode l'avait tancé, puis suspecté et fina-
lement exclu de son sein. Jérémie Ferrier, dégoûté du métier de théologien, acheta une charge de conseiller au présidial de Nîmes, et vint
un beau jour s'y faire installer. Le conseil de ville, sachant qu'il était
haï de la populace, avait sollicité son rappel. Ferrier, soutenu par la
cour, tint bon, parut au palais, fut hué, insulté, couvert de boue par
les enfants de la religion, qui lui criaient dans leur patois : *Veje lou, veje
lou* (voyez-le, voyez-le) *lou traitre Judas.* Il n'échappa à un pire sort qu'en
se réfugiant chez le lieutenant du roi Rozel. La populace ayant manqué
le conseiller, s'en dédommagea sur ses propriétés ; sa maison et le jardin attenant furent ravagés. Les consuls arrivent, le chaperon sur la tête,
et suivis de la force armée. Les insurgés se jettent tout armés dans les
Arènes et font feu sur la troupe. Cela dura trois jours, au bout desquels

les combattants des Arènes, pressés par la faim, rentrèrent dans leurs maisons. Ferrier se le tint pour dit et ne réclama pas contre le mode de sa destitution. On apaisa la cour, premier auteur du tumulte, qui, en voulant faire de la force, n'avait fait que du désordre, comme il n'arrive que trop souvent.

Pendant les quinze années qui suivent, Nîmes fait les affaires du duc de Rohan, l'un de ces grands seigneurs qui exploitèrent les dernières passions du parti protestant, pour faire acheter chèrement leur soumission par la cour. C'est une triste histoire que celle de ces quinze années. Nîmes ne s'appartient pas ; ses révoltes fréquentes et stériles n'ont plus même le mérite d'être spontanées ; c'est le duc qui les organise, les chauffe, les soudoie quand il peut, et avec l'argent des gens tranquilles ; mais au moindre revers du parti et du duc, la ville se jette aux genoux de Louis XIII et mendie les lettres de grâce scellées en cire jaune. Ce ne sont que des alternatives de ce genre : aujourd'hui d'insuffisantes levées de boucliers, demain d'éclatants repentirs monarchiques. Nîmes se saigne d'hommes et d'argent, gâte la cause de la réforme par des excès où l'on ne trouve même plus cette colère languedocienne qui donnait une sorte de grandeur à ses premières fureurs religieuses ; on sent que les désappointements ont glacé ces âmes toujours ardentes, mais en ce moment attiédies et déchues. Nîmes, membre d'une sorte de république fédérative sous la dictature précaire et souvent tyrannique de quelques princes en révolte contre la cour, Nîmes envoie demander, avant d'agir, ce que fait Uzès, ce que fait Montpellier, ce que fait La Rochelle ; Nîmes ne donne plus l'impulsion, elle se traîne à la suite des autres ; elle se décide lentement, elle délibère, elle se révolte quand il n'est plus temps, elle lève l'étendard la veille du jour où tout est fini, et comme pour l'abaisser de plus haut aux pieds du roi victorieux. Enfin, et pour résumer par un fait ces quinze années, Nîmes achète du plus pur de son sang et du meilleur de son argent le commandement en chef de l'armée de la Valteline, que reçut le duc de Rohan, en échange de sa capitulation, à une époque où il fallait que les plus hauts princes mourussent au service du roi ou sur l'échafaud. Car c'était alors le cardinal de Richelieu qui contresignait les capitulations entre l'aristocratie et la royauté.

Les excès furent réciproques entre les deux partis, mais d'une nature différente. Ceux des protestants étaient plus marqués de brutalité et de colère; ceux des catholiques d'hypocrisie et d'avarice. Les protestants démolissaient les églises rebâties, jetaient bas les couvents relevés, chassaient les carmes, les augustins et une espèce de religieux appelés Récollets ; ils brûlaient les croix, après les avoir traînées dans les rues : un jour ils enlevaient le cadavre d'un malfaiteur pendu au gibet, lui perçaient les pieds, les mains et le côté, étendaient ses bras en forme de croix, mettaient sur sa tête une couronne d'épines et l'attachaient au carcan public sur la place du Marché aux herbes. La destruction des édifices catholiques était ordonnée au son du tambour, dans la forme des publications ordinaires, et tous les habitants, *sans exception,* étaient tenus de s'y employer. Les cloches étaient fondues pour faire des canons; les sépultures étaient violées; le peuple avait permission de se chauffer avec le bois appartenant aux chanoines. Les ministres affichaient leurs thèses sur la porte même de la cathédrale , et se faisaient payer leurs appointements par les fermiers de la dîme. Les fidèles battaient les curés catholiques; ils empêchaient les conversions; ils barraient le passage au prêtre qui allait porter le Saint-Viatique à un mourant; ils étalaient un cheval mort sur l'autel d'une chapelle catholique; excès ignobles, désavoués hautement, mais inutilement défendus par les hommes sages et sensés du parti!

Mais quand le roi était maître de la ville, les catholiques prenaient leur revanche. Leurs excès étaient principalement fiscaux; ils reprenaient ce qu'on leur avait pris, avec dommages-intérêts en sus; des ordonnances royales leur délivraient comme des lettres de marque sur tous les biens et valeurs appartenant aux religionnaires ; ils démolissaient les fortifications pour rebâtir leurs églises; ils se ruaient sur les indemnités, carmes, augustins, récollets, et à leur tête l'évêque, la plus forte des parties prenantes; il rentrait à Nîmes moitié plus de créanciers qu'il n'en était sorti. En même temps, ils s'emparaient de l'éducation de la jeunesse, par la voie sourde et tortueuse des jésuites, mis en possession du collège de Nîmes; ils détruisaient la municipalité populaire, en déclarant l'évêque membre et président né du conseil, et en donnant voix délibérative à son vicaire. Les missionnaires parcouraient les campagnes environnantes, et défense était faite aux ministres de prêcher pour balancer leur influence. Les nouveaux convertis étaient comblés de faveurs , les calvinistes exclus des grâces et quelquefois de la justice : l'argent extorqué aux protestants par les cent mains du fisc servait à acheter les consciences véreuses du parti, dont on se targuait ensuite comme de convertis libres; excès odieux, plus odieux peut-être que des brutalités et de sales parodies, outre la différence qu'il y a, en morale, entre des fureurs passagères commises pour la plupart par la lie d'une caste, et une guerre calculée, réfléchie, froide, organisée par les principaux d'un parti, sous la protection et avec l'appui matériel du pouvoir central.

La peste, ce triste calmant des haines de parti, prévint à Nîmes le contre-coup des troubles de la fronde. Nîmes ne bougea pas, et prit soin de ses malades.

Mais à peine la peste eut-elle disparu, que l'émeute, cette autre maladie chronique de Nîmes, vint remuer de nouveau le sol rancunier de la vieille cité. Cette émeute ne fut pas l'œuvre des seuls protestants; les deux partis s'en mêlèrent, et ce ne fut pas la seule fois où la cour eut contre elle les hommes de lumière et de bonne foi des deux religions. L'introduction de l'évêque dans le conseil de ville, à titre de membre et de président obligé, avait eu pour effet de créer deux partis dans le conseil, le parti de l'évêque qui s'appelait le parti de la *grande croix*, et celui des opposants des deux religions, qui avait nom parti de la *petite croix*. Les divisions entre ces deux partis, après avoir long-temps couvé en silence, éclatèrent enfin au grand jour, à l'occasion de l'élection des consuls.

Au jour fixé, les deux partis nommèrent séparément chacun quatre consuls, en se conformant au règlement, qui leur prescrivait de désigner deux catholiques et deux religionnaires. Les choix du parti de la *grande croix* furent approuvés par un arrêt du conseil du roi; ceux du parti de la *petite croix* par le parlement de Toulouse. Mais quand vint le moment de l'installation, la cour envoya des instructions au comte de Bioule, lieutenant-général de la province, et à M. de Bezon, intendant, pour qu'ils eussent à installer de force les élus du parti de la *grande croix*. Le comte, plus prudent que ses instructions, essaya d'abord de quelques propositions d'accommodement; mais, n'ayant pas réussi, il se mit en mesure d'exécuter les ordres de la cour.

Le 31 décembre 1657, il se mit en marche pour se rendre à l'Hôtel-de-Ville, lieu de l'installation des consuls. Il était accompagné de l'intendant, de l'évêque Cohon, chef du parti de la *grande croix*, du sénéchal de Nîmes, du prévôt de la cathédrale et des quatre consuls du choix de l'évêque, suivis de leurs partisans et précédés par douze gardes du lieutenant-général. Arrivés devant l'Hôtel-de-Ville, ils en trouvèrent les abords gardés par deux des consuls encore en exercice, revêtus de leur chaperon et entourés d'une petite suite. Les deux autres consuls, catholiques (les quatre étaient du parti de la *petite croix*), s'étaient barricadés dans l'intérieur de l'hôtel, avec un assez grand nombre d'hommes des deux partis, armés et résolus à soutenir le siège. Ces préparatifs de guerre ne s'étaient pas faits sans troubler la ville, et le peuple tout entier avait pris parti pour les révoltés.

Le comte de Bioule ordonna aux deux consuls protestants qui étaient postés devant l'Hôtel-de-Ville d'en faire ouvrir les portes et de s'expliquer sur la prise d'armes des habitants. Le second consul répondit sans hésiter que l'intention des habitants était de garder leurs privilèges ; et que, quant à lui, il n'était plus le maître de faire ouvrir les portes de l'hôtel, dont le peuple s'était emparé.

Pendant ce colloque, un des commis du consul s'approcha du comte de Bioule, avec un pistolet dans chaque main, faisant mine de vouloir engager l'affaire. Le comte saisit le bras de ce commis, auquel le consul cria aussitôt de *lâcher* ses pistolets. Ce mot, malheureusement équivoque, fut mal compris du comte, qui ordonna à ses gardes de faire feu : le commis fut étendu sur le carreau. Le peuple qui était aux fenêtres de l'hôtel, riposta par une décharge. Deux des gardes du comte furent étendus morts sur la place et trois grièvement blessés. Le marquis de Montfrin, sénéchal, reçut trois balles au bras et à la main, et le prévôt Hallay, atteint à la cuisse, mourut trois jours après de sa blessure. Le comte et l'intendant se retirèrent dans une maison voisine, et l'évêque s'enfuit à l'évêché, entendant crier derrière lui : *Au violet, au violet!*

Cette affaire fit du bruit. La cour envoya les ordres les plus sévères ; Nîmes se fortifia, et, sur le faux espoir d'un secours de six mille hommes, se prépara à toutes les chances d'une lutte devenue de plus en plus inégale. Des médiateurs, entre lesquels étaient Cromwell, prévinrent fort heureusement la collision ; les Nîmois mirent bas les armes, et, après le moment de fougue, vinrent les protestations de repentir et de soumission au roi. Cromwell avait écrit au cardinal Mazarin, en bas d'une dépêche au sujet des affaires d'Autriche : « Il s'est passé quelque

» chose dans une ville du Languedoc nommée *Nimes*; je vous prie que
» tout s'y passe sans sang et le plus doucement possible. »

Il n'y eut en effet pas de sang versé; mais, outre les satisfactions im-
médiates qui furent exigées et obtenues, la mémoire de ce dernier effort
des protestants ne se perdit pas dans le clergé catholique, lequel aima
mieux se venger par la voie sourde et peu périlleuse des persécutions de
détail, que par des réactions trop éclatantes. Il se donna le facile mérite
d'une sorte de modération, mais en se réservant de faire payer aux fils
le pardon des pères et aux petits-enfants le pardon des fils. Depuis lors,
la persécution fut incessante; on abandonna aux jésuites une portion du
revenu des octrois, avec pension annuelle en sus, qu'on força les consuls et le conseil à voter. On prescrivit l'heure des convois funèbres et le
nombre des réformés qui pouvaient y assister, afin d'éviter l'éclat et la
protestation des cortèges trop nombreux; on détruisit les temples; on
expulsa les protestants du conseil général, et, peu après, du consulat;
on leur enleva les professions libérales; on continua d'acheter les religionnaires tarés, et on accabla d'exclusions et d'indignités ceux qui restaient fidèles à leur croyance et qui prenaient le deuil publiquement à la
nouvelle de la destruction du grand temple de Montpellier. Ce fut là la
part de Nimes dans la grande persécution générale ordonnée dans tout
le royaume par le déloyal petit-fils de Henri IV, l'édit de Nantes étant
encore le code des protestants! A la fin on le déchira; c'était encore la
même guerre, mais, cette fois, avec l'hypocrisie de moins.

IV.

EFFET DE LA RÉVOCATION DE L'ÉDIT DE NANTES A NIMES.
L'ABBÉ DU CHAYLA. — SES ATROCITÉS. — IL EST MASSACRÉ PAR LES PROTESTANTS.
LE MARÉCHAL DE MONTREVEL. — ÉGORGEMENT ET INCENDIE.
L'ÉVÊQUE ESPRIT FLÉCHIER.
SUPPLICE DES DERNIERS CHEFS CAMISARDS.
MORT DE LOUIS XIV.
1685. — 1716.

Les excès épouvantables qui suivirent la révocation de l'édit de Nantes
amenèrent la guerre des Camisards. Le récit de ces excès et de la guerre
qui en sortit appartient à l'histoire de la province du Languedoc. Ce qui

est de notre sujet, c'est la part que Nîmes eut à souffrir dans l'oppression de toutes les populations protestantes, et son attitude douloureuse
dans les alternatives de l'épisode sanglant des Cévennes.

Louis XIV, pour empêcher toute sédition à Nîmes, y avait fait élever,
deux ans après la révocation de l'édit de Nantes, une citadelle à quatre
bastions, ouvrage fait à la hâte, mais d'où l'on pouvait canonner toute
la ville, à la première émotion, et abîmer tous les contradicteurs sous
les ruines de leurs maisons. C'est à cette citadelle et à ses canons incessamment braqués sur la ville embastillée, que Nîmes dut cette espèce de
tranquillité mêlée d'humiliation et de pleurs rentrés, de terreur et d'angoisse, qui acheva d'y éteindre les grandes passions du seizième siècle.
On ne se battait plus à Nîmes; on y regardait passer, entre deux haies
de soldats de la maréchaussée, les braves qui s'étaient battus dans les
Cévennes, et qui allaient mourir dans le feu ou sur la roue; dans le feu
les plus coupables, sur la roue les coupables avec circonstances atté-
nuantes.

Parmi les ecclésiastiques chargés, sous le nom d'*inspecteurs des mis-
sions*, de travailler à la conversion des religionnaires flottants et à la
destruction des *fanatiques entêtés,* comme les appelait l'évêque Esprit
Fléchier, il faut citer l'abbé du Chayla, qui se fit une sorte de nom à cet
odieux ministère et y trouva une fin tragique. Cet abbé, très-estimé pour
son zèle par l'intendant Bâville, le bras droit de Louis XIV dans l'œuvre
de l'extinction du protestantisme, était de l'espèce des Torquemada,
grand pourvoyeur d'échafauds, questionneur insidieux et féroce, faisant
la demande avec des paroles perfides et obtenant la réponse avec des instruments de torture, dont quelques-uns étaient de son invention. On
parlait de pincettes avec lesquelles il arrachait le poil de la barbe et des
sourcils; de charbons ardents qu'il éteignait dans les mains de ses victimes; de coton imbibé d'huile ou de graisse, dont il revêtait leurs
doigts et auquel il mettait le feu; d'une espèce d'étui, tournant sur deux
pivots, dans lequel on enfermait le patient et qu'on faisait mouvoir avec
tant de rapidité, que le malheureux en perdait bientôt l'usage de ses
sens; de ceps perfectionnés où l'on ne pouvait rester ni debout ni assis:
on parlait d'enfants de religionnaires assommés à coups de bâton ou fus-
tigés jusqu'au sang, pour en arracher des aveux sur le lieu de quelque
assemblée secrète : de jeunes filles mutilées avec des dérisions infâmes;

bruits exagérés sans doute, excès grossis par le ressentiment, mais où il y avait assez de vérité pourtant, outre les faits authentiques, pour justifier les représailles dont l'abbé du Chayla devait être victime.

Ce fut dans le mois de juillet 1703 que les conjurés se donnèrent rendez-vous, un soir, à l'entrée d'un bois situé tout au haut d'une montagne. Là se rendirent quarante à cinquante hommes, armés d'épées et de faux, quelques-uns de hallebardes, un très-petit nombre de fusils et de pistolets. Avant de partir, ils firent la prière en commun; après quoi ils se mirent en marche et entrèrent dans le bourg qu'habitait l'abbé, faisant retentir les airs du chant d'un psaume, et criant aux habitants que personne ne se mît aux fenêtres sous peine de la vie. Ce chant et ces cris parvinrent aux oreilles de l'abbé, à qui l'on rapporta que ce devait être une assemblée de fanatiques qui étaient venus le braver jusqu'en sa maison. Il donna ordre à quelques soldats qu'il avait sous la main d'aller saisir ce qu'il croyait une poignée de tapageurs de nuit; mais quel fut son étonnement quand il vit sa maison investie et une troupe nombreuse, grossie de tous les fidèles du bourg, lui redemandant ses prisonniers avec des cris violents et des démonstrations menaçantes!

L'abbé, qui était brave, ce qui n'est pas l'ordinaire des persécuteurs, fit voir qu'il n'entendait céder qu'à la force, en donnant ordre à sa petite troupe de tirer sur les réclamants. Un d'eux tomba mort de cette première décharge. Ce fut le signal d'une attaque furieuse : les conjurés se saisissent d'une poutre qui était près de là, enfoncent la porte comme avec un bélier et se précipitent dans la maison. L'abbé se sauve de chambre en chambre et se barricade dans un cabinet voûté au second étage. Une moitié des assaillants garde la maison et en bouche toutes les issues; l'autre court aux prisons et en retire quelques malheureux enflés par tout le corps, les os à demi-brisés, et ne pouvant se soutenir sur leurs jambes. A ce spectacle, les religionnaires ne se contiennent plus : on fouille la maison, on cherche l'abbé, on veut lui montrer ses victimes et l'accabler de reproches avant de l'immoler : lui, près d'être pris, commande aux soldats de faire une seconde décharge; un de la troupe est blessé à la joue. Les assaillants ripostent en mettant le feu à la maison. Ils entassent au milieu d'une salle-basse tous les bancs de la chapelle, les meubles de l'abbé, les paillasses qui servaient au coucher des soldats, et ils font de tout cela un bûcher. En un moment toute la

maison est en proie aux flammes. L'abbé, atteint par le feu dans sa cachette et l'épaule à demi brûlée, se fait une corde des draps de son lit,
l'attache à une des fenêtres qui donnaient sur le jardin et cherche à se
glisser jusqu'en bas : il tombe et se casse la cuisse. Il se relève aidé d'un
valet, se traîne dans une haie de clôture et essaie de s'y cacher. On
l'aperçoit à la lueur de l'incendie, on court à lui, on le saisit, on lui
crie qu'il va mourir, mais que, quelle que soit sa mort, elle n'égalera
pas celle qu'il a méritée. L'abbé, vaincu à ce moment suprême, demanda la vie, et pensant toucher ses meurtriers par un scrupule de religion : « *Mes amis,* » leur dit-il, « *si je me suis damné, en voulez-vous*
» *faire autant ?* »

Ce mot ne les ayant pas désarmés, l'abbé ne pouvait guère implorer
leur générosité; il n'y tâcha même pas; mais voyant la mort arrivée, il
ne dit plus rien. Alors ce fut une lutte entre les assaillants à qui le frap-
perait. Presque tous ayant eu à souffrir des cruautés de l'abbé, soit dans
leurs personnes, soit dans celles de leurs parents, chaque coup était accompagné de mots comme ceux-ci : « *Voilà pour ma mère! voilà pour ma*
sœur! voilà pour mon frère ! Il n'y avait pas assez de place sur son corps
pour tous ces coups, ni assez de vie en lui pour toutes ces vengeances!
On compta jusqu'à cinquante-deux blessures, dont vingt-quatre étaient
mortelles.

Les protestants de Nîmes approuvaient tout bas ces représailles et faisaient des vœux pour les meurtriers de l'abbé. Les principaux d'entre
ceux-ci furent arrêtés et moururent dans les supplices, glorifiant leur
religion jusque dans les flammes, et se vantant d'une voix mourante
d'avoir porté les premiers coups au persécuteur de leurs frères. Ces
morts héroïques entretenaient à Nîmes une sourde et perpétuelle fer-
mentation. Toutes les chances diverses de la guerre des Camisards, mêlée, comme toutes les guerres, de revers et de succès, y avaient un contre-
coup immédiat, soit d'abattement, soit de folle espérance. On continuait
à s'assembler ici et là, en petit nombre, pour échapper plus sûrement :
de son côté, l'intendant Bâville redoublait de zèle, et l'on sait ce que
zèle voulait dire dans la langue de madame de Maintenon et du vieux roi
qui l'avait épousée au pied d'un confessionnal. L'abbé du Chayla n'était
qu'un zélé. On lui avait trouvé des successeurs. La destruction des protestants se consommait en détail, d'après le plan de la cour, plan moins

dangereux que les boucheries. Toutefois, on ne blâma pas le maréchal de Montrevel d'avoir dépassé les instructions et *opéré par masses* dans la circonstance que voici :

Aux portes de Nîmes et dans un des moulins du faubourg de la porte des Carmes, environ cent cinquante religionnaires s'étaient assemblés le 1er jour d'avril 1703, pour vaquer à des exercices de piété. Cette assemblée, au dire même des historiens catholiques, n'avait pas d'intentions séditieuses ; c'étaient seulement quelques vieillards, des enfants, des femmes, qui voulaient entendre le prêche malgré les défenses du roi. Le maréchal de Montrevel, informé de cette révolte, comme il était à table, se leva furieux, fit sonner le boute-selle et courut à la tête de ses dragons investir le moulin. Il n'y eut pas d'attaque parcequ'il n'y eut pas de résistance ; les dragons entrèrent dans le moulin sur des cadavres, et trouvèrent des malheureux qui se jetaient sur leurs sabres et allaient au devant de la mort. Quelques-uns voulurent se sauver par une fenêtre ; mais des sentinelles placées en bas avaient ordre de les recevoir sur la pointe de leurs sabres. Pour en finir et pour épargner au soldat la fatigue de tuer, le maréchal fit mettre le feu au moulin. Rangés autour de l'auto-da-fé, un maréchal de France à leur tête et à la meilleure place, les dragons n'usaient de leurs armes que pour repousser dans les flammes ceux qui, à demi brûlés, demandaient la grâce d'être achevés avec le fer.

Une pauvre fille, la seule survivante, avait été sauvée par un des valets du maréchal. La fille et son libérateur furent condamnés à mort. On commença par la fille, qui fut pendue à la potence :.quant au valet, il dut aux prières des religieuses de la Miséricorde d'avoir la vie sauve ; mais il fut cassé aux gages, et, peu après, chassé de Nîmes par le maréchal, qui craignait le mauvais exemple pour les gens de sa maison. Le même jour, quelques catholiques s'étaient réunis dans un jardin proche du moulin pour des divertissements. Le maréchal les prit pour des huguenots et les fit passer par les armes, quoiqu'ils se réclamassent de leur qualité de catholiques. Enfin, dans un paroxisme de zèle, le maréchal allait ordonner une exécution en masse de tous les protestants de la ville, quand le gouverneur parvint à le calmer. La cour approuva tout, et l'évêque Esprit Fléchier écrivit une *lettre choisie* sur le scandale causé par les fanatiques du moulin des carmes, *lesquels avaient osé,* dit le prélat dans une phrase symétrique et cadencée, *dans le temps que nous chantions vêpres, chanter leurs psaumes et faire leur prêche.*

Heureux prélat qui trouvait le temps de faire des *lettres choisies* et des poésies latines au milieu des égorgements et des incendies, et sous la protection des dragons du roi! On ne dit pas toutefois qu'Esprit Fléchier ait poussé à la persécution avec la violence qu'y mettait le bas-clergé; mais on ne dit pas non plus qu'il ait jamais désapprouvé les barbaries des gens du roi avec ce courage qu'un prêtre portant le même habit que lui, et, sous cet habit, un cœur noble et compatissant, Fénelon n'eût pas manqué de montrer dans ce poste difficile. Esprit Fléchier fut toujours dans de bons rapports avec les exécuteurs des hautes-œuvres de Michel Le Tellier et de madame de Maintenon, avec le maréchal de Montrevel, avec l'intendant Bâville. Il ne forçait personne à se convertir, mais il laissait agir le prosélytisme subalterne des milices occultes de Clément XI, et félicitait ses *très-chers frères,* dans ses mandements léchés, des nombreuses acquisitions que faisait tous les jours la sainte Église, par la seule vertu de la parole et de la persuasion. Il n'omettait qu'une chose, c'était la *caisse des conversions,* et le sale argent qui se dépensait à Nîmes pour l'achat des consciences. Le rôle que joua Fléchier dans ces sanglantes affaires fut petit et peu généreux. Placé à la tête d'un clergé que la révocation de l'édit de Nantes venait de déchaîner contre les protestants, il n'eut pas même le facile courage de rappeler son Église triomphante à la pudeur de la victoire. Il écrivit force mandements, avec toutes les préoccupations académiques, créa des séminaires, établit des conférences théologiques où l'on prouvait aux protestants chassés de Nîmes ou traqués dans les Cévennes, qu'ils avaient eu tort de tout temps, et mourut dans un âge avancé, *chéri de tous,* comme dit son épitaphe, et *ayant vécu tranquille au milieu des lugubres tumultes des Cévennes et des fureurs insensées de la guerre,* c'est-à-dire ayant été peu dérangé par son humanité dans ses habitudes de prélat lettré et bien en cour.

Sous son épiscopat, Nîmes présente uniformément le spectacle d'une ville pacifiée, mais qui n'a pas le repos, où la réconciliation est dans les rues et la haine dans les cœurs.

Condamnés à demeurer les bras croisés, en face les uns des autres, dans ces murs où les bruits du dehors avaient d'ordinaire tant de retentissement, catholiques et protestants, oppresseurs et opprimés, assistaient

au drame sanglant de la guerre des Camisards. Le menu peuple des deux
partis, ce *lion enchaîné,* comme disent les historiens de Nîmes , était
consigné dans ses ateliers. Il ne descendait sur la place publique qu'aux
jours des exécutions, pour voir mourir ces bandits déguenillés des Cévennes, qui avaient tenu en échec les armées royales. Ces jours-là , les
seuls jours fériés de la ville embastillée, Nîmes s'animait un peu; les catholiques battaient des mains au passage des condamnés; les protestants
allaient baiser pieusement les hardes du camisard roué ou pendu. Quand
le fameux Cavalier vint à Nîmes, avec son lieutenant Catinat et son grand
prophète Daniel Billard, pour traiter de pair à pair avec le maréchal de
Villars, tout Nîmes fut sur pied; « il y eut, » dit l'honnête Maucomble,
« des femmes idiotes qui vinrent baiser les pans de son habit. » En
somme, des vœux ardents pour le triomphe de leurs héros, Rolland,
Catinat, Ravanel, Cavalier, des joies secrètes quand l'armée royale est
battue, des canonisations moins l'approbation du pape, c'était là toute
la résistance permise aux protestants, c'était la seule que le clergé catholique et les gens du roi ne pussent atteindre, parcequ'elle était refoulée
au fond des cœurs. Tel fut, jusqu'à la mort de Louis XIV, le sort de la
minorité protestante. Elle put croire un instant au triomphe des derniers
enfants d'Israël sur ceux qu'elle appelait les enfants de Bélial; elle vit plus
d'une fois, du haut des remparts de Nîmes, les beaux régiments du roi
battus et poussés l'épée dans les reins jusque dans les faubourgs par les
paysans des Cévennes, et alors elle rêva de sanglantes représailles; mais
quand ses derniers et incorruptibles martyrs, Ravanel et Catinat, attachés
au même poteau et mourant sur le même bûcher, eurent emporté avec
eux ses dernières espérances, elle se résigna et attendit de la tolérance
universelle un peu de relâche à ses misères.

V.

ÉTAT DES INSTITUTIONS, DU COMMERCE, DES MŒURS, A NIMES, PENDANT CETTE SECONDE PÉRIODE.
L'ACADÉMIE NIMOISE.
CÉLÉBRITÉS LITTÉRAIRES DE NIMES. — CASSAGNE.
LÉON MÉNARD, L'HISTORIEN DE NIMES.

Ce chapitre-ci ne peut guère être qu'une suite de notes plus ou moins intéressantes, mises bout à bout, comme l'histoire nous les donne. La grande affaire religieuse est toute la vie de Nîmes, pendant cette période de plus de deux siècles : les institutions, le commerce, les arts, l'instruction publique, n'y figurent que comme accessoires, quelquefois comme distractions au milieu de scènes sanglantes. Aucune de ces choses n'a le temps d'y venir, de s'y développer régulièrement; aucune n'y garde assez long-temps le même état pour fixer l'attention et exercer une influence. Peut-on donner le nom d'institutions à des pratiques administratives dont l'esprit est vicié, dénaturé, tantôt par un parti, tantôt par un autre, quelquefois par l'autorité militaire, quelquefois par l'autorité civile, quand la forme et le fond ne sont pas confisqués entièrement par le pouvoir central? Peut-on appeler commerce quelques essais d'établissements commerciaux, quelques efforts isolés, interrompus par la guerre, par la peste, grevés par le fisc, imposés par tous les partis, prospérant quelque peu dans l'intervalle des trèves, et anéantis tout-à-coup à la reprise des hostilités? Quant aux mœurs, après celles de la rue, mœurs exclusivement politiques et religieuses, les seules que comportât l'époque, faut-il qualifier de ce nom quelques cérémonies, des jeux, des coutumes singulières, rarement observées d'un an à l'autre, et presque toujours suspendues ou abrogées par la guerre et la persécution? Les détails sur l'instruction publique sont plus nombreux; c'est une chose à la louange de Nîmes et de sa magistrature populaire telle quelle, que l'instruction y fut toujours en grand honneur, comme si la pauvre ville eût compris que le remède le plus sûr à tous ses maux, à toutes ses superstitions, à toutes ses passions désordonnées, était que le plus de gens possible y sussent lire et écrire; mais les moyens répondirent-ils toujours à la bonne volonté?

Institutions.

On a vu ce qu'était devenu le consulat. Mettez au-dessus des consuls un intendant général, un lieutenant général, un sénéchal particulier, un gouverneur, un évêque, une police particulière pour chacune de ces autorités, et pour couronner cette hiérarchie, une forteresse dont tous les canons sont tournés sur la ville, et faites, si vous pouvez, la part du consulat nîmois. Des consulats locaux sont incompatibles avec la centralisation; celui de Nîmes se traînera de mutilation en mutilation jusqu'au titre honorifique à très-peu près de maire de bonne ville.

Commerce. Industrie.

On ne lit pas sans étonnement qu'au commencement des guerres religieuses, quand les bûchers s'élevaient de toute part pour satisfaire aux arrêts des parlements et à la justice du roi, le commerce ait été florissant, ou du moins très-encouragé à Nîmes. Des manufactures de velours, de damas, de satin et de toutes les autres étoffes de soie, s'établirent vers l'année 1557. On fit venir de l'étranger des ouvriers habiles, et on appela d'Avignon une dévideuse de soie pour apprendre son métier aux jeunes filles de l'hôpital. Un an auparavant on avait attiré à Nîmes un fabricant d'épingles, lequel fut dispensé d'un certain impôt, logé et pourvu d'une boutique, à la charge par lui d'instruire chaque année un apprenti. Un maître tonnelier, qui vint s'y fixer, fut déclaré exempt de tout impôt.

Sous le règne de Henri IV, la culture des mûriers donne un nouvel essor au commerce des soies.

Depuis lors, tous les arts et métiers, sauf peut-être l'arquebuserie et la fourbisserie et quelques autres métiers de destruction, végètent et languissent avec des intervalles de reprise momentanée, jusqu'à ce qu'ils soient anéantis par la proscription en masse des protestants, la plupart chefs d'ateliers, fabricants ou artisans très-habiles. Les inondations, les sécheresses, les hivers excessifs se joignirent souvent aux mesures de Louis XIV, pour opérer ce magnifique ouvrage par lequel madame de Maintenon pensait avoir mérité le Ciel.

Établissements religieux.

En revanche, les établissements religieux s'y multiplient et y prospèrent dans une proportion inverse des établissements industriels. Il y eut à Nîmes, dans le même temps, un couvent des capucins, un couvent des augustins, deux couvents d'ursulines, un couvent des religieuses de la Visitation, un des religieuses hospitalières de Saint-Joseph, un des filles de la charité, un des dames de la miséricorde, un des religieuses de l'ordre de Notre-Dame-du-Refuge, plusieurs maisons de frères prêcheurs, de Récolets, de pères de la doctrine chrétienne, ou doctrinaires, comme on les appelait alors par abréviation; des maisons de sœurs sous différents noms, toutes sorties de la grande victoire catholique du dix-septième siècle, laquelle ne croyait pas trop peser sur l'ancien et énergique foyer du protestantisme de tout le poids de ses mille maisons, chapelles, églises, collèges, hôpitaux, couvents, hospices, bâtis avec les pierres des temples démolis et des maisons restées sans maîtres par suite de l'émigration.

Instruction publique.

Au plus fort des guerres religieuses, sous le règne de Henri III, entre deux trèves, Nîmes réorganise son collège des arts et dresse des statuts et des plans d'étude pour la jeunesse. Le collège prend pour emblème Pégase grimpant au haut de l'Hélicon, où s'élève une fleur de lis, et frappant du pied droit le bas du rocher d'où sort la fontaine sacrée.

Cet établissement, suspendu à différentes reprises, comptait en 1593 sept professeurs. Pour en faire accepter le rectorat à un certain Julius Pacius, Italien d'origine et professeur célèbre, la ville s'engagea à lui acheter une charge de conseiller au présidial et à lui obtenir des lettres de naturalisation. Quelques années après, l'administration prodigue les plus belles offres pour attirer à Nîmes Isaac Casaubon, le célèbre éditeur et débrouilleur de Perse, dont le commentaire a fait dire à Scaliger, « qu'au Perse de Casaubon la sauce vaut mieux que le poisson, » mauvaise plaisanterie qui est le meilleur jugement qu'on ait porté sur ce travail.

Une imprimerie s'établit à Nîmes en 1579. La ville exempte l'imprimeur de toutes charges et lui avance des fonds pour l'achat de caractères d'imprimerie.

Mais le plus beau titre de Nîmes, aux yeux de ses historiens du moins, c'est son académie.

Vers le milieu du dix-septième siècle, quelques amis des lettres se réunissaient à des jours fixes, sous le nom modeste de *société littéraire*. L'ambition leur vint, en 1682, de convertir leur société en académie, et d'échanger leur titre de sociétaires en celui d'académiciens. Ils eurent donc un directeur et un secrétaire; ils dressèrent des statuts conformes à ceux de l'Académie française; ils adoptèrent la devise *œmula lauri*, qui veut dire émule du laurier, parce que l'Académie française avait elle-même pour devise un laurier, avec ces mots : *A l'immortalité.*

Louis XIV approuva, par lettres patentes, l'organisation de l'académie nîmoise et accorda aux académiciens les honneurs et privilèges des membres de l'Académie française.

Les historiens de Nîmes parlent de *l'éclat* que *jeta l'académie royale* dans ses commencements. Il paraît que les séances se passaient à écouter des lectures que les sociétaires se faisaient de leurs productions. Du reste, l'académie de Nîmes donnait des fêtes publiques, et « ne manquait jamais, » dit un abréviateur de Ménard, « de rendre ses hommages aux per-» sonnages distingués qui passaient à Nîmes. » La guerre des camisards dispersa l'académie; les réunions cessèrent; et, pendant quarante ans, Nîmes manqua d'académie. Mais vers 1752, cinq ou six jeunes littérateurs, qui s'assemblaient de temps en temps pour se lire au nez des vers, et s'aduler réciproquement, devinrent le noyau de l'académie ressuscitée, qui compte aujourd'hui quelques membres de grand mérite.

Mœurs. — Jeu du Papegai.

Une institution qui était fort aimée à Nîmes, c'était le jeu du Papegai. Le vainqueur dans ce jeu, où se formaient d'habiles tireurs, s'appelait le roi du Papegai, et, entre autres privilèges royaux, avait celui de ne pas payer d'impôt.... pendant un an. Les jeunes gens tournaient leur ambition vers cette royauté très-recherchée; le roi du Papegai traversait la ville en triomphe; il avait des sujets, des courtisans, des grands-officiers; il passait sous des arcs de fleurs.

En 1660, un de ces rois de l'année, qui avait acquis par son adresse au tir, et peut-être par des qualités plus sérieuses, une assez notable influence sur la jeunesse nîmoise, fut cause qu'on supprima l'institution, qui commençait à faire ombrage à l'autorité. Un autre roi de la même sorte, le roi de la basoche, avait failli se faire détrôner, lui aussi, en 1599, pour avoir voulu passer ses sujets en revue, au son du violon.

Une des conséquences de l'état de guerre permanent, c'est la corruption des mœurs. Entre deux séditions, entre deux massacres, entre deux sièges, le vice est comme une sorte de délassement. On s'y jette avec fureur, soit pour oublier le passé, soit pour s'étourdir sur l'avenir. C'est ce qui se vit à Nîmes dans les commencements de la grande persécution. Tel y était le nombre des maisons de prostitution, qu'on prit le parti de faire enfermer toutes les filles publiques nées à Nîmes, et de chasser les étrangères. Les unes furent enfermées dans une tour et nourries au pain et à l'eau aux frais de la commune; les autres furent rasées, chargées de plumes de coq, *suivant la coutume, usage et privilège*, dit Ménard, et, après avoir été promenées en cet attirail par toute la ville, on les reconduisit jusqu'aux limites du territoire, avec maintes dérisions par lesquelles le peuple renchérissait sur les *usages et privilèges* de la ville.

Célébrités littéraires de Nîmes.

Pendant cette période si triste et si peu favorable aux lettres, Nîmes contribua au progrès général de la France et au magnifique mouvement littéraire du dix-septième siècle, par quelques hommes distingués, sinon tout-à-fait d'élite, qui n'ont guère aujourd'hui que l'immortalité des biographies universelles, mais qui firent du bruit de leur vivant, et pour de notables services rendus aux lettres. Ce sont entre autres, Samuel Petit, mort en 1643, homme d'une grande réputation de science, mais qui n'en a pas laissé de monuments; Gaillard Guiran, Jacques Deiron, qui ont écrit sur les antiquités de Nîmes; Jean-Baptiste Cotellier, d'une science prodigieuse, principalement dans les langues sacrées, dont la bibliothèque royale possède neuf volumes *in-folio* de manuscrits; Jacques Cassagne, la plus malencontreuse célébrité de Nîmes, dont Boileau a dit :

> Si l'on n'est plus à l'aise assis en un festin
> Qu'aux sermons de Cassagne ou de l'abbé Cotin.....

en somme, et malgré ces deux vers, prédicateur agréable, bon homme surtout, qui fut malade tout le reste de sa vie du trait que lui avait lancé Boileau; un Jean Bruguier qui eut le tort de vouloir lutter, dans un ouvrage de controverse, avec le grand Arnaud; Étienne Chauvin, qui composa un dictionnaire philosophique sous le titre de *Lexicon rationale;* François Graverol, jurisconsulte et littérateur, à qui l'académie nimoise dut son audacieuse devise : *Émule du laurier;* et d'autres que j'omets, parcequ'il ne faut pas plus flatter les villes que les peuples et les rois.

J'anticiperai sur la période suivante pour clore cette seconde liste par deux noms dont Nîmes peut à bon droit se glorifier; Jacques Saurin et Léon Ménard. Le premier, né à Nîmes en 1677, et mort à La Haye en 1730, a laissé quelques morceaux d'éloquence sacrée qu'il faut lire même après Bossuet, Bourdaloue et Massillon. Le second est l'auteur de l'*Histoire civile, ecclésiastique et littéraire de la ville de Nîmes,* en sept volumes in-4°; ouvrage diffus, indigeste, d'une disproportion absurde avec le sujet, mais plein de recherches, de science, de bon sens, et assez modéré, quoique d'un catholique; source précieuse où ont puisé tous les historiens ultérieurs tant du Languedoc que de Nîmes, et, disons-le avec reconnaissance, où nous avons pris nous-même la plupart des faits de cette histoire [1]. Léon Ménard était un de ces magistrats hommes de lettres, l'honneur des parlements, qui consacraient les loisirs de la justice et les vacances du palais à faire à grands frais de temps, de soins, de conscience, quelqu'un de ces monuments d'érudition et de recherches dont le secret se perd tous les jours, avec celui d'autres choses non moins bonnes.

---

[1] C'est surtout dans les *preuves et pièces justificatives* de cette vaste histoire, imprimées à la fin de chaque volume, et pour lesquelles Ménard avait fait un vocabulaire assez incomplet, que j'ai puisé les détails des récits qu'on vient de lire. Ces monuments, écrits dans un latin barbare ou dans le patois languedocien, valent mieux, pour l'histoire, que le travail de Ménard, qui n'en est, en quelque manière, que le récolement chronologique.

CONCLUSION.

SOIXANTE ANNÉES DE CALME COMPLET.
NIMES PENDANT LA RÉVOLUTION DE 89. — SOUS L'EMPIRE. — SOUS LA RESTAURATION.
ÉTAT ACTUEL. — AVENIR DE NIMES.

Nous n'avons plus rien à raconter. L'histoire des villes de France devrait finir à l'époque où l'œuvre de l'unité française est consommée. Toute individualité féodale et provinciale disparaît peu à peu ; les villes se fondent dans la métropole ; une administration commune, en leur ôtant toute existence municipale, efface les traits les plus saillants de leur caractère et les fait passer de l'état de personnes à celui de membres d'une grande communauté. Les masses seules, que la civilisation n'atteint que lentement, conservent une certaine étrangeté de mœurs, double effet du climat et de l'ignorance. Dans cette situation, nos villes peuvent donner lieu tout au plus à un chapitre de mœurs, à une statistique commerciale, mais point à une histoire, et c'est tant mieux pour elles ; car on a pu voir, par les récits qui précèdent, de quel prix Nimes a payé le triste privilège d'avoir une histoire intéressante et, — si nous ne l'avons pas dénaturée en l'abrégeant, — une histoire dramatique.

Les soixante années qui suivent le règne de Louis XIV s'écoulent paisiblement pour la pauvre cité languedocienne. Tout esprit de résistance est mort ; l'exil et l'émigration ont emporté les plus fidèles ; la persécution a attiédi les faibles ; l'argent de la caisse de Pelisson a gagné les corrompus : Nimes, après avoir perdu du sang par toutes les veines, s'est laissée aller peu à peu à l'égoïsme des malades ; on n'y songe plus guère qu'à se rétablir, à vivre en paix ; on se met au mieux avec la royauté ; on y donne des fêtes aux dauphins, aux fils de France, aux frères du roi ; on veut mériter, par toutes les qualités monarchiques, le titre de *bonne ville*. Les évènements de cette période sont des querelles entre les avocats et les médecins au sujet du consulat : les avocats veulent passer avant les médecins, à présent que la cessation de la peste rend ceux-ci moins nécessaires, et que la reprise des affaires commence à donner plus d'importance à ceux-là. Les ordonnances meurtrières de Louis XIV sont tombées en désuétude par l'effet de la tolérance générale, qui a gagné jusqu'aux gens de cour, jusqu'aux évêques-ministres; les protestants retournent au prêche, rebaptisent leurs enfants et sont réhabilités par les mœurs avant de l'être par les lois. Le commerce renaît; Nimes fournit des bas de soie aux protestants et aux catholiques; les deux religions vivent en paix, sans se haïr, quoique sans s'aimer : s'aimer n'est pas chose possible aux sectes. Ainsi se passent soixante années, jusqu'à ce que la révolution française vienne remettre aux prises les deux religions envenimées par la complication de toutes les passions politiques.

Les protestants, amis ardents d'une révolution qui leur rendait la patrie, l'état civil, la dignité de citoyens français, ne tinrent pas compte à la majorité catholique de l'espèce d'impunité dont ils avaient joui pendant ces soixante années. Je dis impunité, puisque les protestants étaient censés de grands criminels sur lesquels la police *fermait,* comme on dit, *les yeux.* Ils en faisaient honneur à l'esprit de tolérance universelle plutôt qu'à la modération de leurs adversaires, et ils avaient peut-être raison. Mais ce qui pouvait n'être qu'un jugement vrai et sans danger, dans les circonstances calmes, allait servir de prétexte à des arrière-pensées de réaction, dans des temps d'orage révolutionnaire. Les protestants reportèrent la querelle à soixante ans de là, et ne se souvinrent plus que des atroces persécutions du dix-septième siècle. La révolution française, en leur rendant l'ascendant moral là où ils n'avaient pas la majorité numérique, leur inspira l'idée de représailles et leur en donna le pouvoir. De sottes provocations du parti catholique, des bravades, des cocardes blanches substituées à la cocarde nationale, un certain étalage public de royalisme, encouragé tout bas par l'autorité qui était catholique, amenèrent, en juin 1790, un massacre assez semblable à celui de la Michelade. La tribune de l'assemblée constituante a retenti de ces scènes de meurtre qui épouvantèrent la France, même au milieu de ses plus vives espérances de régénération et de liberté.

Nous ne nous sentons pas le courage de décrire ces scènes. Outre une répugnance qui sera facilement comprise à la fin d'une histoire où le sang donne sa couleur monotone aux principaux évènements, deux raisons nous détournent d'en parler avec détails. La première, c'est le manque de données exactes : il n'y a que des appréciations de parti, toujours outrées, toujours mêlées de mensonges, et dans le même parti, des témoignages contradictoires, selon le tempérament de celui qui écrit. Les catholiques enflent leur malheur, multiplient leurs victimes, se targuent de leurs morts et étalent leurs blessures, comme les mendiants qui veulent faire de l'argent avec leurs plaies ; les protestants atténuent, expliquent, effacent : ensuite, dans chaque parti, l'un compte plus de morts que l'autre ; les causes diffèrent selon les deux camps et selon chaque narrateur des deux camps. Faites donc, sur de telles données et avec des pièces toutes marquées de fausseté, l'histoire des scènes de 1790, surtout quand tous ceux qui y ont assisté ne sont pas morts, et que les passions des vainqueurs et des vaincus sont encore là, au sein des mêmes murs, comprimées mais toujours frémissantes. Et c'est là la seconde raison qui nous fait nous abstenir : car si l'historien peut parler sans danger des choses oubliées, il ne doit pas raviver les choses dont on ne se souvient que trop, ni faire jouer devant les fils le drame des pères qui s'entr'égorgent. Disons donc que le crime est commun à tous, et en étendant la souillure à plus de têtes, rendons-la moins profonde : mais quant à compter les coups de pique ou les trous de balle, quant à hasarder des excuses qui raniment les haines, c'est une responsabilité que ne peut pas prendre l'historien qui aime son pays; — outre que des évènements qui ne remontent qu'à quarante ans ne sont pas arrivés à l'état d'intégrité historique, et que des passions qui touchent à notre époque ne sont pas encore assez figées pour que le dépouillement en puisse être exact et l'appréciation utile. En laissant peser sur les deux partis un doute solennel sur la moralité de leurs actes, nous servirons à la fois la vérité et la paix; au lieu qu'en prenant parti ou seulement en montrant du penchant pour l'un contre l'autre, nous pourrions bien trahir malgré nous la vérité et retarder cette paix que Nîmes a achetée si cher et qu'elle n'a pas encore.

Il en faut dire autant des représailles catholiques de 1815, par lesquelles le parti vaincu en juin 1790 reprit aux protestants le triste honneur des dernières tueries religieuses et du dernier sang versé à Nîmes. Dans l'intervalle, Bonaparte avait étendu son niveau sur tous les intérêts comme sur toutes les passions; Nîmes, à l'exemple des autres villes de la France, resta muette et retint son haleine, pendant que passait le grand empereur.

Aujourd'hui Nîmes est calme. Il faut dire à l'honneur des protestants assassinés en 1815 et tracassés depuis lors par l'essai de contre-révolution jésuitique tenté par la restauration, qu'ils ont donné, les premiers, le noble exemple de ne pas recommencer les représailles et ce jeu sanglant de *chacun son tour* qui est toute l'histoire de Nîmes. Voilà donc un parti qui est vainqueur et qui est modéré, qui s'enchaîne les mains pour ne pas frapper, qui dévore silencieusement ses vengeances au lieu d'en ensanglanter les rues; rare exemple, je le répète, qui ne réconciliera peut-être pas les esprits, mais qui rendra de plus en plus difficile et infamant le rôle des réacteurs!

De sauvages habitudes sont restées dans la populace nîmoise. L'effet ordinaire des évènements politiques qui ont quelque retentissement, est de faire sortir de leurs faubourgs et d'amener sur la place quelques furieux armés de pierres qui vont défier ceux de la religion et du parti politique opposés; les enfants des deux camps engagent le combat; les femmes ramassent des munitions dans les bâtiments en déblai et les apportent dans leurs tabliers : mais toute cette colère fond devant la garde nationale et quelques piquets de troupe. Il faut espérer toutefois que ces habitudes batailleuses, plus ridicules qu'inquiétantes, cesseront tout-à-fait. C'est l'affaire de l'administration locale, qui doit, dans de telles villes et au milieu de telles antipathies, faire de la civilisation plus souvent que du pouvoir. La population nîmoise est laborieuse, mais peu éclairée; il faut envoyer dans ses faubourgs des missionnaires d'instruction et non de dogme, et au lieu de voler les enfants pour les mettre en religion, comme cela se faisait du temps de Louis XIV, il faut leur ouvrir des écoles, et changer la *caisse des conversions* en caisse d'enseignement élémentaire. L'avenir de Nîmes est là; un préfet maître d'école y fera plus de choses qu'un préfet guerrier. Il y a peut-être là vingt mille Français qui ne savent pas si bien la langue française que des Russes. Cette langue qui civilise le monde serait-elle donc impuissante dans le pays où elle est née? Nous ne le pensons pas.

PARTIE II. — DESCRIPTION.

ASPECT DE NÎMES. — IMPRESSION GÉNÉRALE.

La ville de Nimes est couchée au pied de collines peu élevées, qui semblent la ceindre du côté du nord. Elle regarde le midi et la mer dont elle n'est éloignée que de quelques lieues. Ceux qui ont voulu la faire ressembler à Rome et trouver à toute force à la colonie la configuration topographique de la métropole, ont compté sept de ces collines dans l'enceinte de ses premières murailles. C'est aujourd'hui une opinion abandonnée. Ces collines, d'un aspect riant, sont couvertes de vignes et d'oliviers dont le feuillage pâle ondoie en tout sens dans les mille replis des coteaux, comme une soie argentée. Sur ces collines, et principalement au pied de la Tour-Magne, qui est assise sur la plus voisine, il souffle un vent de nord-est aigu et desséchant qui s'engouffre dans les crevasses de la tour délabrée et rase en sifflant le sol rocailleux formé tout à l'entour de ses débris. C'est ce vent qui, dans Nimes et dans la plupart des villes du midi méditerranéen, vous saisit au détour d'une rue où le soleil venait de vous mettre en eau, et vous donne le froid après le chaud, alternative si grave pour les santés délicates. Un grand nombre de moulins à vent couronnent ces hauteurs. C'est de là qu'il fait beau contempler, au risque d'être déshabillé par le vent, la cité languedocienne ramassée au pied des collines, et, par-delà la cité, une plaine immense, dans la direction de la mer, à droite se perdant à l'horizon,

à gauche coupée par une ligne de collines charmantes, qui courent du nord au midi, et derrière lesquelles est caché le pont du Gard.

Vue de la plaine, l'aspect de Nîmes est insignifiant. N'était la Tour-Magne qui attire les yeux tout d'abord, rien n'annoncerait une ville historique. Ce qui donne aux villes un aspect pittoresque, ce sont les monuments élevés, les clochers, les tours, les flèches élancées des cathédrales, tout ce qui sort du milieu de ces toits uniformes qui couvrent tant de vies monotones, tout ce qui est la maison d'une pensée, d'un souvenir, d'un Dieu. Or, le peu de hauteur comparative des monuments romains, la parfaite insignifiance de la cathédrale qui n'est qu'un vaisseau sans tours, avec une entrée de grange, l'humilité des temples protestants, qui ne dépassent pas en hauteur les maisons ordinaires, toutes ces choses font que Nîmes a l'air d'un assez grand hameau semé autour d'une assez grande église paroissiale. Vue des hauteurs de la Tour-Magne, Nîmes reprend tous ses avantages. Vous voyez poindre par-dessus les maisons le faîte de l'Amphithéâtre et le fronton de la Maison-Carrée; à vos pieds s'étend le jardin bastionné de la fontaine, et au bout un assez grand carré long qui s'appelle le Champ-de-Mars. A gauche, la cathédrale présente son vaisseau par le flanc; vous apercevez des parties des boulevarts, et tout près de vous la maison centrale, qui n'est qu'une prison, mais une prison de grande importance; la ville se développe, s'agrandit; ce n'est plus un hameau, c'est la demeure de quarante-cinq mille âmes.

Ces quarante-cinq mille âmes ne font presque pas de bruit. Si, dans un de ces moments où le vent cesse, appuyé contre la Tour-Magne et plongeant vos yeux sur la ville, vous écoutez s'il ne s'élève pas de cet amas de maisons quelque peu de ce murmure immense que Paris envoie à ceux qui le regardent des hauteurs de Montmartre, le silence semble s'augmenter de la surprise que vous éprouvez de ne rien entendre. C'est que, sauf quelques centaines de passants qui traversent de loin en loin les rues solitaires de la ville et qui s'entendent à peine marcher les uns les autres, les habitants de Nîmes vivent retirés au fond de leurs maisons, le plus grand nombre dans des ateliers écartés, dans des caves, où en même temps qu'ils font la trame de coton ou de soie du fabricant, ils défont celle de leur vie; car ce travail ténébreux et dévorant ne les laisse pas vieillir. Eh bien! dans cette poussière des ateliers, au fond de

16

ces caves qui étouffent le bruit des métiers battants, fermentent des passions politiques et des haines brutales qui viennent s'ajouter à toutes ces causes de destruction et à toutes ces misères. Des gens sages m'ont dit que ces passions et ces haines n'étaient pas toujours spontanées et qu'on pouvait trouver derrière des suggestions venues de plus haut. Si cela était vrai, il faudrait maudire les opinions qui vont jeter dans ces tristes réduits les paroles perfides et les *pour-boire* d'émeutes avortées, et qui entretiennent, dans des vues de réactions futures, ce reste de mœurs sauvages, vieux levain de boue et de sang que le temps a déjà affaibli.

La ville de Nîmes est divisée en trois parties très-distinctes, qui toutes trois ont un caractère différent. A toutes les extrémités, je devrais plutôt dire tout autour, sont les quartiers du peuple, ou faubourgs. Au centre s'étendent les boulevarts, plantés d'arbres, lesquels ne forment pas une enceinte continue, mais dont les deux bouts se lient par une promenade appelée le *cours* et par l'immense place où s'élève l'Amphithéâtre. Dans cette espèce de cercle irrégulier est comprise et comme enfermée la troisième partie de la ville, celle qui en est comme le noyau et qui se presse autour de la cathédrale. Les quartiers du peuple sont presque entièrement neufs; il y a peu de villes manufacturières où les gîtes de l'ouvrier aient meilleure apparence. Ils ont de l'air et du soleil, choses bien nécessaires à l'homme qui n'a guère à manger que du pain. Les boulevarts sont le quartier du haut commerce, et, j'imagine, des riches. Il s'y voit de belles maisons pareilles à toutes les belles maisons du monde, et la promenade y est intéressante, surtout quand le vent de nord-est n'enveloppe pas hommes et maisons dans des tourbillons de poussière. Mais la partie la plus pittoresque de la ville, c'est ce noyau de vieilles maisons qui sont groupées autour de la cathédrale; ce sont ces rues étroites et tortueuses, dont les boutiques sont occupées par le commerce de détail. Là, du moins, vous reconnaissez la ville du seizième siècle, la ville des consuls chaperonnés, la ville du capitaine Bouillargues et de Poldo d'Albenas. Mais la poésie y trouve plus son compte que la bonne hygiène. La plupart de ces maisons, construites dans les temps de trouble et de guerre civile, sont petites, étroites, écrasées, mal aérées; ayant le rez-de-chaussée au-dessous du niveau de la rue. Les eaux intérieures, ne pouvant s'écouler au-dehors, y croupissent dans des puisards creusés au milieu des cours, d'où s'exhalent des vapeurs méphitiques et des fièvres lentes. La cherté du bois interdit aux habitants d'une condition médiocre l'usage des revêtements de boiseries dans l'intérieur des appartements; outre que la multiplication excessive des insectes, sous un ciel si ardent, fait généralement préférer aux boiseries qui les attirent et, dit-on, les engendrent, des murailles enduites de mortier à la chaux qui les éloignent. Le *pittoresque* était complet, lorsque au-devant de ces maisons d'une laideur si vénérable, dans ces rues de la vieille cité, on tuait les cochons, les veaux, les moutons et les bœufs, et que le sang des bêtes égorgées se mêlait à la fange des ruisseaux; usage hideux qui a cessé depuis à peine vingt ans.

Toutefois ce n'est pas sans se monter un peu la tête qu'on parvient à retrouver, même dans ces rues qui ont peu changé, quelque air de l'orageuse histoire de Nîmes; il y a là bien peu de reliques du passé. Les villes de commerce se renouvellent sans cesse et sont peu préoccupées de la poésie des ruines. On n'est soigneux des vieilles choses que dans ces espèces de villes nobles, qui ne vivent que de leurs ressources et ne travaillent pas pour les autres. Ici les vrais monuments sont les ruines romaines, et, chose étrange, ils datent de l'époque où Nîmes n'avait pas d'histoire! On a donné à cette ville un art, comme on lui donnait un gouverneur, par dépêches impériales; quand elle a été maîtresse d'elle-même, qu'elle a eu des passions, des idées, une histoire, elle n'a su faire que des dégradations aux monuments qu'elle tenait d'autrui.

Il y a dans Nîmes des monuments de trois époques, l'antiquité romaine, le moyen âge, les temps modernes. Les deux portes dites de France et d'Auguste, l'Amphithéâtre, la Tour-Magne, la Maison-Carrée, les Bains de la Fontaine, le Temple de Diane, le Pont du Gard, monuments ou restes de monuments, telle est la part de l'antiquité romaine. La cathédrale y représente le moyen âge; le Jardin de la Fontaine et la prison dite *Maison Centrale*, les temps modernes. Je décrirai ces monuments dans leur ordre d'ancienneté, qui est le plus naturel, et avec aussi peu de termes archéologiques qu'il me sera possible, notre but étant de faire des descriptions où les savants trouvent la chose moins les mots, et où les lecteurs les moins familiers avec la terminologie de l'art puissent prendre une idée juste des monuments sans avoir à s'aider du vocabulaire de M. Quatremère de Quincy.

Je dois d'abord au lecteur un aveu loyal sur la source où j'ai puisé les éléments de la description qu'on va lire, en ce qui touche les monuments et ruines de l'époque romaine; c'est une dissertation inédite de M. Auguste Pelet, président de l'académie de Nîmes. M. Pelet, par une marque toute personnelle d'obligeance, et par suite de cet appel que nous avons fait à tous les savants de localité, dont quelques-uns le sont plus que certains de la capitale, patentés et rentés à ce titre, a bien voulu me confier ce manuscrit qu'il se réserve ultérieurement de faire imprimer. La dissertation de cet antiquaire, dont la sagacité égale la science, est, dans sa spécialité si intéressante, un travail qui pourrait servir de modèle. Les questions d'origine, d'usage, d'inscription, de restauration auxquelles peut donner lieu chacun de ces monuments, m'y semblent traitées plus complètement, plus ingénieusement, et résolues dans un sens plus près de la vérité, qu'en aucune autre dissertation qui ait paru sur ce sujet. J'emprunterai donc à M. Pelet ses idées, ses conclusions, quelquefois ses expressions, me bornant, pour tout mérite, au travail assez délicat d'ailleurs de traduire en langue vulgaire, et accessible à tous, des jugements qui, dans la dissertation de M. Pelet, sont exprimés dans la langue sévère et scientifique de la spécialité. J'aime à me reconnaître publiquement redevable à M. Pelet des bonnes choses qu'on rencontrera dans cette description, mêlées à mes arrangements et à mes impressions personnelles. M. Pelet est un des hommes les plus distingués de Nîmes; à ce titre il appartient à l'histoire de sa ville natale, et je suis heureux que ce soit lui-même qui se charge de s'y faire une place [1].

---

[1] J'ai eu occasion, dans la *Revue de Paris*, de parler, avec tous les éloges qu'un sentiment vrai de surprise et de plaisir m'a pu suggérer, des modèles de quelques monuments romains du midi, que M. Pelet a exécutés en liège avec une exactitude, une patience et une adresse de main infinie. Ces modèles de M. Pelet mériteraient de figurer parmi les curiosités les plus précieuses de la Bibliothèque Nationale.

I.

MONUMENTS DE L'ANTIQUITÉ ROMAINE.

LA PORTE DE FRANCE ET LA PORTE D'AUGUSTE.

L'historien Ménard prétend que les murs de la ville romaine étaient percés de dix portes. Cette assertion est difficile à vérifier ; de ces dix portes, c'est à peine si on peut trouver les vestiges de trois.

La *Porte de France* est à l'angle le plus méridional des murailles de la ville. Elle est formée d'un seul portique à plein cintre et surmontée d'un attique décoré de quatre pilastres, lesquels supportent une corniche qui en forme le couronnement. Les murailles étaient de niveau avec cette corniche. La Porte de France est flanquée de deux tours demi-circulaires ; une grande rainure qui se voit dans l'épaisseur des pieds-droits ou pilastres sur lesquels pose le plein cintre, indique que cette porte se fermait au moyen d'une herse. Le chemin qui y venait aboutir s'appelait *via munita :* aujourd'hui la Porte de France fait face à la route de Saint-Gilles.

La *Porte d'Auguste* est un monument plus orné. Elle est formée de deux grands portiques à plein cintre et de deux petits à côté des grands, apparemment pour l'usage des gens de pied. Au-dessus de ces deux petits portiques sont creusées deux niches demi-circulaires, qui contenaient les statues soit des divinités protectrices de la colonie, soit des deux petits-fils adoptifs d'Auguste, Caïus et Lucius, dont le premier était qualifié du titre de *patronus coloniæ*. On lit sur la frise de la Porte d'Auguste cette inscription qui donne pour date de la construction des murs de Nimes la huitième année de la puissance tribunitienne d'Auguste.

IMP. CAESAR. DIVI. F. AVGVSTVS. COS. XI. TRIBV. POTEST. VIII. PORTAS.
MVROS. COL. DAT.

« César, empereur, Auguste, fils du divin César, en l'année onzième » de son consulat et huitième de sa puissance tribunitienne, donne à la » colonie des portes et des murs. »

Les lettres de bronze ont disparu : mais les rainures dans lesquelles elles étaient enchâssées existent encore et sont d'un beau caractère.

Deux têtes de taureau décorent la clef ou le sommet des deux grands portiques.

En 1390, Charles VI avait fait construire un château-fort sur l'emplacement de cette porte. Ce château, détruit en partie lors des guerres de religion, fut entièrement démoli en 1793. Les démolisseurs allaient abattre la porte qui en faisait partie, quand il se trouva quelques citoyens courageux qui empêchèrent cette destruction. Aujourd'hui la Porte d'Auguste sert d'entrée à une caserne de gendarmerie. On a cousu cette caserne grossière à ces quatre portiques d'un aspect si noble et d'une architecture si élégante. Il est piquant de voir quelqu'un de ces utiles défenseurs de l'ordre public traînant son sabre sous cette porte qui avait été faite pour des entrées triomphales, et un massif de pierres troué de fenêtres bouchant la rue qui continuait la voie domitienne et qui versait les voyageurs de la colonie sur les trois routes d'Ugernum, d'Arelata, et d'Aurosio (Uzès, Arles, Orange).

LA TOUR-MAGNE.

Situé sur la plus haute des collines auxquelles est adossée la ville, ce reste de tour s'aperçoit de très-loin à la ronde et domine un immense horizon. Sa position et ses dimensions colossales lui ont sans doute valu le nom qu'elle porte aujourd'hui et dont l'étymologie *turris magna* ne saurait être douteuse, même pour qui ne sait pas le latin.

Ce monument est horriblement dégradé. Sa hauteur est d'environ cent pieds. On peut voir qu'il était composé de plusieurs étages superposés et en retraite les uns sur les autres. Ces divers étages formaient des octogones réguliers. On a fait des suppositions sur ce que devait être le faîte de la tour; les uns ont voulu que ce fût une coupole, les autres une plate-forme; la question est encore à décider.

En 737, Charles-Martel avait voulu détruire la Tour-Magne, pour enlever ce point militaire aux Sarrasins. En 1185, époque où Nîmes appartenait aux comtes de Toulouse, la Tour-Magne devint une forteresse, dont la reddition donnait lieu à des traités entre les princes. Aujourd'hui on y a perché une loge télégraphique. Dans l'excavation profonde qui donne

NIMES.

LA TOUR MAGNE.

à cette tour l'aspect d'un puits dont on aurait arraché une des parois,
vous voyez la cabane en bois peint où l'employé des lignes télégraphiques
se hisse, tous les jours de beau temps, par un escalier dont la petite
porte est au pied de la tour. Les partisans de l'utile trouvent qu'on ne
pouvait donner un meilleur emploi à cette magnifique ruine; pour moi,
j'eusse aimé mieux y voir des nids d'aigle ou de chat-huant qu'une ca-
hutte télégraphique.

Quelle a été la destination primitive de la Tour-Magne? Etait-ce un *œra-
rium* ou trésor public, un phare, une tour de signaux, un temple? Dans
les dissertations archéologiques, la Tour-Magne a été tour-à-tour tout
cela. M. Pelet prouve par des raisons solides tirées de la comparaison avec
des ouvrages analogues, que ce monument a été un mausolée, dont la construction est antérieure à l'époque romaine, et peut bien dater de l'occupation des Grecs de Marseille. Si cette explication est la vraie, il faudrait
donner à la Tour-Magne la première place dans l'ordre chronologique des
monuments de Nimes.

La Tour-Magne était liée aux anciennes fortifications qui, à diverses
époques, avaient entouré et défendu la ville de Nimes. Elle servait comme
d'une tourelle avancée où se rejoignaient les deux pans du mur d'enceinte.
Dans toutes les démolitions ou reconstructions qui furent faites successivement des remparts de Nimes, selon les chances de la guerre, la Tour-Magne
fut toujours respectée. En 1601, lorsque François Traucat, ce planteur
de mûriers dont il a été question dans le cours de cette histoire, obtint de
Henri IV l'autorisation de faire des fouilles dans l'intérieur de la Tour-
Magne [1], toute la ville s'émut d'inquiétude pour sa belle ruine; on murmurait tout haut contre les lettres du roi : les uns, par un sentiment

---

[1] Les lettres de Henri IV à ce sujet sont curieuses de naïveté. « Sur l'advis, dit le roi, qui nous a
» esté donné par nostre cher et aymé François Traucat, bourgeois de la ville de Nismes, que soubz
» la ruyne du bastiment de la tour appelée Tourou-Maigne, de l'ancienne clousture de la dicte ville
» de Nismes, il y a ung trésor caché, du temps que les Romains et les Sarrazains occupaient la dicte
» ville et le pays; et désirant la recherche, perquisition et *recouvrement* du dict trésor estre faicis;
» à ceste cause, etc., » suivent les mandons et ordonnons. Traucat est autorisé à faire les fouilles, sous
la protection et avec le concours des autorités royales, « nonobstant opposition ou appellations quel-
» conques, pour lesquelz ne voullons être differé. Car tel est nostre plaisir; à la charge toutes fois que
» le dict Traucat sera tenu de fere l'advance des frais qu'il conviendra pour cet effaict; et tout ce
» quy se trouvera au dict trésor, soit or, argent, mestail, ou autres choses, le tiers en demeurera
» au dict Traucat; nous réservons les autres deux tiers pour employer en noz urgents affaires, etc.....
» Douné à Fontainebleau, le 22 may, l'an de grâce 1601, et de nostre règne le douzième. » Il n'est
pas doutenx que le bon roi n'ait cru au trésor de Traucat.

filial pour l'un des plus beaux monuments de leur ville, les autres, par envie contre Traucat qui ne les avait pas mis en tiers dans la trouvaille. La rumeur en fut si forte, qu'un conseil général extraordinaire s'assembla, le samedi 4 août, à son de cloches, à l'effet de prendre des mesures pour la conservation de la Tour-Magne. Le jour où les travaux commençaient, les consuls se transportèrent sur le lieu, accompagnés des prud'hommes et des voyers de la ville, et assistèrent aux premières opérations de Traucat. On avait eu soin d'exiger de lui qu'il n'entreprendrait rien qui endommageât l'édifice, et on commit un inspecteur pour surveiller, en l'absence des consuls, les travaux de ses pionniers. Le sénéchal, de son côté, représentant les intérêts du roi, nomma un inspecteur particulier lequel devait contrôler les travaux, concurremment avec l'inspecteur de la ville, bien moins, je suppose, pour avoir une garantie de plus de la conservation de l'édifice, que pour empêcher tout détournement clandestin des deux tiers que le roi s'était réservés, dans le trésor à trouver, *pour ses urgentes affaires.* Cet inspecteur était à la charge de Traucat. Les fouilles furent sans résultat. Traucat y perdit son temps et son argent.

La fable a bien raison : les vrais trésors sont ceux que le travail tire du sein de la terre. C'est le raisin, l'olive, la feuille de mûrier, qui poussent sur ces monticules caillouteux dont la ville est entourée au midi, qui sortent d'entre ces galets, ce sable et cette argile dont est formé le sol tout autour de la vieille ruine. Traucat avait été plus heureux et plus inventif dans ses plantations de mûriers que dans ses fouilles. De 1564 à 1606, ses pépinières avaient fourni au Languedoc et à la Provence plus de quatre millions de pieds de mûriers, et Henri IV faisait beaucoup plus sagement en lui donnant une pension pour cette découverte, et en lui permettant, par privilège spécial, de planter son arbre partout où il voudrait, qu'en l'autorisant à se ruiner dans les fouilles de la Tour-Magne. Mais le mauvais état des finances du roi le forçait à compter, dans ses recettes éventuelles, les trésors des Sarrasins et des Romains; le besoin d'argent le rendait crédule.

Au pied méridional du coteau sur lequel la Tour-Magne est assise, sort une fontaine abondante, qui a été selon toute apparence la première cause de la fondation de Nimes. Le poëte Ausone la nomme *Nemausus*. Jusqu'au milieu du dix-huitième siècle, on ne soupçonnait pas que cette fontaine fût obstruée des débris d'un magnifique établissement romain, et que tout autour le sol se composât de monuments enfouis. A cette époque, l'encombrement des dévastations successives des Barbares avait tellement exhaussé le terrain des environs de la fontaine, que la prise d'eau d'un moulin que possédaient à la source même les religieuses de Saint-Sauveur, était à cinq pieds au-dessus du niveau des bassins de l'établissement romain.

Des fouilles votées en 1730 par les États de la province, et commencées en 1738, mirent à découvert les Bains de la Fontaine. La curiosité publique était si vivement excitée qu'il fallut placer des troupes aux avenues pour protéger les travaux et repousser la foule. Cent cinquante ouvriers, employés aux déblaiements et partagés en divers ateliers, exhumèrent successivement des restes d'édifices somptueux, des colonnes, des statues, des marbres, des porphyres, des inscriptions. D'abord, ces fragments furent transportés à l'évêché par les soins de l'évêque lui-même; puis leur nombre s'augmentant chaque jour, et la curiosité et l'argent diminuant en proportion, on négligea ces richesses, on suspendit les fouilles : « Ce ne sont que des ruines de bains, » dirent dédaigneusement les savants de la ville, lesquels ne savaient pas que les bains romains embrassaient dans leur enceinte des gymnases, des palestres, de longues galeries, des portiques, des jardins, et que de ces bains-là Ammien-Marcellin disait que c'étaient plutôt des provinces que des édifices. On ne songea donc plus qu'à restaurer la fontaine, qu'à régler le cours d'eau et à recouvrir de terre cette mine de sculpture et d'architecture antique dont les savants faisaient fi. De là l'origine de ces terrasses en forme de bastions et de ces canaux en forme de fossés, qu'un certain Philippe Maréchal, architecte de fortifications, fit établir sur les bases antiques des monuments découverts, avec l'accompagnement obligé des chicorées et des amours bouffis de l'époque de madame de

17

Pompadour. C'est ce beau travail, moitié militaire, moitié galant, qu'on appelle aujourd'hui la Fontaine. Une inscription latine gravée sur un mur en pierre de taille qui fait face à la source du côté du midi, présente cette construction malheureuse comme une sorte de conquête sur les Barbares. Ce n'est, en tout cas, qu'une conquête relative.

Deux inscriptions parfaitement semblables et symétriquement placées dans le bassin même de la source, ne laissent aucun doute sur l'époque des premières constructions de ces bains [1]. En voici le texte :

IMP. CAESARI. DIVI. F.

AVGVSTO. COS. NONVM.

DESIGNATO. DECIMVM.

IMP. OCTAVVM.

Cette date se rapporte à l'an de Rome 729, vingt-cinq ans avant J.-C. Auguste avait alors trente-huit ans, était désigné pour son dixième consulat, et recevait pour la huitième fois le titre d'*imperator*.

« En 93, » dit M. Pelet, « ces inscriptions parurent empreintes de » féodalité et furent effacées ; toutefois on peut encore en distinguer » quelques lettres. »

LE TEMPLE DE DIANE.

A quelque distance de la source, à gauche, se trouve un reste d'édifice connu depuis long-temps sous le nom de Temple de Diane. La façade primitive n'existe plus, et l'intérieur, qui servait de chapelle, en 1430, au monastère des religieuses de Saint-Sauveur, n'est plus aujourd'hui qu'une belle ruine où l'architecte trouve à peine assez de données pour des restaurations conjecturales.

Ce monument, enchâssé dans le roc, est entièrement construit en pierres de taille posées à sec sur leur lit de carrière. On ne peut guère le décrire qu'en le restaurant par la pensée, c'est-à-dire en mêlant le passé au présent. Son plan est rectangulaire ; une porte à plein cintre en forme l'entrée. Douze niches, dont cinq sont pratiquées de chaque côté dans les deux parois du temple, et deux à droite et à gauche de la porte, en déco

[1] La richesse et la variété des débris découverts donnent lieu de croire que ces constructions furent complétées par Adrien, à l'époque où ce prince remplit l'empire de monuments.

rent l'intérieur. Ces niches, surmontées de frontons alternativement circulaires ou triangulaires, renfermaient des statues. Seize colonnes d'ordre
composite supportaient un entablement simple et élégant sur lequel po-
sait une voûte à plein cintre, d'une forme légère et hardie. Le Temple de
Diane n'a plus d'autre voûte que le ciel. Au fond de l'édifice était apparemment la statue du dieu, le dieu de la fontaine, Nemausus, s'il est
vrai, comme M. Pelet me paraît l'avoir démontré, que ce temple se liât
au vaste système des constructions des bains, et fît partie de cette *province*, pour parler comme Ammien-Marcellin.

Encore au temps de Poldo d'Albenas, dont j'ai cité un passage curieux
au commencement de cette histoire, l'intérieur de ce charmant édifice
était intact, sauf les statues profanes qui avaient dû y être remplacées par
des saints. Une gravure du livre de Poldo me l'a montré dans toute la
grâce de ses proportions, et m'a fait soupçonner toute la délicatesse de
son architecture. Il y a peu de monuments plus regrettables que celui-
là. En 991, l'évêque de Nimes, Frotaire, le donna pour église à un monastère de filles qu'il fonda auprès et qui prit le nom d'*abbaye de Saint-
Sauveur de la Fontaine*. En 1562, de Jean, capitaine des protestants, pilla
et dévasta l'église, et en chassa les religieuses; quelques années après,
les Nimois, craignant que le maréchal de Bellegarde ne s'emparât de ce
monument pour le fortifier, abattirent toute la partie qui fait face au
midi et réduisirent l'édifice à un état de délabrement qui n'a fait qu'em-
pirer depuis. Les guerres religieuses ont, sur plusieurs points de la
France, continué l'œuvre des Barbares du cinquième siècle. Le présent
est sans pitié pour le passé.

Le Temple de Diane a un charme particulier de solitude et de tris-
tesse. L'art qui rebâtit, recrépit, badigeonne, n'a plus rien à y faire et
n'y touche plus. On le laisse là, seul, abandonné, ne se défendant plus
que par le respect qu'il inspire ou par l'indifférence de ceux qui passent
auprès. Une grille empêche les enfants, ces ennemis d'instinct de tout
ce qui est vieux, d'y venir aider le temps à consumer ces restes, et de
mettre des bâtons dans les crevasses pour disjoindre plus vite les murailles. Une espèce de *cicerone*, avec le chapeau à cornes de gardien offi-
ciel, vous ouvre cette grille et vous bredouille des explications qui n'ont
aucun rapport avec les dernières découvertes de la science et n'ont pas
fait un pas depuis vingt ans. Pendant que la science dispute si ce mo-

nument n'a pas été dans l'origine un lavacrum, faisant partie du système général des bains, un lieu où l'on prenait des douches sudorifi-
ques, l'imperturbable gardien vous montre la place *où les prêtres se
cachaient pour faire parler leurs dieux*, le sanctuaire de la sibylle et
l'abattoir où l'on immolait les bœufs du sacrifice. Des figuiers sauvages
sortis d'entre les fentes des murailles, et qui s'y nourrissent de cet im-
perceptible humus qui s'engendre de toutes les ruines, versent leur pâle
feuillage et leur ombre transparente sur les débris de chapiteaux et d'en-
tablements qui gisent aux pieds des murs, comme s'ils voulaient voiler
ces irréparables destructions. Rien ne se peut voir de plus touchant que
cette ruine, que la science de M. Pelet, malgré le nombre et la force de
ses preuves, ne parviendra peut-être jamais à enlever au monde vague
et mélancolique des conjectures.

LE PONT DU GARD.

La merveille du Languedoc, le reste le mieux conservé de l'art vraiment romain, c'est l'Aquéduc ou Pont du Gard. Après deux heures de
route à travers un pays riche, le long de coteaux tout argentés d'oliviers,
on arrive sur les bords du Gardon, rivière capricieuse qui passe sous le
Pont du Gard. Ce merveilleux monument ne se montre aux yeux que
quand on en est tout près. Il est caché par des montagnes couvertes de
chênes nains, arbre triste d'un vert noir, qui n'a besoin que d'un peu
de terre végétale pour prospérer, c'est-à-dire pour languir pendant quelques années. Ces montagnes font un coude rentrant, à l'endroit même
où le pont a été construit, et c'est ce qui fait qu'on ne le voit tout entier
que quand on est au pied du monument. Il y a un moment toutefois
où l'on aperçoit, par-dessus les arbres, une ou deux des arcades supérieures dont la courbure gracieuse et la belle couleur feuille-morte vous
causent une sensation inexprimable de surprise. Cela est si étrange, de
trouver un monument hors de l'enceinte des villes, un édifice destiné à
n'être point vu; de l'architecture pour les voleurs, les vagabonds et les
loups! car l'aquéduc n'était, après tout, qu'un conduit d'eau, avant
que les modernes y eussent accolé un grand chemin.

L'insuffisance des eaux de la Fontaine de Nîmes, en été, dut inspirer
aux fondateurs de la colonie l'idée de chercher par quels moyens on y

Pont du Gard

À Paris, chez Deserme, Libraire, Rue Hautefeuille, N° 10

pourrait suppléer. A sept lieues de Nîmes, la fontaine d'Eure fournissait à Uzès (Ugernum) une eau abondante et très-saine : on fit sept lieues d'aqueduc pour amener l'eau d'Uzès à Nîmes. De tels travaux n'effrayaient pas les Romains. Une inscription découverte sur un aqueduc, qui n'est que la suite de celui du Gard, donne l'honneur de cette magnifique construction au gendre d'Auguste, Agrippa, que ses goûts hydrauliques avaient fait qualifier de *curator perpetuus aquarum*, curateur perpétuel des eaux.

A trois lieues au nord-est de la ville, il fallait franchir une vallée de trois cents mètres de largeur, au fond de laquelle coule le Gardon, et faire passer de plain pied, du sommet d'une montagne à l'autre, à cent cinquante pieds en l'air, une rivière portée sur un pont.

On éleva un édifice de cent cinquante pieds de haut et de huit cents de long, et la rivière franchit la vallée. Il faut dire de certains ouvrages des Romains ce qu'on a dit de ceux de Dieu ; cela était parce qu'ils voulaient que cela fût.

Cet édifice, bâti en pierres de taille sans ciment, est formé de trois étages d'arcades superposés à plein cintre.

Le premier étage a six arcades ; c'est sous la seconde, du côté de la rive gauche, que coule le Gardon dans les eaux ordinaires. Cette arcade est plus grande que les cinq autres. La hauteur de l'étage est d'environ soixante pieds.

Le second rang se compose de onze arcades correspondant parfaitement à celles de l'étage inférieur, mais en retraite sur ces dernières, puisque leur épaisseur est moindre. La hauteur de ce second étage est la même que celle du premier.

L'étage supérieur, aussi en retraite sur celui du milieu, présente trente-cinq arcades égales, ayant environ douze pieds d'ouverture. C'est sur ce troisième rang que se trouvait l'aqueduc. Des dalles de plus de six pieds de largeur et d'une seule pièce couronnent l'édifice et recouvrent l'aqueduc dont la hauteur et la largeur sont d'un peu plus de trois pieds. Sa forme est une voûte renversée. On peut se donner le plaisir d'y entrer et de cheminer en se baissant sous cette couverture de dalles, lesquelles sont percées, à des intervalles égaux, d'ouvertures carrées par lesquelles la lumière pénètre dans l'aqueduc. Ceux qui ne craignent pas de se sentir à cent cinquante pieds en l'air, marchant sur des dalles

de six pieds de large, au-dessus d'une rivière dont le lit est de roc vif,
peuvent jouir de la vue d'un de ces beaux paysages sévères et ardents
comme en offre la nature du Midi. De cette espèce de terrasse, où l'on
peut se promener sans danger et qui devait servir de chemin aux gens
de pied que leurs affaires conduisaient dans ce lieu solitaire, on domine un magnifique horizon. Chose singulière, on ne voit pas l'aquéduc
avant d'y arriver; et, du haut de l'aquéduc, on voit toutau tour de soi
à une immense distance. En aval et en amont, vous avez le Gardon,
torrent fougueux en hiver, en été, petit ruisseau méandreux, sonore,
plein de caprices et de points de vues changeants. Il sort du vallon formé
par les deux chaînes de collines, et s'avance librement dans la plaine,
vers le Rhône qui doit l'engloutir. Son lit est tantôt un pavé de rochers
légèrement bombés qui sonnent le creux comme une voûte, tantôt
d'arides bruyères, tantôt de petits arbustes rabougris, qui plient la tête
pendant les crues et se relèvent quand le soleil a changé le fleuve en
ruisseau. Sous la principale arcade de l'aquéduc, qu'il n'a même pas
pu érailler encore, il est emprisonné entre deux murailles de roc sur
lesquelles pose l'arcade, et qui contiennent, en été, toute la masse de
ses eaux. Quand vous avez contemplé le paysage, un détail fort curieux
attire vos regards. A vos pieds, sur ces dalles où vous êtes assis, sont gra-
vées, au milieu d'inscriptions dont quelques-unes ont plus de deux siècles,
des figures de fer à cheval, de marteaux et autres instruments grossière-
ment sculptés, du temps de nos pères, par des ouvriers appartenant aux
confréries représentées par ces outils, et qu'apparemment leur tour de
France avait amenés au pont du Gard. Les pluies de dix-huit siècles ont
ridé cette pierre, mais ne l'ont pas entamée. Des noms écrits au dix-
septième siècle sont aussi lisibles que s'ils étaient d'hier. Le temps s'ar-
rête devant les monuments romains que les hommes ont respectés. Qui
peut dire combien d'années encore la civilisation peut prolonger la vie
de l'aquéduc du Gard?

Voici le peu qu'on connaisse des destinées de ce monument, mis hors
de service, comme tous les autres, par les mêmes Barbares et à la même
époque. Le 6 mars 1450, Charles VII le visita et y fit faire quelques réparations, nécessitées par des inondations récentes. Cent trente-quatre
ans plus tard, le duc de Crussol y reçut Charles IX, et lui fit offrir des
confitures par des jeunes filles en costume de nymphes, fait notable dans

son genre, que j'ai dû consigner dans la partie historique. On peut voir, à quelques pas du pont, la grotte d'où sortirent ces nymphes de l'invention du duc de Crussol. Avant cette époque et du temps de Poldo d'Albenas, des échancrures avaient été pratiquées dans les pilastres du second étage pour faire un chemin de pied, et, d'après une gravure du temps que j'ai sous les yeux, des mulets chargés passaient sur le rebord du premier étage, sous ces échancrures qui étaient profondes et qui devaient mettre en danger l'édifice. « Puisque nous auons fait mention du pont du » Gard, » dit Poldo, « faut entendre qu'il sert à présent de pont, prin- » cipalement le premier estage, lequel a esté entrecoupé, et les pilastres » tous éberchez d'un costé, tellement qu'un mulet y peut passer tout » chargé; et ce a esté fait pour la commodité des gens du païs, et pour » abréger le chemin de deux lieues, ou environ. »

Ces échancrures avaient fini par ébranler l'édifice et le faire surplomber du côté d'amont. En 1699, M. de Bâville, intendant du Languedoc, y envoya un architecte et un abbé, pour aviser aux réparations nécessaires; et, l'an d'après, les états de la province arrêtèrent qu'on remplirait les coupures, ce qui sauva l'édifice. Toutefois les raisons de commodité dont parle Poldo d'Albenas étant les mêmes, ou plutôt devenant plus urgentes, à cause des intérêts de plus en plus nombreux qui réclamaient un passage au pied de l'aquéduc, en 1747, on adossa au premier étage un pont destiné à toutes sortes de voyageurs et de transports. Une médaille frappée à cette occasion porte cette légende : *Nunc utilius* (maintenant plus utile). C'est vrai ; mais on est forcé de dire : *Maintenant moins beau.* Il ne se peut rien voir de plus disgracieux que cette énorme excroissance de pierre qui est collée au premier étage et qui en donnant une base monstrueuse à l'édifice, gâte son plus beau caractère, qui est la légèreté. Il faut passer du côté opposé à ce pont de raccord pour jouir de toute la beauté du monument, outre que la couleur des pierres est plus belle et leur ton plus chaud de ce côté d'amont que du côté d'aval.

Le simple itinéraire de cet aquéduc effraie l'imagination. Tantôt il gravit les montagnes, ou s'y fraie un chemin dans le roc; tantôt il longe les coteaux, suspendu çà et là sur des arcades semblables à celles du troisième rang du pont du Gard, suivant toutes les sinuosités du sol, afin de garder son niveau ; ici il perce les montagnes et ressort par les gorges

étroites qu'il franchit encore sur des arcades ; là il traverse un étang aujourd'hui desséché ; ailleurs , dans une longueur de plus d'une lieue, il
est plein jusqu'aux bords d'une eau courante, et fournit à l'arrosage de
plus de vingt jardins ; il passe sous des métairies , à travers des hameaux
qui sont bâtis sur ses voûtes , sans s'en douter ; enfin il arrive à Nîmes ,
et ses dernières traces se voient tout proche de la Fontaine, où il faut
croire que devait être le principal réservoir. La longueur entière de ce
travail de géants n'a pas encore été calculée; mais on pourra se l'imaginer
quand on saura qu'à deux lieues seulement de sa prise d'eau, il a déjà
plus de quinze mille cinq cents mètres d'étendue.

M. Pelet parle de la restauration de cet aquéduc comme d'un travail
très-praticable. « Deux millions et demi, » dit-il , « suffiraient pour
» donner à Nîmes toute l'eau dont elle a besoin , et pour conserver le
» plus beau monument romain du Midi. La France, qui en est le vrai
» propriétaire, et le monde savant venant en aide, ne pourrait-on pas
» garder et utiliser le magnifique héritage des Romains? » Hélas! avec
deux millions et demi, on donnerait de l'eau à vingt provinces. Les
puits artésiens ont détrôné les aquéducs, et l'art n'est plus seulement
subordonné à l'utile , mais encore au bon marché. Les vœux de M. Pelet
seront-ils entendus? J'ai peur que non. L'art ne doit plus guère compter
sur des millions; c'est à peine s'il peut prétendre aux centimes addi-
tionnels. Il vivote des reliefs des votes municipaux , c'est là tout.

Dans ces dernières années, les visiteurs du pont du Gard ont eu le
spectacle d'une troupe de Bohémiens campés au pied du pont, sous la
même grotte, j'imagine, d'où sortirent les nymphes qui allèrent au-devant de Charles IX lui portant des boîtes de confitures. Je n'ai pas été assez
heureux pour voir le contraste de cette misère pittoresque avec la grandeur de l'art romain ; le jour que j'allai au pont du Gard , j'eus un spectacle moins piquant, mais plus édifiant. C'était un bon prêtre de campagne, descendu de son mulet, et qui lisait son bréviaire, assis sur l'herbe,
ayant à côté de lui un gros parapluie replié, son ombrelle de voyage,
et son mulet, la bride traînante, qui humait l'ombre de la grotte. Il ne
leva pas les yeux pour nous voir passer. Des Bohémiens n'auraient pas été
si réservés, si j'en dois croire ce qu'on m'a dit dans le pays de leur au-
dace. Ce sont d'effrontés mendiants, qui savent voler au besoin ce qu'on
ne leur donne pas, et qui demandent du ton de gens qui prendront ce

NIMES.

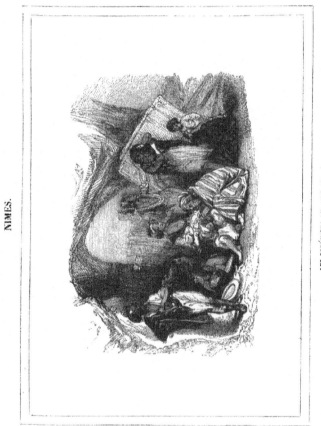

LES BOHÉMIENS AU PONT DU GARD.

qu'on leur refuse. Ils entrent deux dans une boutique, et pendant que l'un marchande, l'autre vole. On sait leurs habitudes et on s'en méfie; mais la crainte d'être volé n'est jamais si habile ni si ingénieuse que l'amour de vendre; aussi beaucoup de marchands y sont pris. Si les Bohémiens voient manger un enfant sur le devant de la porte paternelle, ils vont lui prendre son morceau de pain; ils iront intrépidement jusque dans l'arrière-chambre tendre la main aux gens qui sont à table. Ils sont craints et tolérés : la superstition et la curiosité les protègent; on aime à les voir s'en aller et à les voir revenir. Les petits enfants en ont grand'peur, parcequ'on les a souvent menacés des *Boumians*. Les mères qui leur font ces menaces, pour apaiser leurs cris, en ont plus peur encore, car les Bohémiens passent pour enlever les enfants.

C'est dans les mois d'août et de septembre, aux fêtes de saint Roch et de saint Michel, qu'on voit arriver à Nîmes, entassés sur de mauvaises charrettes traînées par des mules, ou chassant devant eux des troupes d'ânes et de petits mulets qu'ils vont vendre dans les foires, ces demi-sauvages, vrais enfants perdus de la Providence. Ils couchent à la belle étoile, ordinairement sous les ponts : leur quartier-général, à Nîmes, est le Cadreau (en patois, *lou Cadaraou*), petit pont jeté sur un ravin qui descend d'une des collines et sert de voierie publique. C'est là qu'on peut les voir demi-nus, sales, accroupis sur de la paille ou de vieilles hardes, et mangeant avec leurs doigts les chiens et les chats qu'ils ont tués dans leurs excursions crépusculaires. Dans les jours de foire, ils sont tour-à-tour marchands, maquignons, mendiants et saltimbanques. Les jeunes filles, aux grands yeux bruns et lascifs, au visage cuivré, pieds nus, la robe coupée ou plutôt déchirée jusqu'aux genoux, dansent devant la foule, en s'accompagnant d'un bruit de castagnettes qu'elles font avec leur menton. Ces filles, dont quelques-unes ont à peine seize ans, n'ont jamais eu d'innocence. Venues au monde dans la corruption, elles sont flétries avant même de s'être données, et prostituées avant la puberté. Ces Bohémiens parlent un espagnol corrompu. L'hiver, on ne les voit pas : où vont-ils? d'où viennent-ils?

L'hirondelle, d'où nous vient-elle[1]?

J'ai senti les jouissances les plus vraies et les plus durables en pré-

[1] De Béranger, Chansons.

sence du pont du Gard. Cette grande construction solitaire, qui se cache
dans le coude de deux montagnes, et franchit si hardiment de l'une à
l'autre ; ces arcades immenses qui encadrent des horizons tout entiers,
qui s'engendrent les unes les autres, jusqu'à cent cinquante pieds en
l'air, et forment trois ponts superposés, non pour l'eau, mais pour
l'air si pur et si transparent du midi ; ce plein-cintre si harmonieux, la
création de l'art romain ; ce jaune d'or qui revêt toutes les pierres ; cette
diversité infinie dans les détails, et cette majestueuse unité dans l'ensemble ; cette petite rivière, si vieille et si fraîche, qui semblait en ce
moment dormir, et coulait comme une nappe d'huile sous l'immense
aquéduc ; ces vignes semées çà et là tout à l'entour, et dont le feuillage
robuste et charnu résistait seul, au milieu d'une verdure mourante, au
soleil et au vent aride du nord ; ces deux chaînes parallèles de montagnes,
qui, toutes lourdes qu'elles sont, se recourbent et se plient au gré des
détours de la petite rivière ; cette nature si singulière du midi, où la
fécondité se devine, et où l'aridité se fait sentir ; ce point de la terre,
unique par son originalité, où j'imagine que l'architecte tel quel qui
jeta d'une montagne à l'autre l'aquéduc du Gard dut venir rêver quelquefois à son œuvre, si l'on rêvait dans ce temps-là ; ce ciel qui dore les
pierres, et cet art qui n'était que la forme donnée aux choses de première nécessité, art sans nom, impersonnel ; toutes ces grandeurs de
la nature et de l'homme, ont laissé dans ma pensée quelque chose de
plus grave que des souvenirs d'une curiosité satisfaite. Il y a une mys-
térieuse éducation dans la contemplation de ces grandes harmonies ; et
si cela ne donne pas le génie à qui ne l'a pas reçu du ciel, cela entre-
tient et perfectionne la sensibilité qui nous dédommage de n'avoir pas
le génie.

L'AMPHITHÉÂTRE.

L'époque précise où fut fondé l'Amphithéâtre de Nîmes est un point
d'archéologie très-débattu ; les uns veulent qu'Antonin l'ait fait construire ;
les autres, s'appuyant sur des débris d'inscription, lui donnent pour fon-
dateur un des membres de la famille flavienne, soit Vespasien, soit
Titus, soit même Domitien. Entre les deux époques présumées, la différence n'est que de soixante ans : « C'est peu, » remarque M. Pelet,

NIMES.

LES ARÈNES.

« dans l'âge d'un monument qui a déjà dix-huit siècles d'existence. »

L'Amphithéâtre, construit pour des jeux, des combats de gladiateurs et d'animaux, des naumachies, fut pour la première fois converti en citadelle par les Visigoths, qui en flanquèrent la porte orientale de deux tours, appelées Tours des Visigoths, lesquelles étaient encore debout en 1809. Nous avons vu Charles-Martel, en l'an 737, y assiéger les Sarrasins et y mettre le feu. Après l'expulsion des Barbares, l'Amphithéâtre continua d'être un château fort. La garde en était confiée à des chevaliers qui y avaient leurs logements et étaient liés entre eux par le serment de défendre ce poste jusqu'à la mort. On a pu lire, dans la partie historique, au chapitre du consulat, quelques détails sur l'existence et les privilèges de ces chevaliers. Vaincue par la commune, cette caste abandonna d'abord ses anciens privilèges, puis, peu à peu, les maisons même qu'elle occupait dans l'enceinte des Arènes, et qui furent désormais habitées par le petit peuple. Encore en 1809, une population de deux mille âmes était entassée dans l'Amphithéâtre, qui fut déblayé de ses hôtes et de leurs cabanes par les soins de M. d'Alphonse, préfet d'alors.

Je pense que quelques détails sur la grandeur et sur la *commodité* de cet édifice seront lus avec plus d'intérêt que d'arides renseignements architectoniques; outre qu'ils seront compris de tout le monde.

La façade circulaire de l'Amphithéâtre est composée d'un rez-de-chaussée, d'un premier étage, et d'un attique qui en fait le couronnement. Soixante portiques communiquent du rez-de-chaussée dans l'intérieur des Arènes. Un même nombre décore le premier étage. L'attique s'élève au-dessus; tout autour sont, au nombre de cent vingt, des consoles ou saillies de pierre, percées de trous circulaires, où étaient enfoncées des poutres propres à soutenir le *velarium*, rideau immense qu'on tendait sur l'Arène, du côté où plongeait le soleil. Un petit escalier, creusé dans l'épaisseur du mur, au-dessus de la porte du nord, était réservé aux esclaves commis à ce service.

Trente-quatre gradins, de quarante-neuf à cinquante centimètres de haut, de soixante-quinze à quatre-vingts centimètres de large, et qui servaient à la fois de sièges et de marchepieds, montaient circulairement du *podium* jusqu'à l'attique. Ces trente-quatre gradins étaient divisés en quatre *précinctions*, figurant les rangs de loges dans nos théâtres, et ayant chacune leurs issues ou vomitoires, et leurs galeries, sous lesquelles les spectateurs venaient s'abriter contre l'orage.

La première précinction, réservée aux principaux personnages de la colonie, n'avait que quatre gradins. Les places y étaient séparées, et chaque famille avait la sienne, marquée de son nom. On a retrouvé quelques lettres de ces noms. A la porte du nord était une loge de distinction, pour la principale autorité du pays; et une autre, en face, pour les prêtresses. A ces deux loges répondaient, par un escalier, deux pièces voûtées, pour les cas de pluie.

La seconde précinction, séparée de la première par un mur revêtu de dalles, était réservée à l'ordre des chevaliers, et avait dix rangs de gradins, auxquels on arrivait par quarante-quatre vomitoires.

Un marchepied peu élevé formait l'intervalle de la seconde à la troisième précinction. Celle-ci comptait dix rangs de gradins et trente vomitoires. C'était la place du peuple, *populus*, fort différent de la populace *plebs* et des esclaves, auxquels était réservée la quatrième et dernière précinction.

Cette précinction se composait de dix gradins, dont le dernier s'appuyait contre l'attique. Un mur de même forme et de même hauteur que le précédent, la séparait de la troisième.

Pour éviter les courants d'air, l'architecte avait eu soin de ne point placer les vomitoires, ou portes de sortie, en face des portiques, ou portes d'entrée. Des escaliers, dont le nombre était proportionné à celui des vomitoires, permettaient la précipitation sans amener l'encombrement, outre que, par une admirable précaution, ces escaliers s'élargissent au fur et à mesure qu'ils descendent des précinctions supérieures, afin d'éviter toute cohue entre les arrivants et les sortants.

On ne saurait trop remercier M. Pelet de la peine qu'il a prise pour satisfaire la curiosité généralement manifestée par tous les visiteurs de cette belle ruine, sur le nombre de spectateurs que pouvait renfermer son enceinte.

D'après ses calculs, la première précinction contenait. 1,568 places.
La seconde. 5,313
La troisième. 6,893
La quatrième. 8,182

Nombre total de places sur les gradins. . . . 21,956

Si l'on ajoute à cela les places qu'on pouvait prendre sur les marche-pieds de la troisième et quatrième précinctions, et celles des spectateurs, qui, debout sur le dernier gradin, avaient le dos appuyé contre l'atti-que, le nombre total des places pouvait être de vingt-quatre mille deux cent neuf. Ne sont pas compris dans ce nombre ceux qui pouvaient, faute d'autres places, monter sur l'attique à côté des poutres qui soutenaient le *velarium*, ou se tenir debout à l'entrée des cent vomitoires, comme, dans nos théâtres, ces curieux qui regardent la pièce du fond des cou-loirs de l'orchestre, ou du haut des escaliers qui conduisent aux gale-ries. Ce calcul n'a rien d'arbitraire, si l'on remarque que les places étaient marquées non-seulement sur la pierre des gradins, mais même sur la paroi de l'attique, auquel étaient adossés les spectateurs qui se tenaient debout sur le dernier gradin.

De toute cette grandeur, il ne reste que la façade circulaire, à peu près complète, sauf une vaste brèche à la partie occidentale de l'édifice dont l'attique, l'entablement qui le supportait, et toute la maçonnerie jusqu'à la clef, ou sommet des portiques du premier étage, ont disparu ; sauf encore la plupart des ornements et bas-reliefs qui décoraient cette façade. Dans l'intérieur, on pourrait dire que tout est consommé. Si l'on excepte une petite partie où les gradins ont été conservés, l'Amphithéâtre n'a plus figure de monument : il faut l'œil de l'artiste, il faut l'imagination du voyageur pour comprendre que vingt-quatre mille spectateurs se sont assis là et y ont battu des mains au gladiateur tombant avec grâce sous le poignard de son compagnon d'esclavage ou sous la dent d'un tigre. Dans ces derniers temps, on avait ajouté à toutes les dévastations du temps et des hommes la souillure, le mot n'est pas trop fort, d'y faire camper de la cavalerie qui s'en servait comme de latrines publi-ques. Il fallait alors que le voyageur se fît autoriser par l'administra-tion pour aller voir à la hâte, et au risque d'être foulé sous les pieds des chevaux qui cavalcadaient dans l'intérieur de la galerie, cette grande relique du peuple-roi maculée par le fumier des hommes et des che-vaux.

On dit que cette profanation a cessé, et que nos soldats, dont on avait fait malgré eux des Sarrazins et des Vandales, ont évacué l'Amphithéâtre. A la bonne heure : mais il est bon de rappeler un tel fait, ne fût-ce que pour entretenir les scrupules de l'autorité, dans le cas où l'ordre public

aurait besoin de plus de forces que n'en peuvent contenir les caserne-
ments réguliers de Nîmes.

De telles profanations sont jusqu'à un certain point réparables. La
pluie du ciel lavera les immondices de nos cavaliers et réassainira l'Amphithéâtre. Ce qui ne se répare point, c'est le vandalisme des recrépis-
seurs qui défigurent respectueusement une belle ruine et font de la bar-
barie selon les principes de l'art, à peu près comme ces médecins qui
tuent le malade dans les règles. Il fallait, comme dit très-bien M. Pelet,
conserver et non pas créer ; il fallait guérir les blessures et respecter les
cicatrices du colosse, et non pas faire des expériences et des projets de
restauration sur son cadavre, *tanquam in animâ vili*. Nous n'aurions pas,
il est vrai, une galerie toute neuve, des pilastres à vives arêtes, et beaucoup de maçonnerie blanche qui fait tache, sachez-le bien, sur la pierre
noircie par dix-huit siècles : mais les deux tours des Visigoths seraient
encore debout ; les portiques paraîtraient croulants, mais ils seraient
solides en réalité, par l'effet de soutiens qui se cacheraient modestement
au lieu d'étaler un luxe ridicule d'architecture ; des arêtes écornées par le
temps ou par les Barbares vaudraient bien des arêtes regrattées ou re-
collées à l'édifice, comme un nez de carton à un visage d'homme ; la
mousse remplacerait bien le plâtre de la truelle municipale ; et l'Amphithéâtre, tout en ne donnant pas plus d'inquiétude à ceux qui ont peur
de passer près des ruines, pourrait donner moins de regret à ceux qui
les respectent comme les plus belles pages de l'histoire des hommes.

Ce qui distingue ce majestueux reste de l'architecture romaine, c'est
la grandeur et la commodité, cette espèce de commodité que les Anglais
appellent excellemment le *comfortable*.

La grandeur est presque la seule originalité de l'art romain ; mais cette
originalité n'est inférieure à aucune autre. L'art grec ne lui a point
fourni le modèle des amphithéâtres, parce que l'art grec n'avait point
à convier des nations entières à un jeu de gladiateurs et de bêtes. Sauf
quelques monuments élevés pour la représentation de la Grèce fédérative, ou pour loger quelque sacerdoce collectif, comme celui de Del-
phes, par exemple, les édifices publics de chaque nation en particulier
ne dépassaient pas les proportions de la nation. Les temples n'étaient
pas toujours aussi grands que leurs dieux, témoin le Jupiter de Phidias,
qui ne fut jamais logé à l'aise que dans l'Olympe d'Homère. La moitié

d'un amphithéâtre romain de province aurait suffi pour contenir tous les
citoyens libres de Sparte ou d'Athènes. Les monuments grecs n'étaient
pas grands par le nombre des coudées de pierre, mais par la pensée.
Comme travaux matériels, on les combinait avec la population, avec le
revenu, avec les moyens financiers du pays; mais comme travaux d'intelligence et d'art, ils avaient toute la grandeur possible, parcequ'ils
suffisaient à tous les besoins de la pensée pour laquelle on les avait exécutés. On conçoit très-bien cette grandeur qui consiste dans la parfaite réalisation d'une idée morale. J'ai lu quelque part qu'au temps de
Trajan les amateurs d'objets d'art faisaient le plus grand cas d'un Hercule en bronze, ouvrage d'un sculpteur grec, dont les proportions ma-
térielles étaient si petites qu'un homme aurait pu l'emporter sous son
manteau, et dont les proportions morales étaient si grandes qu'il semblait remplir la salle où on l'avait placé. Ce petit Hercule, de moins
d'une coudée, égalait toutes les merveilles de sa fabuleuse histoire. Tel
est l'art grec. Les Romains n'imitaient sa noble et gracieuse architecture
que dans le décor de leurs jardins particuliers; des temples qui avaient
suffi au culte de toute une nation, servaient de modèles à leurs chapelles
domestiques, et plus d'un riche Romain avait dans l'enceinte de sa villa,
et pour son dieu particulier, un édifice religieux où la déesse protec-
trice d'Athènes ne se serait pas trouvée à l'étroit.

L'architecture vraiment romaine prit la taille de la nation et les proportions de son histoire. A mesure que les destinées de Rome se lièrent
à celles du monde et que le cercle s'élargit pour recevoir et absorber les
nations, son architecture grandit, mais d'une grandeur matérielle, et
il fallut qu'elle rebâtît plusieurs fois son Capitole pour que l'édifice fût
toujours en harmonie avec son nom. Mais ce fut surtout dans les édifices
profanes que l'architecture devint gigantesque. Quand César voulut donner des jeux à l'univers dans la personne de ces vaincus faits citoyens romains, qu'il avait ramenés avec lui de toutes les parties du globe, il fallut
bien, pour que tous ces échantillons du monde fussent assis et clos, que
les Amphithéâtres fussent grands comme des villes. Quand Titus fit
égorger neuf mille bêtes dans le Cirque et Trajan onze mille; quand
Probus fit courir mille autruches dans une forêt peuplée d'animaux de
tous les pays; quand ces empereurs firent battre des vaisseaux contre
des vaisseaux, des crocodiles contre des crocodiles, des serpents géants

contre des serpents géants, il fallut bien que l'Amphithéâtre eût l'étendue d'une forèt et d'un lac, pour que tous ces êtres vivants y pussent mourir, non d'étouffement, mais avec tous les honneurs du combat. Les grands édifices du vieil Orient, les monuments de Babylone, de Memphis, furent surpassés; le despotisme impérial fit remuer assez de pierres pour fatiguer trois siècles d'invasions barbares seulement à les renverser. Après quoi ces mêmes pierres, relevées de nouveau, servirent à ceindre de fortifications toute l'Europe féodale. Les architectes étaient des empereurs et les maçons des armées; l'œuvre se ressentait de l'ouvrier. Les provinces firent comme Rome, les municipalités comme les métropoles; toutes bâtissaient dans la pensée qu'elles représentaient et résumaient l'univers; elles avaient des théâtres et des arènes sur le plan de ceux de César, comme si elles eussent pensé aussi à convier des représentants du monde à leurs fêtes.

Mais c'est surtout le *comfortable* qui éclate dans ces grands monuments de l'art romain. Or, c'est par ce second caractère qu'on peut apprécier la grandeur d'une civilisation; car la plus grande civilisation possible n'est que la plus grande diffusion possible du bien-être, tous les efforts de l'espèce humaine tendant à diminuer ses peines et à augmenter ses aises, ou peut-être, hélas! à déplacer les unes et les autres.

L'art romain a résolu un problème d'architecture dont la réalisation, appliquée à nos besoins modernes, n'a pas encore été atteinte par nos artistes les plus ingénieux. Ce problème consiste à faire entrer sans encombre, dans un édifice donné, toute la foule qu'il peut contenir, et, ce qui est plus difficile, à en faire sortir sans l'étouffer ni l'écraser aux portes; le tout sans gendarmes, ou avec le moins de gendarmes possible. Il n'y a guère d'année où l'on n'entende parler en Europe de quelque théâtre incendié qui s'est abîmé sur les spectateurs; les accidents de ce genre sont fréquents, surtout en Angleterre, où l'on fait des théâtres de pâte et de carton bouilli, et où l'on souffle les édifices plutôt qu'on ne les bâtit. Ceux qui ne périssent pas dans la salle périssent aux portes, et il y a presque autant de péril à sortir qu'à rester; car si l'on reste on est brûlé, et si l'on sort on est écrasé. Vous ne trouverez pas un recueil de bonnes actions à l'usage de l'enfance où ne figurent des personnes arrachées aux flammes d'un théâtre, principalement par des pompiers, dont le corps respectable pourrait rem-

plir, tous les ans, de traits de ce genre une *Morale en action*. On n'a
pas encore trouvé le moyen de faire évacuer les salles de théâtre sans plus
d'embarras que la peur et la précipitation n'en doivent mettre inévitable-
ment dans un cas d'incendie, quelque nombreux que soient d'ailleurs
les dégagements d'un édifice. Quant aux entrées, loin de les prodiguer,
on supprime même une partie de celles que l'architecte n'a pas pu s'empêcher de pratiquer, et pour avoir des bureaux de moins, on laisse les
gens s'étouffer à la porte, sans compter l'obstacle des employés de la
force publique, qui figurent toujours là, soit pour augmenter la foule,
soit pour en tenir lieu. Nous n'en sommes pas moins très-civilisés.

Dans les amphithéâtres romains, je sais qu'on n'avait pas à craindre
les incendies par l'huile ou par le gaz, ni les chutes par défaut de soli-
dité des bois; mais il n'était pas rare que les spectateurs eussent à se garantir des intempéries de l'air, d'un orage qui crevait sur l'amphithéâtre,
d'une brise froide qui glissait le long des gradins et faisait grelotter sous
sa tunique courte le peuple-roi, et sous leurs vêtements de pourpre les
nobles spectateurs des gradins privilégiés. Dans ce cas, le spectacle était
suspendu; quarante mille spectateurs se levaient spontanément, rentraient dans les galeries par d'innombrables vomitoires, et s'y abritaient
contre l'orage; tout le bruit avait passé de l'enceinte dans les galeries;
l'orage ne trouvait pas à mouiller une seule tête de ces quarante mille
têtes, et dans ce monument qui paraissait vide, s'agitait tout un monde.
L'eau tombant avec force sur des gradins unis et disposés en pente légère,
s'écoulait par d'innombrables rigoles dans les aquéducs souterrains; quelques minutes de soleil et de brise tiède séchaient ces gradins, le sable de
l'arène buvait la pluie, les quarante mille spectateurs qui grondaient
tout-à-l'heure dans l'intérieur de l'immense fourmilière reparaissaient
tous à la fois et sans confusion par tous les vomitoires; venaient d'abord
toutes les têtes, puis tous les corps, et les gradins, garnis de nouveau,
battaient des mains à la rentrée des acteurs, hommes ou bêtes.

Le peuple était toujours libre de se retirer dans les galeries, excepté
pourtant quand il plaisait à l'empereur de le lui défendre; alors il fallait
recevoir la pluie et encore battre des mains. Le seul préservatif était
d'emporter un vêtement de dessus dont on se débarrassait après l'orage,
excepté encore quand il plaisait à l'empereur que le peuple et les courtisans grelottassent sous la pluie, pendant que lui la bravait sous son

manteau de guerre, comme cela fut ordonné un jour par l'empereur
Domitien.

Ajoutez à toutes ces facilités merveilleuses de locomotion une ventila-
tion admirablement distribuée, douce, rafraîchissante, beaucoup d'air
et point de *deux airs ;* beaucoup de vent et point de vents coulis. On ne
gagnait de rhumes à l'amphithéâtre que quand il plaisait à l'empereur ;
mais ce n'était la faute ni de l'architecte ni de l'art romain. L'architecte
et l'art avaient pourvu à tout, sauf pourtant aux fantaisies de l'empereur. D'abord la disposition amphithéâtrale faisait que chaque specta-
teur ne respirait pas l'air déjà respiré par les autres, à la différence
de nos théâtres, où les émanations du parterre vont suffoquer les étages
supérieurs. Chaque rang de gradins s'effaçant du rang inférieur, et
faisant une circonférence distincte et isolée, avait sa part d'air comme
sa part de ciel, et n'était pas plus gêné par ses voisins d'en bas que
par ses voisins d'en haut. Ensuite la portion d'atmosphère qui était
renfermée dans l'enceinte de l'Amphithéâtre se renouvelait de deux ma-
nières ; d'abord par le haut de l'édifice, vaste entonnoir où l'air descendait en plus grande quantité que n'en pouvaient consommer les spectateurs, ensuite par les innombrables ouvertures pratiquées à l'extérieur,
et qui semblaient percer le monument de part en part ; pleins-cintres
toujours et partout, soit comme portes d'entrée, soit comme fenêtres,
et recevant sous leurs mille courbures gracieuses un air qui pénétrait
dans l'amphithéâtre par les vomitoires. Quand le temps était lourd, pour
peu qu'il y eût un souffle dans le ciel, la forme circulaire de l'amphithéâtre empêchait que ce souffle ne se perdît ; car, comme il y avait des
ouvertures sur tous les chemins des vents, ce petit souffle, au lieu de se
briser contre des masses de pierres closes, s'infiltrait sous les plein-
cintres, se répandait dans les galeries et venait ressortir dans l'enceinte
par les vomitoires, lesquels n'étaient jamais percés en face des ouvertures extérieures, précisément pour éviter les deux airs.

Enfin les spectateurs se défendaient du soleil sous un immense *velarium*,
lequel était replié au quart, à la moitié, aux trois quarts, selon l'heure,
de sorte qu'ils avaient de l'ombre sans cesser d'avoir de l'air. J'ai vu, à
Nîmes, sur l'attique de l'Amphithéâtre, les trous qui ont servi à fixer le
velarium de l'ancienne cité romaine. Et, comme la cité moderne ne laisse
rien sans emploi, elle a fourré dans ces trous de grands piquets bleus,

d'où pendaient de petits pavillons tricolores lors du dernier passage de
M. le duc d'Orléans. Après le départ du prince on a enlevé les petits
pavillons, mais on a laissé les bâtons bleus, sans doute pour l'éventua-
lité de quelque nouvelle visite royale.

La carrière d'où ont été tirées les pierres de l'Amphithéâtre de Nîmes est située à une lieue de la ville. On la voit encore dans l'état où
l'ont laissée les Romains. Trois grands quartiers de rochers sont encore
debout, et coupés droit comme avec une immense scie. Les longues
dalles qui servent de gradins, celles qui forment l'attique et sur lesquelles
quatre hommes pourraient marcher de front, étaient taillées d'un seul
bloc, dans cette carrière, et transportées à Nîmes par un chemin qui
porte encore le nom de chemin des Romains. Des trois quartiers de
roche, l'un conserve encore une entaille de la longueur et de la largeur exactes d'un de ces gradins; le temps n'a pas élargi cette entaille,
et il a respecté la carrière encore plus que le monument. Je marchais
vraiment sur une poussière romaine. Tous les débris des pierres taillées
sont accumulés là, et forment une petite colline : car la sciure de tels
monuments suffisait pour faire des collines. Le temps a versé tant de
pluie et de soleil sur ces débris, qu'il en a fait comme une terre aride
et friable, sur laquelle le vent sème quelques graines sauvages qui n'y
trouvent pas de quoi fleurir. En face de la carrière, on a découvert tout
récemment un puits, le puits où les ouvriers carriers venaient puiser de
l'eau. C'est l'eau de ce puits qui servait à rafraîchir les constructeurs de
l'Amphithéâtre de Nîmes, quand ils mangeaient leurs pastèques, vers
la troisième heure, assis sur la pierre qu'ils venaient de couper dans la
carrière, avec autant de symétrie que nous partageons une pomme en
quatre. Un homme du pays a imaginé d'élever auprès de ce puits un
cabaret, où il vend aux passants de très-mauvais orgeat avec de l'eau très-
fraîche du puits des Romains. Ce puits, tout-à-fait de circonstance, est
construit avec autant d'art et de goût que ces magnifiques puits du
moyen-âge qui servaient à fournir de l'eau à tous ces châteaux qu'on
voit pendre du haut des montagnes, et qui coûtaient, à faire percer, un
écu d'or de moins que les châteaux.

On aimerait à se figurer, dans la vaste enceinte de l'Amphithéâtre,
une lutte à la manière antique, entre deux adversaires armés du gan-
telet, ou tout luisants d'huile; ou tout au moins quelque combat à

la manière espagnole, entre un taureau vigoureux et terrible et le *picador* et le *taureador*, l'un à pied, l'autre à cheval, tous deux revêtus d'un costume éclatant, tous deux brillants, lestes, courageux, vrais artistes en ce genre, et qui semblent jouer leur vie pour le plaisir des dames, comme les chevaliers des anciens tournois. Mais il faut ici s'attendre à beaucoup moins; les luttes de l'Amphithéâtre de Nîmes ne ressemblent pas aux luttes antiques, ni ses combats de taureaux à ceux de Séville ou de Burgos. N'allez pas y chercher la beauté grecque ni l'antiquité espagnole. Votre désappointement serait grand.

La lutte que les consuls de la cité du quinzième siècle encourageaient et récompensaient par le don d'une pièce de drap vert, n'a pas cessé d'être une coutume locale à Nîmes, mais plus particulièrement dans les villages de son territoire. Le prix est voté par le conseil municipal de l'endroit; c'est d'ordinaire une montre ou une tasse d'argent. Dans un champ nouvellement moissonné, deux lutteurs, représentants de deux villages rivaux, cherchent à se renverser sur le dos; on n'est vaincu que si le dos et la tête ont touché contre terre. La population des deux villages, rangée des deux côtés, assiste avec toute l'anxiété de l'honneur local aux alternatives de la lutte. Quand l'un des deux lutteurs est renversé, tout espoir n'est pas encore perdu; si sa tête n'a pas touché, tout son village crie : « A pas touca! a pas touca (n'a pas touché)! » La lutte continue alors, et la fortune peut changer. Quelquefois il y a doute; alors des deux côtés opposés s'élèvent des cris confus : « A touca! a pas touca! » il a touché, il n'a pas touché. Des arbitres, du choix des deux partis, décident le point.

La musique des luttes, c'est le tambourin et le hautbois. Le vainqueur traverse son village en triomphe, au son de ces instruments, précédé d'une bannière ornée de banderolles, d'où pendent les prix du combat. Ses amis l'entourent en chantant; les enfants déjà grands le regardent passer avec des larmes d'émulation. Le vaincu n'est point déshonoré; il s'en retourne à son village, et songe à prendre sa revanche à la *vogue* prochaine; c'est le nom de la fête. Il y a des *vogues* où figurent jusqu'à huit lutteurs, autour desquels sont rassemblés huit villages.

C'est le dimanche, et dans les foires, que l'Amphithéâtre de Nîmes sert de champ-clos à des lutteurs. Mais c'est un spectacle à peu près abandonné. La bourgeoisie ne se dérange pas pour si peu; les dames de Nîmes ne veulent point froisser leur toilette du jour de foire en s'asseyant sur

des gradins ruinés, ou sur la place de ces gradins. Quelques curieux de la classe ouvrière sont les seuls spectateurs. Il n'y a d'ailleurs rien de moins pittoresque que deux lourdauds qui ôtent leur habit et se collettent comme les Auvergnats de Paris; que pas une main délicate n'applaudit, et dont le vainqueur n'est pas beaucoup plus intéressant que le vaincu. Nous ne sommes plus au temps où les consuls en chaperon assistaient au combat et proclamaient le vainqueur. Les juges des luttes d'aujourd'hui sont, j'imagine, quelques vieux lutteurs émérites des villages voisins, qui ont long-temps bu dans les cabarets les quelques paires de montres ou de tasses d'argent gagnées dans leur carrière.

Ce que sont ces luttes dégénérées à la lutte antique, les combats de taureaux de l'Amphithéâtre le sont aux combats de taureaux de l'Espagne. On lâche dans l'arène un taureau de la Camargue, maigre et efflanqué; il entre là, non pas en bondissant, non pas en roulant des yeux de sang, comme les taureaux des descriptions espagnoles, mais comme il entrerait dans un pâtis. Cependant on parvient à le tirer de son indifférence. Des enfants armés de houssines de vigne, qu'ils appellent en leur patois *badiganes*, le frappent à coups redoublés, en l'excitant au combat, en le traitant de lâche, s'il parait hésiter. Des hommes le poursuivent de sifflets aigus et perçants, que les échos de l'Amphithéâtre répètent et prolongent d'une façon lugubre. Enfin le pauvre animal s'émeut; il se jette à droite et à gauche, il bondit, il fait une poussière assez convenable. Après quelques tours dans l'arène, on le renverse, et on le marque à la croupe de la lettre initiale de son propriétaire : c'est ce qu'on nomme une *ferrade*. Les taureaux qui ont pris le combat au sérieux, et qui ont jeté quelque malheureux enfant à six pieds en l'air avec leurs cornes, sont applaudis, aimés, admirés; ceux qui ne peuvent pas se décider et qu'on n'excite ni avec des sarments de vignes, ni à coups de sifflets, sont poursuivis de cris outrageants, battus, hués, et leur maître forcé d'en amener un plus courageux. En somme, les *picadors* des combats de taureaux de Nîmes sont des polissons abandonnés de leurs mères; et les *taureadors* sont de malheureux *artistes* assez peu différents, par leur consistance sociale, des Bohémiens dont nous avons déjà parlé.

La question de l'époque précise où fut fondé ce monument, le plus délicat et le mieux conservé de tous les monuments anciens, roule tout entière sur la différence de la lettre C à la lettre M. Voici comment : Un Nîmois, antiquaire distingué, et personnage considérable de la ville, M. Séguier, parvint à lire sur la frise de la façade, en combinant la position des trous avec le nombre des crampons qui avaient servi à l'y fixer, l'inscription suivante :

C. CAESARI. AVGVSTI. F. COS. L. CAESARI. AVGVSTI. F. COS. DESIGNATO.
PRINCIPIBVS. IVVENTVTIS [1].

Or, à l'exception de la première lettre C qui représenterait Caïus, toutes les recherches et combinaisons ultérieures ont confirmé l'inscription de M. Séguier. Mais des doutes ont été élevés sur ce C, non-seulement par tous les savants qui ont voulu s'assurer par eux-mêmes de la chose, mais par M. Séguier lui-même, qui s'était vu forcé d'avouer que cette lettre ne s'incrustait pas naturellement dans les trous creusés pour elle. M. Pelet a proposé sa lettre à lui ; à force de recherches et de remaniements alphabétiques, il est parvenu à trouver que trous et crampons s'accommodaient à merveille de la lettre M. Si la découverte est vraie, la Maison-Carrée n'aurait plus été dédiée à Caïus et à Lucius César, petits-fils d'Auguste et princes de la jeunesse, mais à Marcus-Aurelius (Marc-Aurèle) et Lucius-Verus, fils adoptifs d'Antonin, désigné ici sous le nom commun des empereurs, Auguste. Des médailles donnant à chacun de ces deux princes en particulier le titre de *prince de la jeunesse*, pourquoi ne l'auraient-ils pas porté tous deux en commun? Marcus-Aurelius et Lucius-Verus furent tous deux consuls, et tous deux comblés d'honneurs par Antonin. D'ailleurs, l'architecture de la Maison-Carrée est d'une délicatesse et d'une recherche de décorations qui n'étaient guère dans le goût du siècle d'Auguste, mais qui rappellent parfaitement les monuments de l'époque d'Adrien et d'Antonin.

Voilà où en est la question d'origine ; je ne la donne pas comme réso-

[1] A Caïus et Lucius César, fils d'Auguste ; consuls désignés, princes de la jeunesse.

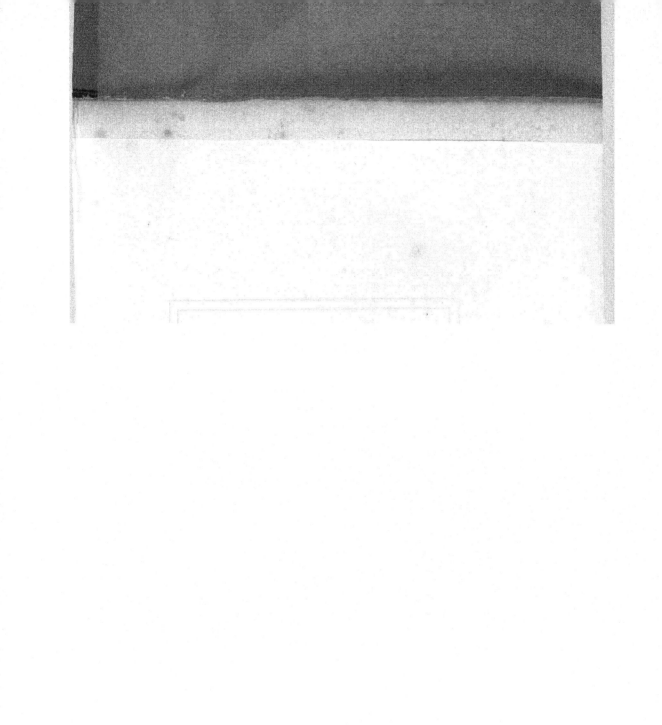

NIMES.

LA MAISON CARRÉE.

lue, mais comme posée d'une manière toute nouvelle par M. Pelet. Toutes
les probabilités me paraissent de son côté. Dans cette hypothèse, l'époque de la destination, sinon de la fondation de la Maison-Carrée, devrait être fixée vers l'an 152 de l'ère chrétienne.

Ce monument, que l'abbé Barthélemy, dans son voyage d'Anacharsis,
appelle « le chef-d'œuvre de l'architecture ancienne et le désespoir de la
» moderne, » ce qui est peut-être exagéré, forme un carré long, isolé,
d'où lui vient son nom de *Maison-Carrée*. L'entrée regarde le nord, et le
fond le midi. Dix colonnes cannelées, d'ordre corinthien, dont six de front,
et deux de chaque côté du portique, supportent un entablement riche-
ment décoré, et couronné par un fronton construit dans les proportions
enseignées par Vitruve, c'est-à-dire ayant pour hauteur la neuvième
partie de sa largeur. Vingt autres colonnes, placées comme celles du péristyle, à quatre pieds de distance l'une de l'autre, et engagées à moitié
dans les parois, enveloppent l'édifice tout entier. Ces quatre pieds représentant deux fois le diamètre d'une colonne, on peut, par une addition
facile, et que je laisse faire au lecteur, mesurer la longueur et la largeur
de la Maison-Carrée par le nombre de ses colonnes. L'intérieur, ou l'aire
proprement dite, a huit toises de long, six de large et autant de haut. La
hauteur de la porte est de six mètres quatre-vingt-trois centimètres, sa
largeur de trois mètres vingt-cinq centimètres. La destruction de la toiture antique ne permet pas de décider si le temple ne recevait du jour
que par la porte, ou s'il en recevait par le toit. La toiture moderne est
percée d'une grande fenêtre carrée, ce qui fait ressembler l'aire à un
atelier.

Il n'est pas donné à une description qui doit être sommaire et se garder surtout des mots techniques, de rendre le détail des riches sculp-
tures de la Maison-Carrée. Des feuilles d'olivier et de chêne enveloppent
les chapiteaux des colonnes; des tresses légères flottent le long de la porte
d'entrée. Le luxe incroyable des ornements ne gâte point la grandeur ni
la pureté des profils. La qualité de la pierre, semblable au marbre par
la finesse du grain, se prêtait à toutes ces délicatesses du ciseau, que l'art
gothique n'a point surpassées, quoi qu'on ait pu dire. Le cardinal Albé-
roni disait de la Maison-Carrée qu'il la fallait enfermer dans un étui d'or.
Le mot est juste. C'est un monument petit par sa masse, mais grand par
ses proportions et son harmonie, que l'œil embrasse sans effort, et qui

pourtant remplit l'imagination. On dirait qu'il a été transporté là, tout fait, de l'atelier du sculpteur, à moindres frais d'hommes et de cabestans qu'il n'en a fallu pour retirer de la berge du Pont-Royal notre Obélisque de Louqsor. Jean-Baptiste Colbert pensa sérieusement à en décorer Versailles, et envoya des architectes pour s'enquérir si le transport en était praticable. Un homme plus grand que Jean-Baptiste Colbert, Napoléon, voulut aussi prendre la Maison-Carrée dans sa main et l'emporter à Paris, pour en décorer une des places de sa capitale. Mais le plus petit des monuments romains tenait assez pour résister même aux architectes qui avaient fait Versailles et n'être pas emporté même dans la main de Napoléon. La Maison-Carrée a été scellée en terre comme l'Amphithéâtre et le pont du Gard : il faudrait enlever le pays tout autour pour les avoir. Vous croyez qu'il suffirait d'un de ces *mistral* du Midi, qui balaient quelquefois les cheminées et les toitures, pour disperser cette gracieuse demeure de dieux tombés? Eh bien! le vent des Barbares a soufflé sur la Maison-Carrée et elle est encore debout; ils ont fait une vaste entaille à l'Amphithéâtre, ils ont mis les bains à ras terre, et c'est à peine s'ils ont écorné ce joyau de l'architecture antique.

Il faut dire que cette conservation a paru miraculeuse. D'après des fouilles qui ont été faites autour de la Maison-Carrée, il est prouvé que cet édifice était entouré d'un vaste portique, et se liait à un monument de même forme y faisant face, à une distance qu'on a déterminée. Pourquoi donc, dans la destruction générale de l'ensemble, cette seule partie a-t-elle été épargnée? Est-ce sa beauté qui l'a fait respecter, ou l'absence des emblèmes de l'empire dans sa décoration extérieure? Ou bien le monument aurait-il survécu et « serait-il resté entier à tels hasards, » comme parle le bon Poldo, « par le bénéfice du point de horoscope de sa bonne et fortunée » fondation, sous quelque ascendant bien fortuné, par la quatriesme mai- » son, ou lieu du ciel, et constitutions des planètes ou fixes? » Questions qu'on ne pourra jamais résoudre. Quant à moi, je pencherais pour l'explication de Poldo, précisément parcequ'elle n'explique rien. J'aime mieux croire à l'effet d'une *constellation et de la quatrième maison du ciel,* qu'à un scrupule quelconque, et surtout qu'à un scrupule motivé de ces démolisseurs du Nord qui se poussaient pêle-mêle sur les monuments de l'ancien monde, sans regarder au fronton s'ils portaient l'emblème d'un prince, et si leurs inscriptions étaient en grec ou en latin.

A défaut des Barbares, les nationaux se seraient chargés de consom-
mer ces destructions, si ces hasards, si ces constellations dont parle
Poldo, car je ne sais pas d'autre cause, n'eussent encore préservé la
Maison-Carrée. L'histoire de ce monument, c'est l'histoire des dangers
de mort qu'il a courus jusqu'à nos jours. Dès les premiers temps du
christianisme, la Maison-Carrée fut convertie en une église dédiée à saint
Étienne, martyr. Au onzième siècle, on fit de l'église un Hôtel-de-Ville.
L'intérieur fut divisé en plusieurs pièces et coupé en deux étages; des fenêtres furent percées dans les parois de la *cella*, et des murs élevés contre
les colonnes du péristyle : on démolit l'ancien perron. « J'ay ouy dire à
» nos pères, » écrit Poldo d'Albenas, « qui par immémoriale attesta-
» tion le disoyent avoir ainsi appris des leurs, que c'estoit aussi, n'a pas
» trois ou quatre cents ans, la maison commune, et des consuls de la
» ville : qui par criées fut contre le public et université adjugée à un par-
» ticulier, et créancier de la ville. » Le particulier dont parle Poldo était
sans doute un certain Pierre Boys, qui reçut la Maison-Carrée en échange
d'un emplacement où fut construit le nouvel Hôtel-de-Ville. Pierre Boys,
usant et abusant de sa chose en propriétaire, dégrada le mur méridional
en y adossant une maison à son usage. C'est contre ce Pierre Boys que
Poldo d'Albenas, dont je pense qu'on me sait gré de citer souvent les
naïves et intelligentes colères, s'écrie *cicéroniennement,* pour me servir
d'un mot du temps : « O maison antique, dominée d'un fort dissem-
» blable, et inegal dominateur! Et quant à moy, si jamais j'avois au-
» dience au conseil du roy, ou au roy mesme, je croy, que donnant à en-
» tendre le faict, tel qu'il est, la dedecoration que ce beau monument de
» l'antiquité endure, et le tort qui luy est faict, il vengeroit cest outrage
» et ne permettroit sur sa magesté (contre le public, loix et meurs de
» toutes les gens) qu'un occupateur triumphast (comme les Barbares
» de l'antique Rome) des restes ou des despouilles des ruines de nostre
» antique cité, et n'endureroit, qu'apres tant de demolitions qu'elle a
» souffertes, encore on la veist continuellement ruiner et demolir, comme
» l'on voit, endurant devant noz yeux telle mémoire de l'antiquité, et
» lieu si sacré et publiq, estre faict le domicile de personne priuée et
» indeu detenteur. »

Un *détenteur* bien autrement barbare que Pierre Boys, le sieur Bruels,
seigneur de Saint-Chaptes, acquit de ce dernier la Maison-Carrée, et en

fit une écurie. Il réunit les colonnes du péristyle par une muraille en
briques, et pour cela détruisit plusieurs cannelures qui gênaient sa bâ-
tisse. Il fit une coupure dans celles du milieu pour élargir l'entrée de son
écurie, et enfonça dans les murs des poutres pour soutenir des greniers,
des crèches et des mangeoires; enfin il pratiqua une entaille inclinée aux
colonnes du péristyle pour y appendre une sorte d'auvent, sous lequel il
faisait remiser les bestiaux, les jours de foire ou de marché, quand l'é-
curie avait du trop-plein.

En 1670, les religieux Augustins l'achetèrent à la famille de ce Brueïs
pour en faire une église. Une nef, un chœur, des chapelles, des tribunes
prirent la place des greniers, des crèches et des mangeoires. Les religieux creusèrent des sépultures dans le massif qui supporte le péristyle.
Il existait déjà sous le temple un caveau avec un puits antique au milieu;
ils joignirent ce caveau aux nouvelles sépultures par un couloir de com-
munication étroit et irrégulier. Cette maçonnerie souterraine ébranla
l'édifice. En outre, la voûte de la nouvelle église menaçait d'écraser le
mur du côté de l'est. Des réparations faites à temps prévinrent une
ruine totale. En 1789, la Maison-Carrée fut enlevée aux religieux Augustins pour être affectée au service de l'administration centrale du département. Ce fut là le dernier de tous ses dangers : depuis lors la
Maison-Carrée a été l'objet d'un soin constant, sinon toujours très-
éclairé. Débarrassée des maisons qui l'étouffaient, entourée d'une
grille qui la protège, seule au milieu d'une place publique, d'où elle
peut être vue commodément sous toutes ses faces, on doit croire
qu'elle est désormais à l'abri de toute profanation, et enlevée aux van
dales de localité, qui, dans beaucoup de villes, se sont chargés d'achever
tout ce qui n'avait été qu'estropié par les Vandales du cinquième siècle.
On peut trouver à redire à l'inscription dorée sur marbre noir qui ap-
prend aux passants que c'est là le *Musée*, et qui n'est guère en harmonie
avec le monument; on peut se plaindre qu'au lieu de consacrer exclusivement ce Musée à des choses d'antiquité, on en ait livré les longues murailles à de médiocres peintures, dont quelques-unes, pour dire la vérité, sont de peintres nîmois; mais que sont de petits manques de goût,
de l'argent mal dépensé, et, si vous voulez, un intérieur misérablement
décoré, auprès de ces outrages, de ces destructions dont je viens de
faire le triste récit, et qui faisaient dire à Poldo d'Albenas ces touchantes

Cathédrale de Nîmes

à Paris chez les graveurs Libraires Rue Hautefeuille N° 19

paroles : « Je ne vueil (veux) plus par ce petit discours de nostre ville faire
» de complainctes de ses ruines. Car si à chacune chose qui mérite regret,
» ie l'escriuois tel que ie le sens, tous mes escrits seroyent remplis de
» tristes elegies, ne pouuant passer par nulle ruette (ruelle) d'icelle,
» qui ne m'en donne l'occasion pour voir tant de fragments de son an-
» tique noblesse espars et rompus, tant de colomnes de toutes ordon-
» nances et grandeurs, tant de marbres, tant d'inscriptions, tant d'aigles
» sans teste, tant de couronnes, tant de statues, que les voyant, et reme-
» morant quelle a esté nostre cité, et quelle à présent est, cest amour
» de la patrie me cause en l'imagination une semblable peine comme
» si ie la voyois encore aujourd'huy, voire à toutes heures saccager,
» demolir et rompre ces grands et magnifiques ouvrages et bastiments
» de noz ancestres. Mais ie me contenteray et pacifieray ma douleur en
» baisant et admirant ses funebres reliques et cendres, et de tant qu'en
» moy sera, leur rendray la iuste et dernière piété de nourrisson et en-
» fant officieux, pour en celebrer et faire viure la memoire tant qu'il
» plaira au iugement des doctes et au temps que ces escrits ayent vie et
» memoire. »

II.

MONUMENTS DU MOYEN-AGE.

LA CATHÉDRALE.

C'est plutôt pour la commodité de la classification que pour des raisons d'art positives et précises que j'ai qualifié la Cathédrale de Nîmes
de monument du moyen-âge. Dans la réalité, c'est un monument de tous
les âges, qui n'a de caractère particulier que le grand nombre de ses
restaurations successives. Mais il y a peu de monuments plus curieux à
Nîmes, sinon comme ouvrage d'art — l'art ne s'y montre le plus souvent
qu'à l'état de maçonnerie — du moins comme monument historique. Les
ruines romaines qu'on voit à Nîmes sont antérieures à l'existence française de la cité ; la Cathédrale porte au contraire la marque des crises
les plus violentes de cette existence : presque toutes ses pierres ont été

ébranlées tour-à-tour par le flux et le reflux des tempêtes religieuses du seizième et du dix-septième siècle.

La Cathédrale est bâtie sur les fondements d'un temple antique. Du côté du nord, la base du soubassement ou piédestal continu sur lequel repose cette partie de l'édifice, est encore entière et a gardé le caractère de son origine. Dans les différents travaux de réédification de la Cathédrale, on découvrit des débris de statues, des instruments de sacrifice et des mosaïques. Enfin, il y a moins de dix ans, en abaissant le sol devant la façade, on trouva des chapiteaux corinthiens, une base attique, des chapiteaux en marbre blanc ayant appartenu à des pilastres, et diverses autres reliques d'architecture qui ne permettent pas de douter que la cathédrale n'ait été bâtie sur l'emplacement d'un édifice romain. Plusieurs inscriptions, découvertes successivement, ayant prouvé que Nîmes possédait un temple dédié à Auguste, tous les historiens ont dû penser naturellement que les ruines de ce temple avaient servi de fondements à la Cathédrale. D'après ces historiens, et principalement le dernier de tous, Ménard, deux taureaux saillants en marbre décoraient le dessus de la petite porte du septentrion ; ces taureaux furent détruits par cette pieuse et vandale raison qu'une église consacrée au vrai Dieu ne devait pas être souillée par un ornement rappelant le culte des païens. D'un autre côté, la porte d'Auguste présente encore aujourd'hui, au sommet des deux principaux portiques, deux têtes de taureau en relief. Ne serait-ce pas là une preuve de plus en faveur de l'opinion populaire que tous les historiens et antiquaires de Nîmes ont adoptée sur l'édifice primitif qui a servi d'emplacement à la Cathédrale ?

Aucune donnée n'existe sur la forme de la première église qui prit la place et les fondations du temple antique. On sait seulement qu'en l'an 808 Charlemagne s'en déclara le protecteur, et qu'à cette époque elle était dédiée à la Vierge et à saint Bauzile.

En 1096, elle fut reconstruite et consacrée par le pape Urbain II. « Cet édifice, » dit Ménard, « avait une très-belle forme et une vaste » étendue ; il était construit en trois nefs qui formaient un vaisseau de » vingt-huit toises de longueur sur onze de largeur, un clocher de forme » carrée très-élevé et solidement bâti accompagnait cet édifice ; il était » placé dans l'angle qui tourne vers le nord ; c'est celui qui existe main- » tenant. La plus haute partie de ce clocher formait une terrasse agréable

» entourée d'une balustrade de pierre de taille, qu'on avait travaillée en
» ornements d'architecture faits à jour. Cette balustrade est détruite.
» On orna le dessous de la façade de cette église de diverses représenta-
» tions sculptées en demi-relief, dans le goût du temps, dont les sujets
» étaient pris de l'Écriture sainte, comme sont la Création du monde,
» Adam chassé du Paradis terrestre, Abel tué par son frère Caïn, l'Arche
» de Noé. Une partie subsiste encore. Quant à la position de l'édifice,
» on y avait suivi l'usage pratiqué dans les temps primitifs du christia-
» nisme; la porte d'entrée était tournée au couchant, et l'autel placé au
» levant. »

Dans le mois de décembre de l'an 1567, la démolition des églises
catholiques fut résolue par les protestants victorieux, et celle de la Cathédrale adjugée au rabais dans la salle de l'Hôtel-de-Ville. On commença
par le grand clocher dont parle Ménard. « On voulait, » dit cet historien, « l'abattre par le pied, et déjà l'on avait écorné la première
» rangée de pierres qui y sont placées en saillie; mais celui qui présidait
» à la démolition s'étant, d'un côté, aperçu que la chute de ce bâtiment
» entraînerait celle des maisons voisines, et, d'un autre côté, considérant
» qu'on pouvait faire usage du clocher pour y placer des sentinelles, fit
» cesser les ouvriers et leur fit démolir seulement le corps de l'église.
» Ces commencements de leur fureur paraissent encore au bas de ce
» clocher. »

Sur la fin du règne de Henri IV, en 1609, les catholiques commen-
cèrent à rebâtir la Cathédrale. L'évêque, le corps des chanoines et les
habitants catholiques en firent les frais; les travaux durèrent jusqu'en
1621. Dans l'intervalle, les chanoines de la Cathédrale célébraient le
service divin dans un ancien réfectoire du couvent, converti en église
provisoire. En 1621, les échafauds venaient à peine d'être enlevés, quand
la Cathédrale, nouvellement rebâtie, fut détruite par les protestants, et,
avec elle, l'église provisoire qui en avait tenu lieu pendant douze ans.

Dans ce temps-là, Nîmes était livrée au duc de Rohan, et travaillait à
lui gagner le commandement de l'armée de la Valteline. Les jours de persécution avaient recommencé pour les catholiques. S'il est vrai que les
chefs du parti protestant montraient de la modération et promettaient
sûreté et assurance à ceux des catholiques qui voudraient demeurer dans
la ville, et pleine liberté d'en sortir s'ils s'y croyaient en **danger**, il est

vrai aussi que le peuple s'échauffait de plus en plus contre ses anciens
ennemis. On parlait de catholiques blessés par des protestants, la veille
de Noël [1], comme ils rentraient chez eux après avoir assisté à la messe
de minuit. Les mots de *Philistins*, de *papistes*, retentissaient de nouveau
dans les rues, au passage des prêtres et des chanoines. Les curés ne
pouvaient sortir de la ville pour enterrer les morts dans les cimetières,
qu'avec des gardes et un *laissez-passer* des consuls; ce laissez-passer in-
diquait le nombre de prêtres dont ils avaient permission de se faire assister. Mais cette dernière tolérance cessa bientôt tout-à-fait. Il leur fut
défendu de sortir pour aller porter le viatique aux malades, défense qui
pouvait paraître une persécution, quoique ce fût une simple mesure de
prudence des consuls : on voulait ôter à la populace tout prétexte de violence, et retenir chez eux quelques prêtres fanatiques, jaloux de souffrir
le martyre de quelque insulte publique dans les rues, et de se faire un
titre des brutalités de la populace auprès du parti catholique redevenu
le plus fort.

Nîmes était alors gouvernée par une assemblée ou Cercle, sous l'influence et à la discrétion du duc de Rohan. Le Cercle délibéra de faire
cesser, dans la ville, l'exercice de la religion catholique, et de démolir
la Cathédrale, pour en appliquer les matériaux à l'entretien des fortifications. Il décida en outre que les principaux catholiques seraient arrêtés et tenus en prison. Le Conseil de ville, plus modéré que le Cercle,
fit des représentations énergiques; on craignait avec raison que, dans les
villes où les religionnaires étaient en minorité, le parti catholique n'usât
de représailles, en les emprisonnant ou en faisant pis encore.

C'était une pitoyable situation que celle de Nîmes à cette époque.
D'après les règlements généraux de l'union des villes protestantes, outre
les autorités électives et municipales, elle avait un gouverneur militaire,
le baron de Brison, et cette assemblée ou Cercle pour y représenter
l'Union protestante. Brison avait des partisans et des ennemis; ceux-ci
dans la bourgeoisie, toujours mal disposée pour l'autorité militaire;
ceux-là dans le peuple, qui lui tenait compte de quelques services rendus
à la religion. Le Cercle et le Conseil de ville n'étaient pas d'accord; le
Cercle s'entendait à merveille avec Brison, qui avait peu d'amis au Conseil de ville. Le Cercle ayant imposé à la ville un droit au profit de Brison,

[1] 1620.

les consuls réclamèrent vivement, et allèrent jusqu'à sommer Brison de résigner son gouvernement. Celui-ci leur cria qu'ils voulaient livrer la ville au roi, que pour lui, il ne rendrait pas sa charge et ne quitterait la ville que sur le bon plaisir du peuple. Les deux partis se rencontrèrent dans les rues ; les consuls en chaperon, suivis d'une centaine d'habitants armés ; Brison, tenant à la main une hallebarde, et ayant avec lui quelques soldats. Il y eut des pourparlers sur le ton de la menace. Les consuls, voulant éviter une rixe à main armée, apaisaient d'eux-mêmes leur suite ; mais Brison laissait la sienne s'échauffer et crier à tue-tête : Vive Brison ! Vive le gouverneur ! A la fin, un coup de feu partit des rangs de ses soldats, et vint frapper mortellement Dortols, capitaine de quartier qui accompagnait les consuls ; les bourgeois ripostèrent, et mirent en fuite Brison et sa troupe. L'un d'eux, plus animé que les autres, Jean Bournet, se détacha de ses amis, disant qu'il allait quérir des pétards pour faire sauter la maison du gouverneur ; cette imprudence lui coûta la vie. Il avait à traverser des rues dont la populace était à Brison. Des hommes, des femmes s'ameutent autour de lui ; il parvient à leur échapper, s'élance dans une boutique voisine, la referme précipitamment et s'y barricade. Après un siège de trois heures, la boutique fut enfoncée, et le malheureux Bournet assommé, traîné dans les rues et mis en pièces. De leur côté, les consuls avaient été obligés de reculer jusque dans l'Hôtel-de-Ville.

Cette victoire de la populace protestante ne présageait rien de bon aux catholiques. On reprit le projet de démolition de la Cathédrale. Le lundi, 29 novembre 1621, à deux heures après midi, des groupes de religionnaires s'assemblèrent en tumulte sur la place de Notre-Dame. C'étaient les *travailleurs* de bonne volonté qui venaient mettre à exécution l'ordonnance rendue par le Cercle. Cela se fit très-régulièrement et après un signal donné à son de trompe. Alors les travailleurs se précipitèrent dans l'église. On n'y avait pas encore dit la messe. Ils montèrent au haut de l'édifice, découvrirent le toit, rompirent les voûtes, et en emportèrent la charpente. Après le toit, ils attaquèrent le corps de l'église, abattirent les murailles latérales, et mirent tout à ras-terre, sauf le mur où était la porte d'entrée, et le clocher qu'ils laissèrent debout, parcequ'on en avait besoin pour y mettre des sentinelles.

Le même jour, ils allèrent se jeter sur l'église provisoire qui servait alors de Cathédrale, et qui était peu éloignée de Notre-Dame. Le curé de la Cathédrale, nommé Richard de Beauregard, et les ecclésiastiques composant le chapitre se préparaient à chanter Vêpres, quand ils entendirent les cris des religionnaires qui venaient démolir l'église. Ils eurent le temps de sauver le Saint-Sacrement, avec le saint ciboire, et une custode en forme de soleil, qui était un présent d'un grand personnage. Tout le reste fut pillé et pris. Les religionnaires renversèrent trois autels, brisèrent les tableaux, abattirent le dais sous lequel s'asseyait l'évêque, et le fauteuil élevé d'où il dominait les stalles des chanoines; ils enlevèrent les orgues. Après l'église, ils saccagèrent la sacristie. Vases sacrés, reliquaires, chasubles, ornements d'église, tout fut dispersé. On vit un des leurs, nommé Sanson, cordonnier, *homme de peu*, dit un des témoins, courir dans les rues, ayant sur sa tête la mitre épiscopale, et suivi d'une troupe de peuple qui l'applaudissait par des huées. Les témoins désignèrent une jeune fille qui avait emporté un crucifix « relevé en bosse, auquel manquoit ung bras. »

Le lendemain, qui était le jour de la Saint-André, ils revinrent dans la même église, vers sept heures du matin, comme à une besogne régulière, dans un certain ordre, et se mirent en train de la démolir. Tout ce qui pouvait être de quelque usage fut enlevé avec précaution; les portes, les châssis des fenêtres, les ferrures, les poutres, les tuiles, toutes ces choses furent emportées et sans doute emmagasinées pour servir à d'autres bâtisses. On n'avait laissé aux passions que les vitres et les choses d'ornement et de luxe à casser et à saccager. C'est même cette espèce de régularité dans ce désordre délibéré et arrêté en assemblée, qui me ferait douter des violations de tombeaux dont parlèrent les témoins à charge, dans l'enquête qui en fut faite à Beaucaire dans la même année, témoins tous catholiques et tous déclarant, non pas qu'ils avaient vu ces profanations, mais qu'ils en avaient ouï parler. Quoi qu'il en soit, d'après la rumeur catholique, les religionnaires auraient ouvert les tombeaux de l'église, pénétré dans le caveau des chanoines, et déterré le corps de Philippe Eyroux, second archidiacre, mort depuis à peine deux mois; ils lui auraient enlevé son surplis, ses gants, son bonnet et tous ses autres vêtements, arraché la bague qu'il avait au doigt, et même, ajoutaient les ouï-dire, ils auraient séparé la jambe du tronc, en voulant tirer ses bas-de-chausse; la bière même aurait été

emportée avec le reste du butin. Il est vrai que Philippe Eyroux était fort
haï du peuple. Deux mois avant sa mort, il avait été le sujet d'une sorte
d'émeute nocturne ; ses fenêtres avaient été brisées à coups de pierres
par des religionnaires qui lui criaient : *Sors, capelan !* Après ce coup,
les mêmes hommes étaient allés à un moulin d'huile tenu par un nommé
Jehan Vian, catholique, et lui avaient déchiré son livre de comptes, où
figuraient sans doute quelques-uns d'entre eux pour lui avoir fait presser
des olives.

Parmi les différents témoins interrogés par le juge de la sénéchaussée
de Beaucaire, sur cette double démolition, j'en trouve un qui dépose :
« Qu'il a veu emporter le couvert et rompre les voultres, et que ce lui
» a donné fort au cœur, tant à cause que ladite église étoit grande et
» magnifique, qu'à cause qu'il avoit aydé à y travailler, et avoit icelle
» entièrement blanchie. »

Un autre ; que les démolisseurs « charrioient du bois de la dicte
» église dans leurs maisons, et rompoient à coups de marteaux les por-
» traits de relief du portail. »

Un troisième ; « que tous les couverts des deux églises ont été abbatus,
» les orgues, fonts baptismaux, benoictiers, autels, retables, ornements
» et meubles d'églises, ravis et emportés ou rompus, les sépulchres ou-
» verts, et dans iceux commis plusieurs inhumanités ; *ainsi qu'il a ouï*
» *dire, n'oyant osé sortir de sa maison pour voir les désordres, de crainte*
» *de sa vie.* »

Un quatrième avait vu l'un d'eux porter dans ses bras « deux grosses
» pommes de pierre qui servoient d'ornement à la dicte église, disant
» que les dictes pommes de pierre seroient bonnes pour servir de balles
» de canon. »

Enfin, par arrêt du conseil d'état du 14 novembre 1636, le roi ordonna la réédification de la cathédrale aux frais des habitants du diocèse
de Nîmes, tant protestants que catholiques. Ce grand travail fut terminé
en l'an 1646. La nouvelle église conservait la même largeur, mais non
pas la même étendue que l'ancienne. Le fronton, dont une partie existait
encore, fut terminé ; mais l'artiste chargé de ce détail ne chercha pas à
imiter les ornements de la partie existante, et suivit à cet égard son
goût particulier. Dans cette dernière reconstruction, on incrusta au-
dessous de la corniche qui surmontait la porte d'entrée les fragments

21

d'une frise antique représentant des griffons et des personnages d'un beau style. En 1823, une partie de cette frise fut enlevée et remplacée par un fronton triangulaire du plus mauvais goût.

On peut voir, d'après tout cela, que les fondements de la cathédrale sont de l'époque d'Auguste, que l'intérieur date du dix-septième siècle, et que la façade est une assez ridicule macédoine d'architecture romaine, d'architecture du onzième siècle, de restaurations du dix-septième siècle et de mauvais goût contemporain; assemblage qui n'offre rien de remarquable, si ce n'est, peut-être, la belle couleur de la portion qui date du onzième siècle.

Ce sont des passions religieuses sans police qui ont détruit la Cathédrale de Nîmes; c'est de la police sans passions religieuses qui l'a rebâtie. Il ne pouvait rien sortir de grand, ni pour l'histoire ni pour l'art, de cette double fortune.

III.

MONUMENTS MODERNES.

La civilisation moderne a fait deux belles choses à Nîmes : c'est une promenade publique et une prison. Toute pensée de civilisation, pour être complète, a besoin de pourvoir au mal comme au bien. Une prison, et une promenade pour ceux qui sont libres, c'est donc là une pensée complète de civilisation.

LE JARDIN DE LA FONTAINE.

J'ai peu de choses à dire de ce jardin, auquel je donne un peu arbitrairement le nom de monument, et dont j'ai déjà ci-dessus mentionné l'origine et le caractère à l'article des *Bains*. Ce qu'il y a d'architecture est de mauvais goût, ainsi que je l'ai dit. Cela sent tout ensemble le bastion et le boudoir, le pire des mélanges qui se puisse voir. Quant au jardin, il est petitement découpé et dessiné précieusement; on était à cent ans de Le Nôtre. Mais il y a de beaux marronniers, qui donnent beaucoup d'ombre, et, à l'entrée, grand nombre de lauriers-roses qui ont là le ciel sinon les rosées de l'Eurotas. C'est le rendez-vous de ce qu'on appelle en tout pays le beau monde; on s'y porte en foule à certaines saisons et à certains jours afin d'y changer la fraîcheur en chaleur et l'oxigène en azote. Le Jardin de la Fontaine est une promenade délicieuse en hiver; pendant que nous grelottons dans le jardin des Tuileries, mal défendus de la bise par des arbres nus et des branches dépouillées, les Nîmois, abrités contre le vent d'est par la colline d'où sort la Fontaine, reçoivent dans les allées de ce jardin un soleil aussi doux que celui de Pise, et ont en janvier ce que nous attendons encore en mai.

C'est du pied des collines calcaires dont la chaîne embrasse Nîmes du côté du midi, que sort la belle fontaine qui a donné son nom à ce jardin, et qui y répand une douce fraîcheur. Le bassin, qui a environ soixante-douze pieds de diamètre et vingt pieds de profondeur, est creusé par la nature, en forme de cône renversé, dans un roc vif d'un grain aussi fin et aussi serré que le marbre. L'eau tantôt jaillit à gros bouillons du fond de ce cône, tantôt en sort mollement, et s'épanche en cercles égaux du centre à toutes les rives. On peut voir, à travers cette eau si pure, dont le poète Ausone a chanté la transparence[1], le gravier calcaire qui lui sert de lit. Quelques herbes d'un beau vert foncé traînent sur ce gravier leurs longues feuilles, et tapissent les bords de la fontaine. Dans les longues sécheresses de l'été, la fontaine de Nîmes fournit à peine de quoi mouiller la surface des canaux qui amènent ses eaux dans l'intérieur de la ville; et encore arrive-t-il que ce peu d'eau s'évapore, à cause de la largeur des canaux et de la longueur du chemin. Dans la saison des pluies, ou quelquefois dans des crues subites, après un orage dans les vallons qui dominent la ville du côté du nord-ouest, elle devient, en peu d'heures, une rivière abondante et impétueuse, et le jet d'eau s'élève souvent à quelques pieds au-dessus de sa surface; mais elle perd alors de sa pureté si vantée : elle devient trouble, jaunâtre, argileuse, et elle roule dans ses flots le sable arraché aux collines.

Un embellissement, qui ne date que de quelques années, a donné un attrait de plus au jardin de la Fontaine. Au-dessus de la source, le coteau était inculte et aride; un des derniers préfets de Nîmes fit serpenter une allée le long de ce coteau jusqu'au sommet, et dans les massifs qui sépa-

[1] *Ausonii ordo nobilium urbium*, XIII, 25.

raient chaque sinuosité de l'allée, il planta des arbres verts, dont l'ombre éternelle devait être bienfaisante en été et agréable à l'œil en hiver. C'est là que vont chuchoter dans l'ombre crépusculaire les amants de la garnison, et c'est là aussi que l'aile des grandes chauves-souris du Midi venait effleurer mes cheveux ou frôler étourdiment ma main, quand je l'étendais pour accompagner une exclamation de plaisir sur le charme d'une soirée du Languedoc. L'homme qui a fait cette jolie promenade et qui a planté ces arbres ne peut pas venir se promener sous leur ombre; il est exilé. Un caprice de la fortune le fit ministre, d'horticulteur qu'il était, et de la même main qui disposait les plantations du coteau de la Fontaine, il signa les ordonnances de Juillet. Cet homme, c'est M. d'Haussez!—De jolies maisons avec des toits à l'italienne couronnent le coteau; à droite, un chemin pierreux conduit à la Tour-Magne, grand débris qui domine le paysage.

Pendant mon séjour à Nîmes, un malheureux se noya dans la fontaine; j'arrivai comme on venait de l'en retirer. Si la civilisation avait mis un morceau de pain au bord de cette fontaine, peut-être me serais-je rencontré avec ce pauvre homme dans une des allées du jardin, au lieu de heurter son cadavre. Quelle injure pour notre civilisation, qu'un pauvre choisisse pour mourir la place où elle vient respirer le frais du soir! Placé entre la promenade et la prison, le malheureux a mieux aimé mourir sur la promenade, que vivre déshonoré dans la prison. Paix donc à sa fosse qu'on n'a pas bénie!

LA MAISON CENTRALE.

En regardant du haut de la colline de la Tour-Magne, d'où le panorama de Nîmes est le plus beau et le plus complet, on peut voir, à gauche, parmi les premières maisons de cette partie de la ville, s'élever un massif de bâtiments, sans architecture proprement dite, mais dont l'aspect est sévère. C'est la maison de détention de Nîmes, dite Maison Centrale, parcequ'elle reçoit des prisonniers de tous les pays environnants. Cette maison date de ces derniers temps. Elle est bâtie un peu à l'écart, sur une petite colline, et dans l'emplacement même de la forteresse élevée

par Louis XIV, pour assurer l'exécution des édits royaux contre les protestants. Comme autrefois la forteresse, la Maison Centrale domine la
ville. Le peuple d'aujourd'hui peut voir la prison du haut de ses greniers,
comme le peuple du dix-septième siècle pouvait voir la forteresse, avec ses
créneaux et ses meurtrières, et ses canons incessamment braqués sur la ville.
Les édifices les plus apparents sont presque toujours ceux que l'homme
bâtit contre l'homme; je ne pourrais pas vous montrer du haut de la
Tour-Magne une cheminée ou une girouette appartenant à quelque maison de consolation et de bienfaisance. Ce sera un genre d'architecture
tout neuf pour l'âge d'or qui, dit-on, doit venir quelque jour.

Des constructions et des réparations récentes faites à la Maison Centrale permettent d'y renfermer onze cents prisonniers hommes faits, et
environ cent jeunes garçons au-dessous de seize ans, lesquels occupent
une division spéciale. Cette séparation est dans le règlement; mais dans
l'usage, bon nombre de ces enfants travaillent dans les ateliers des hommes faits. J'en ai vu qui avaient à peine douze ou quatorze ans, quelques-
uns avec des figures déterminées, et tout un avenir de brigandage sur le
front; d'autres, ayant des traits indécis, une petite voix douce, pauvres
êtres qui achèvent de se corrompre dans cette société impie, et boivent,
avec l'air de la prison, des paroles infâmes qui font épanouir les mauvais
germes et sécher les bons. Pourquoi la séparation des enfants et des
hommes faits n'a-t-elle pas lieu le jour comme la nuit? Si les actes se
font la nuit, les paroles se disent le jour; si le crime ne se consomme
pas, il se projette et se marchande peut-être. Pourquoi n'enferme-t-on
pas les hommes faits dans une maison et les enfants dans une autre?
Certes, je trouve fort absurde qu'on rejette sur la société toute la faute du
mal qui se commet dans son sein; mais je crois qu'on peut l'accuser à
bon droit de la plupart des rechutes, d'empêcher les résipiscences et de
corrompre par le mode d'application ceux qu'elle devrait amender par la
peine.

Dans cette prison, d'ailleurs, les corps sont bien soignés sinon les
ames. L'air y est pur; les dortoirs, les ateliers, les réfectoires sont spa-
cieux. Les cours ou préaux sont assez vastes pour la liberté des membres.
Une des vanités de l'administration, et cette vanité est bien fondée, c'est
la propreté. Les longs dortoirs sont, comme me disait un employé, à s'y
mirer. Je les ai vus, et si vous ne songiez pas à ce que doit être le sommeil

sur ces planches recouvertes d'une paillasse et d'une couverture, vos scrupules hygiéniques auraient de quoi se rassurer. Je m'attendais à suffoquer
de mauvais air, dans ces longues salles de travail, où sont placés en rang,
devant leurs métiers, cent prisonniers en chemise, faisant toutes sortes
de tissus ; je n'ai suffoqué que de dégoût moral et de cette terreur vague
qu'éprouve malgré lui un homme libre, un curieux, qui a tous les biens
en apparence, au milieu de cent sauvages qui ont les mains libres, et
auxquels il suppose que tout en lui fait envie, son vêtement, sa montre,
son oisiveté, sa curiosité qu'il a beau faire la plus compatissante qu'il
peut, et qui ne leur en paraît que plus insolente. Et quand je lisais,
affichées sur les piliers, les pancartes où est écrit le code draconien de la
maison, et ces châtiments si durs réservés aux moindres infractions dis-
ciplinaires, — car pour celui dont l'état naturel, et en quelque sorte l'état
d'innocence, est d'être puni, toute peine ne peut être qu'un supplément
de peine, et pour l'homme déjà prisonnier la prison ne peut plus être
qu'un cachot, avec la pierre pour lit, — je ne trouvais dans ce bon té-
moignage que se rend à elle-même l'administration de son extrême propreté qu'une amère ironie.

Toutefois, même sous le rapport de l'hygiène, tout n'est pas à admirer
dans la Maison Centrale. Les pièces et ateliers des premiers étages sont
sans doute très-sains ; mais on n'en peut pas dire autant de ces espèces
de caves souterraines, en forme de galeries, qui s'étendent sous le rez-de-
chaussée, et où travaillent sans air et presque sans jour les prisonniers
cordonniers et cardeurs de laine. Dès les premiers degrés de l'escalier
obscur qui conduit à ces galeries, et d'où s'échappe, comme par un sou-
pirail, un air fétide et étouffant, le cœur me manquait. C'est chose hor-
rible à voir, les cardeurs de laine surtout. Figurez-vous des hommes demi-
nus, haletants, courbés sur de longues tables et battant la laine des deux
mains, dans un nuage de cette poussière grasse et plucheuse qui s'échappe
de la laine cardée, le front souillé d'une sueur qui ne coule pas, mais qui
mêlée à cette poussière, forme comme une boue immonde. Ces malheureux ont une haute paie, me disait-on ; mais ils vivent peu. Ne pourrait-on
pas les payer moins et les faire vivre plus ? N'y a-t-il pas quelque arrière-
cour retirée où on pourrait les faire travailler sous un hallier, au moins
dans les beaux jours de l'été, et ne vaudrait-il pas mieux qu'ils eussent
moins d'argent à donner à la cantine en échange de son mauvais vin, et

qu'en sortant de prison ils ne retrouvassent pas en même temps la liberté et l'hôpital ?

La Maison Centrale est régie par un directeur responsable, lequel est lui-même subordonné au préfet du département. Un entrepreneur fournit, moyennant un prix de journée convenu, la nourriture, l'habillement, les objets de literie, et tout ce qui concerne la vie matérielle des condamnés. L'entreprise de ces diverses fournitures s'adjuge sous la condition de remplir un cahier des charges rédigé par l'administration, laquelle doit en surveiller l'accomplissement. On sait les avantages et les abus de cette sorte d'institution. Dans les prisons, comme à l'armée, il faut que l'entrepreneur s'enrichisse sur le morceau de pain et sur les hardes du prisonnier ; de là, sans doute, bien des infractions, sinon à la lettre, du moins à l'esprit du cahier des charges. Cela peut se dire d'ailleurs de toutes les prisons auxquelles on pourvoit par la voie des fournisseurs. L'administration doit avoir l'œil sur l'entrepreneur, et empêcher des gains infâmes sur la vie et la santé de ces malheureux. Mais cette surveillance est-elle soutenue ? La pitié est difficile dans ces maisons du crime, et il faudrait de la pitié pour aiguiser la surveillance. Par malheur, quand on voit ces êtres effrontés ou stupides, en qui le besoin de mal faire est venu d'une nature mauvaise ou d'une ignorance incurable, ces visages, la plupart informes, que l'intelligence n'a pas dégrossis, où l'œil est éteint, le front bas, et toute la partie qui passe pour réfléchir l'ame, déprimée et petite, tandis que la partie inférieure où l'on place les appétits brutaux est quelquefois monstrueuse, la sympathie se retire ; on se surprend à penser qu'il vaudrait mieux que de tels êtres ne fussent pas en vie ; et, si l'on est préfet ou inspecteur, on croit remplir bien mieux son devoir en s'assurant si les gardiens font bien la ronde, et si le mur d'enceinte est assez haut, qu'en allant regarder si le pain du fournisseur est de bonne farine, et ses souliers de vrai cuir et non de carton comme certains entrepreneurs en fournissaient à nos conscrits de 92.

Un grand nombre des prisonniers de la Maison Centrale n'ont méfait que par ignorance ; ne rien savoir et avoir besoin de tout, cela explique bien des crimes. J'en ai vu qui paraissaient avoir été trouvés dans les bois ; ils avaient à peine plus d'intelligence que les bêtes, et ne comprenaient rien aux choses les plus simples. Il y en a qui sont aussi difformes de corps que d'esprit. On me montra un détenu âgé de seize ans à peine, enfermé là pour vagabondage et vol, lequel n'avait pas de quoi loger un cœur et une poitrine dans son buste étroit et bombé, et paraissait bégayer plutôt que parler. Il s'en trouve de plus jeunes encore que des vices précoces et une intelligence singulière pour faire la guerre à la société ont mis, au sortir de l'enfance, sous les verroux; ils font frémir de maturité et d'effronterie; on croit lire sur leurs fronts à peine épanouis tout un avenir de crimes. D'autres sont si stupides, qu'on ne saurait dire s'ils ont eu la connaissance du mal et du bien, et si leur état n'est pas plutôt une monstrueuse innocence qu'une malice volontaire.

Je ne voudrais pas que, dans l'appréciation des délits qui entraînent la prison, on substituât aux préventions de la loi, les atténuations périlleuses d'une physiologie incertaine; mais on ne peut trop demander aux gouvernements, aux magistrats, à l'époque tout entière, un système pénitentiaire où la science du physiologiste soit consultée, et où l'on ne traite pas ces pauvres et hideuses ébauches d'hommes, brutes à visage humain, comme ces criminels qui ont employé à mal une bonne organisation, et ont tourné leur discernement contre la société qui les châtie. On peut demander au moins, pour ces deux classes de coupables, deux prisons séparées, afin que ce ne soient pas des natures corrompues qui se chargent de dégrossir des natures informes, et que le vice réfléchi et calculé n'apprenne pas son industrie au vice d'instinct. Du reste, dans tous les ateliers de la Maison Centrale, je ne sache pas que j'aie entendu un mot de français. Étrange civilisation, que celle où le criminel ne sait même pas la langue du juge qui l'a frappé!

En cas de délabrement d'estomac, il y a des infirmeries *bien aérées* pour les malades; il y a un médecin, il y a un chirurgien en permanence; il y a un apothicaire à demeure pour la confection des médicaments.

Tous les prisonniers, sans exception, sont tenus à un travail proportionné à leur force et à leur âge. Un certain nombre est employé par l'entrepreneur au service de la maison; les autres s'occupent de travaux de tissage et fabriquent les étoffes de soie et de coton. Nos belles dames se parent quelquefois des tissus légers fabriqués dans cette prison par ces mains rudes et calleuses, qui auparavant ont fait jouer les fausses clefs, et quelques-unes le poignard. Il y a là des tailleurs, des cordonniers, et d'autres professions usuelles. L'entrepreneur se paie de ses fournitures sur les journées des prisonniers. Les prix de main-d'œuvre sont tarifés par le préfet, sur l'avis de la chambre de commerce, et établis suivant le salaire des ouvriers libres.

Les détenus reçoivent les secours et les consolations de la religion qu'ils professent. Il y a un vicaire de la paroisse voisine pour les catholiques, et un pasteur pour les protestants. Le service des deux cultes se fait réguliè-rement dans l'intérieur de la prison. Enfin, et par suite de l'impulsion vigoureuse que M. Guizot, ministre de l'instruction publique, et Nîmois lui-même, a donnée depuis trois ans à l'instruction primaire, il vient d'être créé dans la Maison Centrale une école où les détenus reçoivent des leçons de lecture, d'écriture et de calcul. Tous sont libres, aucun n'est contraint d'y assister; et pourtant le bienfait de ce commencement d'instruction serait si grand, qu'on ne désapprouverait pas qu'il fût imposé à tous comme un travail, plutôt que conseillé simplement comme un emploi facultatif de ces heures de loisir que le prisonnier aime mieux employer aux promenades, aux propos grossiers et aux tristes gourmandises du préau. Dans ce cas, il faudrait que l'heure consacrée à l'école primaire fût comptée au prisonnier comme celle du travail manuel, et que ses récréations lui fussent fidèlement conservées pour l'exercice du corps. Mais ces malheureux profiteraient-ils de ce bienfait forcé, et cela d'ailleurs ne rognerait-il pas de beaucoup les bénéfices de l'entrepreneur?

Représentez-vous une société gouvernée avec douceur, où le travail est régulier, le pain à peu près suffisant, le vêtement passable, le coucher sain, la liberté de conscience respectée, l'instruction facultative, les lois sévères, mais les législateurs indulgents, où la vie matérielle est satisfaite et la vie morale ébauchée, où enfin il y a de tout dans une certaine mesure, excepté la liberté et l'innocence, voilà la Maison Centrale. Et il faut trouver cela beau, même en l'absence d'améliorations plus désirables que possibles, quand on sait quel a été, jusqu'à ces derniers temps, le ré-gime des prisons, combien le progrès a été lent dans cette partie des institutions sociales, et que de souffrances ont été endurées dans l'ombre avant que la civilisation fît prévaloir, dans la répression des crimes, cet axiome : La société se défend, sur celui-là : La société se venge. Sous ce rapport, la Maison Centrale fait honneur à la ville de Nîmes.

PARTIE III. — STATISTIQUE.

POPULATION.

La population légale de Nimes, d'après les annuaires les plus récents, est de 41,266 âmes ; la population réelle est, assure-t-on, de 45,000 âmes. Soit négligence, soit plutôt désir fort louable, dans l'époque agitée où nous vivons, et dans une ville partagée en deux religions et en deux partis irréconciliables, de laisser ignorer lequel a la majorité numérique, je ne trouve dans aucun de ces renseignements l'état comparatif des deux populations catholique et protestante ; mais, d'après différentes données, on peut affirmer que si la majorité, dans le peuple proprement dit, est catholique, dans les classes élevées elle est protestante, et, ce qui vaut mieux, éclairée et conciliante.

COMMERCE.

On sait que le principal commerce de la ville de Nimes est le commerce des soies. Qu'il s'y fasse un peu de toilerie, de tannerie, de droguerie, cela n'est pas digne de remarque. Ce que nous recherchons dans cette partie de statistique, en ce qui regarde le commerce, ce sont les industries distinctes, spéciales, où s'applique plus particulièrement le génie de la ville, et par lesquelles elle peut se distinguer des autres villes. Nous ne ferons encore que mentionner le commerce des eaux-de-vie, qui est commun à Nîmes et à toutes les villes du Languedoc. Le commerce propre à Nîmes et au pays dont elle est le centre, c'est, je le répète, le commerce des soies. Pour la production des soies, Nîmes est la première ville de France; pour la fabrique, elle ne viendrait qu'en second ou même en troisième rang, après Lyon et Paris. Voici d'abord l'état de sa fabrique.

Dans le premier semestre de 1833, le nombre des métiers battants a été de 9,000, qui ont occupé 15,500 ouvriers. Il s'est fabriqué 400 pièces de taffetas; 6,000 pièces d'étoffes dites *fleurets et soie;* 350,000 châles, mouchoirs, fichus en soie et en coton; 100,000 robes en soie et coton. Ces divers objets de fabrication ont employé les quantités de matières premières indiquées ci-après :

Soie.	20,886 kil.	Valeur.		1,225,160 fr.
Bourre de soie	2,500	—		750,000
Coton.	700,000	—		2,800,000
Laine.	2,000	—		26,000

Le deuxième semestre a présenté 9,500 métiers battants, qui ont occupé 16,000 ouvriers. Le nombre des objets fabriqués s'est accru en proportion.

Nîmes vend ses produits industriels à la France, à l'Allemagne, à la Turquie, aux États-Unis, à l'Angleterre.

D'après des calculs récents, on évalue à trois millions le nombre des mûriers qui ont été plantés dans le département du Gard, de 1819 à 1834. Ce nombre, ajouté à celui des anciens plants, donne une récolte annuelle de soixante-douze mille quintaux de cocons; et comme douze quintaux de cocons produisent, valeur moyenne, un quintal de soie, il en résulte que le département du Gard récolte annuellement six mille quintaux ou six cent mille livres de soie, représentant, au prix moyen de 20 francs la livre, un capital de douze millions. Sur ce nombre, la fabrique de Nîmes en emploie annuellement mille quintaux; mille autres quintaux sont exploités dans les Cévennes. Les quatre mille quintaux restants sont envoyés à Saint-Étienne, à Lyon et à Paris. On peut apprécier, par tout ce qui sort des mille fabriques de ces grandes villes, l'im-

portance des premiers essais agricoles du bon jardinier Traucat, et le
glorifier dans la majestueuse postérité de ses mûriers.

La fabrique des bas de soie, si florissante sous l'empire, a éprouvé
depuis lors de notables vicissitudes. L'inconstance de la mode, en France,
en a réduit les innombrables variétés à deux ou trois seulement : les bas
noirs unis, ou les bas noirs et blancs à jour. Mais la perte résultant de
ce changement n'a été qu'apparente : ç'a été plutôt une transformation
qu'une perte. La soie qui servait à la fabrication des bas sert maintenant
à la fabrication des gants. La production annuelle de cette industrie
s'élève à six millions de francs, dont trois millions cinq cent mille francs
sont appliqués aux États-Unis. Le commerce des gants, inaperçu il y a
vingt ans, est devenu une source de richesses pour la ville de Nîmes.

Quand on traverse la campagne de Nîmes dans le mois de juin, dans
ces jours où le soleil fait rechercher l'ombre, on ne voit tout autour de
soi que des squelettes de mûriers sans feuilles, comme si l'une des sept
plaies d'Égypte, la plaie des sauterelles, s'était abattue sur le territoire,
ou comme si le soleil n'avait pu encore percer jusqu'au cœur des
branches engourdies. Or, ce n'est ni une pluie de sauterelles, ni
un retard de la sève, qui a enlevé l'ombre à ces plaines brûlantes.
C'est pour les gants de soie que vous avez aux mains ou la cravate
que vous avez au cou, c'est pour la robe que vous devez acheter à
Lyon, au retour, afin de dédommager votre femme d'une séparation de
quelques semaines, c'est pour le foulard français avec lequel vous es-
suyez la sueur qui coule de votre front, que ces mûriers ont été dépouil-
lés, et que le pauvre et le soldat en congé, qui ne connaissent pas l'usage
de la soie, n'ont pas où s'abriter sur les longues routes blanches dardant
le soleil comme ces miroirs qui brûlaient les flottes sur la mer. Il y a
moins d'une semaine que tous ces arbres étaient couverts d'un feuillage
tendre et frais. Un beau matin, toute la population des villages, munie
d'échelles et de grands sacs, en a fait la récolte, partie avec la main,
partie avec de longs bâtons dont ils gaulent les branches trop hautes et
trop flexibles pour qu'on y applique l'échelle. En une journée, tout a
été tondu, jusqu'à la moindre feuille ; car, comme cette feuille se vend
au poids, on n'en laisse pas même une pour protéger le bourgeon de la
feuille nouvelle, qui doit éclore en septembre, et qui servira de nourriture aux bestiaux.

En moins de six semaines, l'immense dépouille du paysage, tout cet abattis qui a employé tant de bras, est dévoré par un petit ver qui le rend en innombrables nappes de soie. J'ose croire qu'on lira avec intérêt l'histoire authentique et non poétique de ce petit ver, qui fait vivre, à Nîmes, quarante mille personnes, et dans les campagnes de Nîmes, dans les Cévennes, dans le Gard, à Lyon, à Saint-Etienne, à Paris, je ne sais combien de milliers de familles; qui a fait vivre, pendant près de huit siècles, je ne sais combien de générations en Italie, la première patrie du ver à soie, et de l'industrie qui naît de sa dépouille. Cette histoire sera encore l'épisode naturel de la partie statistique.

Dans les premiers jours du printemps, quand la feuille du mûrier est en bourgeons, on met dans un petit four, dont la chaleur est réglée au moyen d'un thermomètre, quelques onces de ce qu'on appelle dans le pays *graine de ver à soie*, nom donné aux œufs du papillon, la dernière transformation vivante du ver. De ces œufs échauffés par cette sorte d'incubation artificielle, sortent, au bout de quelques jours, de petites chenilles noires, velues, qu'on reçoit sur les feuilles nouvellement écloses du mûrier nain, espèce particulière, assez semblable pour la forme et la hauteur à des groseillers, et dont les enfants peuvent faire la cueillette. Ces feuilles sont plus tendres que celles du mûrier ordinaire, et si bien appropriées à la dent encore molle du ver, qu'on peut bien voir une *cause finale* dans cette merveilleuse convenance entre l'arbre et l'insecte qui s'en nourrit.

L'époque où ces premières feuilles sont consommées par le ver à soie, et où s'épanouissent les feuilles du mûrier ordinaire, concourt avec ce qu'on nomme la première maladie de l'insecte, c'est à savoir son premier changement de peau. Après cette transformation, la petite chenille a grossi; elle monte sur la feuille fraîchement cueillie, elle l'attaque par les bords, elle la dévore en peu d'instants. Déjà le moment est venu de lui faire une place plus large; car ce qui aurait tenu dans le creux de votre main couvre maintenant une claie tout entière. La pièce où sont élevés les vers à soie est disposée pour ces augmentations successives. Trois étages de perches sont placés transversalement dans toute la longueur; et sur ces perches on étend trois rangs de claies, correspondant au même nombre de *maladies* par lesquelles se transforme l'insecte avant la dernière de toutes.

A la première maladie suffit le premier rang de claies; après la seconde, l'insecte ayant grossi du double, il faut dédoubler le petit peuple, et en faire des colonies qui sont reçues dans le second rang de claies; ainsi de la troisième. C'est alors que le ver est parvenu à toute sa grosseur. D'heure en heure, on jonche de feuilles de mûrier les trois étages de claies. En un clin d'œil, le ver, qui était dessous, les a couvertes et dévorées. C'est d'abord un bruit de feuilles soulevées, une rumeur de tout le petit peuple qui s'agite en tous sens sous cette litière fraîche; puis c'est comme un assaut donné à la fois à toutes les feuilles. Mille têtes, piquées de noir, sortent ensemble entraînant mille corps grisâtres et onduleux. Chacun de ces repas n'est pas long. Parvenu à sa croissance, le ver à soie est insatiable; les sacs se vident incessamment sur les claies. Rien n'est plus propre à vous donner une idée de ces dévastations d'insectes qui, dans les plaines de l'Orient, font disparaître en quelques jours toute végétation du sol. Mais les destructions du ver à soie sont fécondes, au lieu que celles des insectes de l'Orient sont, après le gouvernement du Turc, le plus grand fléau qui puisse affliger ces pauvres contrées, jadis nourricières du monde.

Cette extrême voracité du ver est un symptôme de sa fin prochaine. Peu à peu on le voit languir, se traîner sur la feuille, lever souvent sa tête, et la laisser retomber pesamment comme s'il était pris de dégoût, ou rester long-temps immobile à la même place. L'heure de son travail est arrivée. Alors on plante, entre les ouvertures des claies, des rameaux de bruyère, d'où pendront bientôt des cocons dorés, fruits de ce mystérieux travail, dont le ver à soie va payer les soins intéressés de l'homme. Il grimpe avec ce qui lui reste de forces aux brins de ce rameau : les plus lents ne vont que jusqu'aux premiers, les plus vigoureux aux plus élevés; et là, après avoir choisi l'embranchement de deux de ces brins, ils y fixent les premiers fils du cocon qui doit leur servir de tombeau. Quelques-uns sont si paresseux ou, comme on dirait dans le pays, si *malades,* qu'il faut les prendre avec les doigts et les placer dans le rameau de bruyère, où ils n'auraient pas la force de monter d'eux-mêmes. Quand les bruyères sont chargées de cocons, on en fait la récolte; on choisit dans le nombre les plus gros et les plus riches; ceux là serviront à *faire de la graine.* Les autres sont mis en tas et vendus au fabricant.

Cependant tout travail n'est pas encore fini pour le propriétaire des

vers à soie. Il faut pourvoir à la reproduction de l'espèce pour le printemps prochain. Les cocons, triés et choisis à cet effet, sont enfilés en
chapelets et suspendus au dessus d'un drap d'étoffe noire, qui recevra le
papillon au sortir de sa prison. Quand le moment est venu de cette
dernière métamorphose, le papillon brise sa coque de soie et tombe sur
le drap noir. Le mâle cherche la femelle et s'agite avec lourdeur, servi
en apparence par un instinct si obscur qu'on est obligé de l'aider, et de
faciliter les accouplements en rapprochant le mâle et la femelle. Beaucoup, sans cette aide, n'accompliraient pas cette fin de leur être, tant
ils sont pesants, incertains et maladroits. La graine recueillie et mise
sous clé, le propriétaire n'a plus qu'à compter son gain. Il n'est pas de
produits de plus facile défaite que les cocons. En moins de trois mois,
tout le travail est terminé et le prix rentré dans le coffre.

C'est cette extrême facilité de débouchés qui contribue à la multiplication incessante du mûrier. La quantité de *graines* qu'on fait éclore étant
calculée sur le nombre des arbres qui doivent servir à la nourriture du
ver, plus les mûriers augmentent, plus augmente le nombre des éleveurs
de vers à soie, plus se grossit la masse des produits que la ville de Nîmes
verse dans l'industrie européenne. Aussi, ce que nous faisons dans nos
provinces du nord et du centre pour les peupliers d'Italie, on le fait ici
pour les mûriers. Un bon père de famille de la Bourgogne ou de l'Ile-de-
France plante, à la naissance de sa fille, quelques milliers de pieds de
peupliers, qui formeront une bonne partie de la dot quand la jeune fille
sera en âge d'être mariée. Le plant qui vaut un sou deviendra en vingt
ans un arbre qui vaudra vingt francs. Des calculs de ce genre se doivent
faire dans le Midi pour le mûrier, arbre essentiellement dotal, à Nîmes
et surtout dans les Cévennes. C'est là qu'il faut aller pour voir l'espèce de
culte qu'on rend à cet arbre, et admirer les efforts de l'industrie agricole
pour le faire venir en des lieux où il croissait à peine assez d'herbe pour
les chèvres. Les paysans pratiquent des échancrures dans la montagne; et,
sur ces petits plateaux formés à main d'hommes et fécondés par leurs
sueurs, ils transportent sur leur dos de la terre végétale grattée çà et là
sur le penchant des collines ou au fond des vallées. L'arbre, planté dans ce
sol portatif, est protégé à l'extérieur par un mureau en pierres, espèce
de rampe qui empêche la terre de s'ébouler dans les pluies. Abrité par
le rocher contre les vents du **nord**, entouré de soleil et d'air, le petit

mùrier croît à vue d'œil : au bout de quatre ou cinq ans, il rapporte
quelques sacs de feuilles ; au bout de dix ans, il acquittera l'impôt du
paysan qui l'a planté. La paix et le travail ont revêtu de forêts artificielles
ces montagnes où se cachaient les tirailleurs des camisards, et où plus
d'un dragon de madame de Maintenon fut abattu par la balle d'un ennemi
invisible. Le mùrier a couvert de son ombre productive les traces sanglantes des guerres civiles.

Quand le travail du propriétaire de vers à soie est fini, le travail du
fabricant commence. On fait étouffer les cocons dans les fours à pain : la
chrysalide se dessèche dans la coque sans tacher la soie. Vient ensuite
l'opération du dévidage. On jette une poignée de cocons dans une chaudière d'eau très-chaude ; cette eau disjoint les fils, les détache, les lave
une première fois. Des femmes, chargées de ce travail, saisissent les fils
qui flottent à la surface, les rapprochent, les unissent selon la force
qu'on veut donner au tissu ; et, pendant que d'une main, et avec l'aide
d'une sorte de petit balai, elles remuent l'eau et séparent le fil de la bourre
qui l'enveloppe, de l'autre, elles tournent un dévidoir, autour duquel se
forme peu à peu le peloton de soie. Tout près de la chaudière, et à portée
de la main dont elles battent l'eau chaude, est une terrine d'eau froide,
dans laquelle ces femmes trempent à chaque instant leurs doigts bleuâtres
et à demi brûlés. J'ai vu, dans des jardins en terrasse qui couvrent le
flanc des collines voisines de la ville, sous des hangars aérés, quelques-
uns de ces établissements de dévidage composés de cinq ou six chaudières
et d'autant de femmes, pauvres femmes en guenilles, qui chantaient tout
en travaillant. Elles étaient sûres du pain du lendemain.

Les fils de soie perdent déjà dans cette première opération une partie
de leur couleur naturelle. Mais ce n'est qu'après un second lavage, plus
long et plus compliqué que le premier, qu'ils revêtent cette teinte d'or
pâle qu'ont les écheveaux bruts qui se vendent dans le commerce. Ces
écheveaux sont soumis successivement à différentes préparations, dont le
détail n'est pas de mon sujet. Ce qu'il importe de marquer sommairement,
c'est à-combien d'usages sert la dépouille du précieux insecte dont on
vient de lire l'histoire.

Il y a dans le cocon brut trois produits distincts, dont l'industrie, par
ses mille combinaisons, subdivise l'emploi à l'infini. Il y a d'abord le fil
proprement dit, puis la bourre, espèce de soie grossière, sans fil continu,

qui enveloppe l'écheveau délicat formé par le ver; et enfin, entre cet écheveau et la chrysalide, une sorte de coque sèche, serrée, assez semblable à du papier, dans laquelle le ver passe à l'état de nymphe.

Ces trois produits sont la matière première non pas seulement de trois sortes d'étoffes, mais de mille combinaisons d'étoffes où la soie est associée à d'autres produits, et donne aux tissus mêlés qui en résultent ses teintes douces, riches, ondoyantes. Les plus beaux tissus de soie pure sont faits avec le fil servant à la fois de chaîne et de trame; les plus beaux tissus mêlés, avec le fil servant de chaîne et le coton servant de trame. Vient ensuite une seconde catégorie, variée aussi à l'infini; ce sont les tissus de bourre de soie. Là le fil n'est pas l'ouvrage du ver. C'est l'homme qui, ramassant cette bourre sale et grossière, ces *déchets* du cocon, dont l'industrie ancienne ne savait que faire, les fait bouillir, les lave, les épure, et, après différentes préparations imaginées successivement par l'industrie moderne, en retire des flocons d'une soie fine, argentée, que filent les mécaniques de Paris, et qui, sous le nom de *fantaisie*, rivalise avec les produits de la soie pure. Enfin, la troisième catégorie, également variée, se compose de tissus formés de cette coque sèche, qu'on jetait au tas d'ordures il y a moins de vingt ans, et dont on tire aujourd'hui, à l'aide de peignes qui la divisent, la cardent, la font bouffer en touffes soyeuses, une troisième espèce de fil plus délicat, plus brillant, plus noble que les plus beaux fils de coton, et qui donne un lustre particulier à toutes les étoffes où il est mêlé. Ainsi rien ne se perd, rien n'est sans emploi dans le cocon; et l'on peut dire du précieux insecte qui l'a filé, que tout ce qui sort de lui, tout jusqu'à sa fiente, est utile, car on s'en sert pour engraisser les pourceaux.

Il convient de remarquer ici, en terminant ces aperçus sur le commerce nîmois, une chose qui est tout à l'honneur de la population ouvrière de la ville, c'est que les inventions les plus ingénieuses, soit en mécaniques, soit en combinaisons de tissus, y sont généralement dues à de pauvres ouvriers à la journée, à des Jacquart des *Bourgades* — ce sont les quartiers du peuple — qui, dans les intervalles de leur travail, se reposent en rêvant aux moyens d'enrichir plus vite et à moindres frais le fabricant qui les emploie. Le peuple formant le noyau et comme l'âme des villes, et les villes étant surtout personnifiées dans le peuple, qui garde le plus long-temps l'empreinte locale, cette remarque ne pouvait être omise sans que ce travail péchât par le point même où il doit être le plus exact et le plus complet. Ce n'est point d'ailleurs une remarque hasardée ; c'est un fait de notoriété publique, que je tiens de fabricants enrichis par leurs ouvriers, et qui ont le bon goût de ne pas prendre à la fois au pauvre inventeur les fruits matériels et l'honneur de ses inventions.

<hr>

INSTRUCTION PUBLIQUE.

S'il faut en juger par le nombre des établissements scientifiques et littéraires qui existent à Nîmes, l'instruction publique y doit être florissante. En tout cas, si de nombreux établissements ne sont pas nécessairement une preuve de prospérité, c'est, jusqu'ici, le plus sûr moyen de l'amener. Nous les passerons rapidement en revue.

Académie royale du Gard.

Cette académie est divisée en trois classes, savoir : 1° les titulaires résidents, au nombre de trente ; 2° les titulaires non résidents, en même nombre ; 3° les associés, dont le nombre est illimité.

Le préfet du département est président honoraire, le secrétaire est perpétuel. Le président actuel est M. Pelet. Nul n'était plus digne de cette place, et nul ne s'y peut rendre plus utile, si les académies n'ont pas la vertu de gâter les académiciens.

Collège royal.

Le collège royal de Nîmes compte à présent environ deux cent soixante élèves. Les études y sont bonnes ; on y enseigne les sciences avec succès. Le local, bâti par les jésuites, est régulier et commode ; on le voudrait plus grand.

Bibliothèque.

Une partie des bâtiments du collège royal est consacrée à la bibliothèque de la ville et aux cabinets d'histoire naturelle. Cette bibliothèque compte environ trente mille volumes : elle est riche surtout en ouvrages de littérature ancienne, d'histoire naturelle, de médecine et d'archéologie.

aux arts, où l'on s'attache à faire ressortir les nombreux rapports de la science avec les opérations des diverses industries, et principalement des industries locales; 6° enfin le Cours public de géométrie et de mécanique appliquées aux arts.

ADMINISTRATION DE LA JUSTICE.

Outre une cour royale et des tribunaux de première instance et de justice de paix, Nîmes a un conseil de prud'hommes, où les fabricants, chefs d'ateliers, contre-maîtres et ouvriers patentés dans les diverses industries de la soierie, peuvent être appelés tour-à-tour pour juger les différends dans ces matières. Le nombre des prud'hommes est de neuf et de deux suppléants.

ÉTABLISSEMENTS DE BIENFAISANCE.

L'Hôtel-Dieu, fondé en 1313, par Raymond Ruffi, natif de Nîmes, est situé dans le faubourg Saint-Antoine. Les malades y sont confiés à des religieuses qui portent le nom de *Dames hospitalières de Saint-Joseph*.

L'hôpital général, fondé en 1686, par le père Pichard, jésuite missionnaire, et doté successivement par plusieurs évêques de Nîmes, est situé, tout près de l'Amphithéâtre, sur le plus beau boulevart de la ville. Deux médecins en chef, deux chirurgiens en chef, deux chirurgiens internes et quatre élèves internes nommés au concours composent le personnel médical de cet établissement.

Un bureau de bienfaisance, une caisse d'épargne et de prévoyance et un Mont-de-Piété complètent cet ensemble d'institutions bienfaisantes. J'en retrancherai le Mont-de-Piété, dont la bienfaisance n'est, après tout, que la spéculation sûre et lucrative d'un prêteur sur gages qui se récupère, sur les hardes du pauvre, de l'argent qu'il lui a prêté pour aller jouer à la loterie.

DÉPENSES ET RECETTES DE LA VILLE DE NIMES.

Je terminerai cette statistique par quelques mots sur l'administration financière de Nîmes.

Les recettes de toute nature admises dans le budget de cette ville paraissent varier de 500 à 600,000 francs, et les dépenses, comme il arrive partout, suivent de très-près les recettes. Heureuses les villes où elles ne les dépassent point ! Quelques brefs détails, tirés du budget de 1834, pourront servir à la fois de renseignements financiers et d'indications morales.

L'octroi de 1834 a produit 381,000 francs. Dix pour cent de produit net sont abandonnés aux fermiers de l'octroi ; 44,000 francs sont consacrés à l'éclairage de la ville ; 7,000 à l'entretien des pavés ; 450 francs à celui des horloges ; 1,400 francs aux pompes à incendie ; 800 francs au curement des bassins et canaux de la Fontaine ; 500 francs au loyer du cimetière des protestants ; 860 francs aux dépenses du conseil des prud'hommes ; 1,500 francs au traitement du machiniste, du portier et du surveillant de la salle de spectacle.

Les dépenses militaires sont portées à 17,300 francs ; celles relatives à l'instruction publique et aux beaux-arts à 42,710 francs ; celles des établissements de charité à 103,200 francs. Partout les misères humaines coûtent le plus cher ! Dans le budget de l'instruction publique, 800 francs sont appliqués à l'achat des livres pour la distribution des prix du Collège royal ; 850 pour les prix des élèves des écoles primaires ; 4,310 francs servent à l'entretien de l'école protestante d'enseignement mutuel. Je trouve, à l'article *pensions et secours*, 300 francs de pension au sieur Ménard, et plus loin, 400 francs pour la troisième année de l'apprentissage du jeune Ménard. Cette dépense fait honneur à la ville de Nîmes. Elle vient au secours des descendants pauvres de son historien, Léon Ménard ; ces sortes de dépenses sont plus fécondes que celles des dotations du Mont-de-Piété.

13,100 francs sont donnés à divers titres à des ecclésiastiques des deux religions ; la part des catholiques est de 9,600 francs, celle des protestants de 3,500 francs.

Enfin, un dernier détail bon à retenir, c'est que ce budget offre un excédant d'environ 3,000 francs des recettes sur les dépenses. Toutefois si l'on ne tenait compte des difficultés de l'année 1831, si rapprochée de celle de 1830, on pourrait dire que Nîmes a dégénéré, car son budget de 1828 présentait un excédant des recettes sur les dépenses de 80,427 francs.

Tel est l'état sommaire des institutions locales et du mouvement industriel de la ville de Nîmes. Je n'ai pas dû comprendre dans cet état le détail des industries et commerces secondaires, ni des institutions administratives, qui sont les mêmes partout. Le but de cette partie statistique est seulement d'indiquer les points par lesquels Nîmes peut différer, sinon essentiellement, du moins en quelques parties intéressantes, des autres villes de France. Toutefois, il est un fait que je ne puis pas omettre, parcequ'il se rattache à la statistique commerciale de Nîmes, c'est le grand nombre de médailles que sa fabrique a obtenues dans la dernière exposition des produits de l'industrie.

CONCLUSION.

Peut-être voudrait-on voir cette statistique matérielle suivie d'une sorte de statistique morale de la ville de Nîmes. J'avoue que je ne saurais comment la faire ni de quels éléments la composer. Ramasser çà et là quelques traits de mœurs locales, fureter dans les arrière-boutiques quelques singularités languedociennes, ou bien, à l'exemple de certains statisticiens, refaire avec le passé des mœurs modernes mensongères, ne serait pas digne de notre travail, ni conforme à mon respect personnel pour la vérité. L'effet naturel de la civilisation, et surtout de la civilisation particulière qui distingue la France d'entre toutes les nations, civilisation élaborée dans une métropole immense, et répandue du centre à la cir conférence par une administration unique, est d'effacer de plus en plus les originalités particulières, de niveler les inégalités provinciales au profit d'une physionomie uniforme, qui fera peu à peu de la France moins une nation qu'une personne. Or, cet effet, tant déploré par les poètes et cette espèce de voyageurs qui aimerait mieux voir brûler un sorcier au fond de quelque province stationnaire qu'y entendre enseigner l'instituteur d'une école lancastrienne, par la raison que la première chose est plus *pittoresque* que la seconde, cet effet, disons-nous, a renouvelé presque entièrement la vieille cité du seizième siècle. N'était cette tourbe du bas peuple, hélas! si difficile à changer, à laquelle des suggestions de parti et une certaine manie d'émeutes font jouer de temps en temps la parodie des anciennes *émotions* populaires, Nimes serait une ville parisienne par le bon ton, la politesse, l'habit, le goût des bons chanteurs et des beaux ballets, l'amour de l'ordre, le besoin de repos, cette passion des classes industrielles et propriétaires, lesquelles donnent le ton dans les villes, et copient la civilisation centrale aussi fidèlement que tous les télégraphes répètent la dépêche du premier.

Il y a, pour l'observateur impartial, la même différence entre la vieille ville que nous représentent les gravures du seizième siècle, — au dehors ceinte d'une haute muraille crénelée, flanquée de tours et percée de meurtrières, avec des ponts-levis et des poternes, et, sur l'esplanade du rempart, quelques arbres chétifs pour abriter les gens du guet; au dedans toute plantée de petits clochers appartenant aux *convents*, avec leurs girouettes surmontées d'une croix — et la ville de 1834, ouverte et libre au dehors, à moins qu'on n'appelle murailles les mureaux de l'octroi, et au dedans, traversée de boulevarts *superbes,* comme dit l'annuaire, large et spacieuse pour l'industrie et la paix, et non plus ramassée pour la guerre, avec de belles maisons qui ressemblent aux belles maisons de Paris, — il y a la même différence, dis-je, entre ces deux villes, qu'entre la bourgeoisie républicaine des guerres religieuses, qui se gouverne elle-même, et sait au besoin se passer de la métropole, et la pacifique bour-geoisie actuelle, qu'on gouverne si facilement de Paris, à l'aide du petit télégraphe niché au sommet de la Tour-Magne. Et si cela est affligeant pour les amateurs de *couleur locale,* qui en veulent voir partout, fût-ce même du sang versé, cela réjouit le philosophe, l'homme qui comprend le rôle de la France du dix-neuvième siècle, lequel n'est pas, ce semble, de se manger *pittoresquement* dans des localités arriérées et rancuneuses, mais d'avoir toutes ses villes réunies comme en un faisceau pour le grand œuvre de la *civilisation* universelle.

Quant à l'avenir de Nîmes, l'état actuel étant prospère, qui peut douter que l'avenir ne soit meilleur encore? Si la position de Nîmes, au milieu des terres, ni trop loin ni trop près du Rhône et de la mer, ne peut guère lui donner une de ces veines de prospérité inouïe qui enflent tout-à-coup les villes maritimes, elle la préserve de ces déchéances lentes et insensibles sous lesquelles nous voyons s'amaigrir peu à peu quelques-unes de ces villes, jadis au premier rang, et qui sont tombées au second ou au troisième, parceque le commerce a suivi d'autres chemins et a cherché d'autres ports. Nîmes, selon toute apparence, doit échapper aux deux excès, et réaliser, à la longue, un avenir solide. Tout cela, bien entendu, sauf les chances générales de la France, auxquelles seront toujours subordonnées les fortunes particulières de chaque cité.

On parle d'un canal qui viendrait du Rhône jusqu'à Nîmes, et, de Nîmes, descendrait vers la mer; on parle aussi d'un chemin de fer qui traverserait toute cette partie du Languedoc. Si ces deux créations se réalisent, on doit croire qu'elles modifieront gravement la condition de la ville de Nîmes, et qu'en augmentant les facilités de ses débouchés, elles y augmenteront en proportion l'activité et les produits du commerce intérieur. Mais sans bâtir un avenir problématique sur des projets dont la mise à exécution n'est pas encore officiellement résolue, on peut promettre à la ville d'aujourd'hui, dût-elle rester long-temps encore dans les mêmes conditions, tous les progrès que peuvent amener successivement l'exploitation intelligente d'une terre favorisée du ciel, le travail éclairé et non routinier qui s'aide de toutes les bonnes inventions, une sage administration intérieure, et surtout la paix entre les deux religions. C'est par là principalement que Nîmes peut devenir une des plus florissantes cités de France; c'est par là qu'elle attirera dans ses murs de nouveaux habitants, effrayés jusqu'ici de l'aspect sombre que lui donnent de loin les haines sauvages qui séparent encore les populaces des deux religions. Ceux-là ont donc bien mérité de la ville de Nîmes et de la France entière, qui, depuis la glorieuse révolution de 1830, ont travaillé à la pacification religieuse, en ménageant tous les intérêts, en se montrant justes pour tous, en ouvrant des écoles, en mêlant les enfants des deux religions dans des établissements d'éducation gratuite, en éteignant dans leur source les vieilles rancunes, par le bienfait d'une instruction en commun. Ces hommes-là appartiennent à la religion protestante : il faut le dire à leur honneur. La révolution de Juillet leur avait donné le pouvoir et l'influence dans la ville ; au lieu de les faire servir à de petites réactions sourdes contre le parti vaincu, ils ont tendu la main aux hommes sages de ce parti, fort étonnés d'abord de cette modération, mais s'y ralliant bientôt, et, par bon sens autant que par bon goût, se donnant l'air d'y avoir compté en y coopérant de la meilleure grâce. Puissent ces efforts sincères éteindre toutes les haines, et ne faire qu'un peuple des deux peuples de la réforme ! Celui qui a écrit cette histoire le souhaite du plus profond de son cœur ; c'est plus qu'un souhait de convenance en terminant, ou qu'une froide formule de sympathie universelle : c'est le vœu d'un hôte qui a laissé à Nîmes quelqu'une de ses meilleures et plus chères amitiés !

FIN DE NIMES.

TABLE DES MATIÈRES.

PARTIE I. — HISTOIRE.

PREMIÈRE PÉRIODE. — HISTOIRE DE NÎMES DEPUIS SON ORIGINE ET SES COMMENCEMENTS JUSQU'À LA RÉFORME.

Page.

I. — Origine et commencements de Nîmes. — Son existence sous les Romains, sous les Visigoths, sous les Sarrasins ou Arabes d'Espagne. — Charles-Martel ravage cette ville. — Elle se met sous la protection de Pépin-le-Bref ; — Fait partie du domaine des comtes de Toulouse ; — Est gouvernée par des vicomtes particuliers, indépendants ; — Rentre sous le pouvoir des comtes de Toulouse ; — Est réunie à la couronne de France, sous le règne de Louis VIII. ... 5

II. — Administration et institutions de Nîmes. — Les chevaliers des Arènes. — Le consulat. — Son mode d'élection. — Ses attributions. — Histoire du consulat jusqu'à la Réforme. ... 11

III. — Histoire de Nîmes du treizième au quinzième siècle. — Règne de saint Louis. — Emprisonnement des consuls sous Philippe de Valois. — Contributions votées pour la rançon du roi Jean. — Lutte de la commune contre le duc d'Anjou. — Misère de Nîmes. — Le duc de Berry. — Ravages des Tuchins. — La noblesse de Nîmes. — Les parvenus. — Les dernières années du quatorzième siècle. ... 17

IV. — Histoire de Nîmes pendant le quinzième siècle. — Les réformateurs des monnaies. — Le comte de Clermont fait emprisonner les consuls pour un arriéré de subside. — Nîmes, assiégée par le Dauphin, depuis Charles VII, rentre en grâce auprès du roi. — Tremblement de terre. — Peste. — Visite de quelques habitants de Nîmes attaqués ou soupçonnés de la lèpre. — Nouvelle peste. — Règnes de Louis XI, Charles VIII et Louis XII. — Entrée triomphale de François Ier à Nîmes. — La Réforme. ... 39

V. — Commerce et Industrie. — Lettres et Instruction publique. — Établissements religieux. — Mœurs. — Hommes célèbres durant cette première période. ... 67

DEUXIÈME PÉRIODE. — HISTOIRE DE NÎMES PENDANT LES GUERRES DE RELIGION.

I. — Découverte des reliques de saint Bauzile. — Les premiers martyrs du protestantisme à Nîmes. — Conduite du consulat. — L'inondation. — Mot atroce du comte de Villars. — Guillaume Mogez. — Saccagement des églises. — Prise de la Cathédrale. — Le Consistoire. — Pierre Viret. — Le Conseil des Messieurs. — Réception de Charles IX à Nîmes. — Premiers revers des protestans. — 1517-1567. ... 81

Page.

II. — Réaction catholique. — Consuls choisis par le roi parmi les bourgeois. — La Michelade. — Nouvelle réaction catholique. — Les exilés protestants s'emparent de Nimes. — Édit de pacification. — La Saint-Barthélemy. — Nimes capitale de la ligue protestante dans le midi. — Édit de Nantes. — Plantation du mùrier blanc. — 1567-1600.   90

III. — Physionomie de Nimes pendant le règne de Henri IV. — Émeute contre le conseiller Ferrier. — La guerre recommence. — Le duc de Rohan. — Excès des protestants. — Excès des catholiques. — Déchéance et découragement du parti protestant. — Émotion à l'occasion du consulat. — Cromwell demande grâce pour les Nimois. — Révocation de l'édit de Nantes. — 1610-1685.   97

IV. — Effet de la révocation de l'édit de Nantes à Nimes. — L'abbé du Chayla. — Ses atrocités. — Il est massacré par les protestants. — Le maréchal de Montrevel. — Égorgement et incendie. — L'évêque Esprit Fléchier. — Supplice des derniers chefs Camisards. — Mort de Louis XIV. — 1685-1716.   105

V. — État des Institutions, du Commerce, des Mœurs, à Nimes, pendant cette seconde période. — L'Académie Nimoise. — Célébrités littéraires de Nimes. — Cassange. — Léon Ménard, l'historien de Nimes.   110

Conclusion. — Soixante années de calme complet. — Nimes pendant la révolution de 89. — Sous l'Empire. — Sous la Restauration. — État actuel. — Avenir de Nimes.   116

PARTIE II. — DESCRIPTION.

Aspect de Nimes. — Impressions générales.   120

I. — Monuments de l'antiquité romaine. — La porte de France et la porte d'Auguste. — La Tour-Magne. — Les Bains. — Le Temple de Diane. — Le pont du Gard. — L'Amphithéâtre. — La Maison Carrée.   125

II. — Monuments du moyen-âge. — La Cathédrale.   155

III. — Monuments modernes. — Le Jardin de la Fontaine. — La Maison Centrale.   162

PARTIE III. — STATISTIQUE.

Population.   170

Commerce. — Éducation du ver à soie.   Ibid.

Instruction publique. — Académie Royale du Gard. — Collège Royal. — Bibliothèque. Instruction primaire. — Enseignement mutuel. — Écoles Chrétiennes.   178

Administration de la justice.   180

Établissements de bienfaisance.   Ibid.

Dépenses et Recettes de la ville de Nimes.   181

Conclusion.   182

CPSIA information can be obtained at www.ICGtesting.com
Printed in the USA
BVOW09s1110110116

432492BV00016B/144/P